Liebe geht durch die Nase

Udo Pollmer ◆ Andrea Fock
Ulrike Gonder ◆ Karin Haug

Liebe geht durch die Nase

Was unser Verhalten beeinflußt und lenkt

Kiepenheuer & Witsch

Danksagung

Die Autoren danken herzlich für die kritische Durchsicht einzelner Kapitel:

Herrn Prof. Dr. Michael Böttger, Institut für Botanik, Universität Hamburg,

Frau Prof. Dr. Gisela Gniech, Institut für Psychologie und Kognitionsforschung, Universität Bremen,

Herrn Prof. Dr. Klaus-Dieter Jany, Bundesforschungsanstalt für Ernährung, Karlsruhe,

Herrn Dr. J. Stephan Jellinek, Holzminden,

Herrn Prof. Dr. Gerhard Ruhenstroth-Bauer, Max-Planck-Institut für Biochemie, Martinsried.

1. Auflage 1997

Umschlaggestaltung: Rudolf Linn, Köln
Umschlagmotiv: Guiseppe Arcimboldo, Archiv für Kunst und Geschichte, Berlin
Satz: Jung Satzcentrum, Lahnau
Druck und Bindearbeiten: Clausen & Bosse, Leck
ISBN 3-462-02620-8

Inhalt

3 Von Angst und Neugier 135

1 Wozu Sex?

Ja, wozu eigentlich? Zahlreiche Dramen der Weltgeschichte hätten vermieden werden können, wenn es den leidigen Trieb nicht gäbe. Wer hätte sich je die Mühe gemacht, die schöne Helena zu entführen und Troja in Schutt und Asche zu legen? Auch Heinrich der VIII. wäre, ohne seine zahlreichen Gemahlinnen um die Ecke zu bringen, friedlich ins Jenseits gegangen, und wir selbst hätten nicht tagelang um den verpickelten Jüngling geheult, der nun doch mit der »Zicke« von nebenan auf und davon ging. Schon der griechische Dramatiker Euripides ärgerte sich über die Last mit der Lust und ließ seinen Helden Hippolytos nach einer praktikablen Lösung suchen. Hippolytos, von der eindeutigen »Anmache« seiner Stiefmutter genervt, beschwert sich wortreich beim Göttervater: Wozu bloß habe Zeus überhaupt Frauen geschaffen? Zum Zwecke der Fortpflanzung sei es ja wohl wesentlich unkomplizierter, Kinder käuflich zu erwerben.[3]

Keine schlechte Idee, denn ohne den lästigen Trieb könnten wir so mancher Krankheit einfach aus dem Wege gehen. Kein Sex, das bedeutet das Aus für Tripper, Syphilis, AIDS und Filzläuse. Warum machen wir es nicht wie die Wasserflöhe? Die verzichten freiwillig auf geschlechtliche Vermehrung und schieben nur gelegentlich eine Runde Sex ein. Und jeder Hobbygärtner weiß, daß es die Pflanzen auch nicht so »verbissen« sehen: Wenn er im Garten versehentlich mit dem Spaten einen Busch zerteilt, so vermehrt er ihn unfreiwillig ungeschlechtlich; beide Teile wachsen einfach weiter. Die ursprünglichsten aller Lebewesen, die Bakterien und andere Einzeller, teilen sich zwecks Vermehrung einfach in zwei Hälften. Stellen Sie sich das einmal vor: kein Ärger mit dem Lover, mit Verhütung oder Impotenz. Ohne fremde Hilfe könnten Sie soviel Kinder haben, wie Sie wollen.[5] Da fragt man sich doch, wieso es im Laufe der Evolution überhaupt zur Ausbildung von zwei Geschlechtern gekommen ist!

Welchen Vorteil kann Sex da noch bieten? Denn – genauer unter die Lupe genommen – hat er noch nicht einmal etwas mit Vermehrung im buchstäblichen Sinne zu tun: Seit seiner Erfindung gilt für viele Lebewesen das Prinzip »aus zwei mach eins«. Zwei Einzeller verschmelzen miteinander und heraus kommt – ein einziger! Trotzdem muß das Prinzip Sex »angekommen« sein, denn Mutter Natur gönnt dieses zweifelhafte Vergnügen auch einigen Spezialzellen in unserem Körper: den Eizellen und den Spermien. Doch ehe die sich vereinigen können, müssen sich deren »Transporteure«, sogenannte Frauen und Männer, erstmal näherkommen. Welch ein Aufwand wird dafür betrieben! Porsche, Pumps und Pikkelcreme, ganze Industriezweige leben vom Jahrmarkt der Eitelkeiten und der sprichwörtlichen Dummheit der Verliebten. Mal ganz abgesehen von dem oft eher peinlichen Zurschaustellen unserer persönlichen Einmaligkeit. Und was kommt dabei raus? Bestenfalls Zwillinge!

Wozu also der ganze Streß? Schlagen wir mal ein Biologiebuch auf: Aha, sexuelle Fortpflanzung führt zur Vermischung des Erbguts und dadurch zu überlebenstüchtigeren Nachkommen, steht dort zu lesen. Betrachten wir Nachbars Gören unter diesem Gesichtspunkt, keimen ernsthafte Zweifel an dieser These auf. Blättern wir weiter. Bunte Details über Bau und Funktion von Spermium und Eizelle folgen. Leider verliert das Werk keine Silbe darüber, warum das Ganze so ist, wie es ist. Das mit den fitten Kindern kann doch nicht alles sein. Denn auf dieses Resultat trauter Zweisamkeit müssen wir immerhin neun Monate warten – ein reichlich langer Zeitraum, um die Menschheit dauerhaft für diese Form der Arterhaltung zu begeistern. Wäre die Belohnung der sexuellen Bemühungen erst ein Dreivierteljahr später zu haben, wären wir vermutlich längst ausgestorben. Deswegen hat Sex mit Lust zu tun, deswegen macht Sex Spaß.

Die Natur hat die Befriedigung arterhaltender Triebe stets mit unmittelbarer Lusterfüllung gekoppelt. Dazu kommt die Vorfreude: Wir malen uns in den schillerndsten Farben aus, was uns erwartet – und geraten in einen unerträglichen Zustand: Die erregten Nerven schreien förmlich nach Entspannung. Beim Orgasmus werden körpereigene Opiate, sogenannte Endorphine, ausgeschüttet – und eine wohlige Befriedigung stellt sich ein.[95, 96, 73] Und weil die Belohnung so schön war, möchten wir es immer wieder tun. Eine besondere Art von Teufelskreis!

Wenn wir mit einem passenden Verehrer versorgt sind, ist alles in bester Ordnung. Aber was, wenn die Partnerschaft nicht so klappen will, wie wir uns das ausgemalt haben? Wäre es da nicht viel gesünder für unsere Psyche, die Fortpflanzung von der Leidenschaft abzukoppeln? Nie würden wir unter Eifersucht leiden. Auch das »Bis-über-beide-Ohren-Verliebtsein« wäre uns total unbekannt. Gefühle könnten nicht mehr mit uns Achterbahn fahren. Kaum nachvollziehbar, was wir aus Liebe alles anstellen. Keines einzigen klaren Gedankens fähig, taumeln wir frischverliebt zur Arbeit, heften Akten in die falschen Ordner, kopieren die Rückseiten unserer Unterlagen oder entleeren Schachteln mit Büroklammern auf dem Nadelfilz-Teppichboden. Wir schweben allein beim Gedanken an die Geliebte im siebten Himmel, weder strömender Regen noch der Rüffel vom Chef machen uns etwas aus.

Klappt es aber nicht so, wie wir uns das vorstellen, bricht unvorstellbares Leid aus. Die ganze Welt stürzt zusammen, und wir möchten vor Enttäuschung sterben. Kaum haben wir uns etwas erholt, lassen unsere vollkommen unsachlichen Negativurteile über das einst angebetete Wesen unsere Freunde aufstöhnen und die Augen verdrehen. Was für ein Theater, nur weil es so etwas wie Gefühle gibt! Spätestens jetzt würden wir unser ganzes Hab und Gut für ein wirksames Mittel geben, mit dem wir unsere Emotionen unter Kontrolle bringen könnten. Zum Teufel damit!

Die Rehabilitation der Gefühle

Mit dem US-amerikanischen Neurologen Antonio Damasio ist endlich einmal ein Naturwissenschaftler auf den Gedanken gekommen, nach dem Sinn und Zweck unserer Gefühle zu fahnden. Gefühle sind für ihn nichts unerklärlich Esoterisches, sondern sehr konkrete Zustände, die handfeste körperliche Veränderungen hervorrufen. Damasio versteigt sich sogar zu der Theorie, daß erst die Gefühle es uns erlauben, rationale Entscheidungen zu fällen, ja daß es ohne Gefühle den »vernunftbegabten« Menschen gar nicht gäbe.[2]

Sachliche Entscheidungen durch Gefühle? Müssen wir uns nicht oft genug zwingen, mit unserer Vernunft die Emotionen in ihre Schranken zu weisen? Fordern wir nicht von unseren Mitmenschen, endlich rational zu denken? Wo wäre die deutsche Wirtschaft, hätten sich die Verantwortlichen in Industrie und Handel von ihren Launen leiten lassen? Hier zählt nur der kühle Kopf – ganz im Sinne des großen französischen Philosophen René Descartes, der Körper und Geist strikt voneinander trennte: Erst der Verstand, der Geist macht den wirklichen Menschen aus.[148]

Zugegeben: Die Idee, daß wir als reine Verstandesmenschen gar nicht lebensfähig wären, paßt nicht recht in unser abendländisches, von Descartes' Denken geprägtes Weltbild. Doch Gefühle sind im täglichen Leben unentbehrliche Entscheidungshilfen. Versuchen Sie einmal unter Ausschluß von Gefühlen, nur mit Ihrem »reinen« Verstand eine Entscheidung zu fällen. Nehmen wir ein ganz alltägliches, im Grunde vollkommen »unemotionales« Problem: Sie müssen einen Arzttermin vereinbaren. Die Sprechstundenhilfe schlägt vor: entweder nächsten Montag oder Donnerstag. Sie überlegen: beide Termine passen. Für welchen entscheiden Sie sich? Vor allem, wie entscheiden Sie sich? Erstmal eine Bestandsaufnahme: Wägen Sie alle »Für« und »Wider« der beiden Termine sachlich gegeneinander ab.

Folgende Informationen stehen Ihnen zur Verfügung: Es ist Februar, es schneit, und das Thermometer steht weit unter Null. Also Glatteisgefahr! Da könnten sich am Wochenende allerhand Unfälle ereignen. Das spricht eher gegen den Montag, denn dann ist die Praxis womöglich mit Notfällen überlastet. Ein verbindlicher Termin nützt Ihnen dann auch nichts mehr. Wahrscheinlich müßten Sie stundenlang im Wartezimmer hocken. Donnerstag ist die Glatteisgefahr vielleicht schon gebannt. Andererseits ist am Mittwoch immer geschlossen. Das bedeutet, daß es donnertags bei der Ärztin sowieso recht voll ist. Da ist die Frau Doktor womöglich genervt. Außerdem haben Sie am Donnerstag frei, da könnte man ja mal wieder mit den Kindern zum Schlittschuhlaufen an den See fahren.

Na, fallen Ihnen noch weitere Gründe ein, weswegen Montag so gut oder schlecht wie Donnerstag ist? Sie sehen die Crux: Das rein sachliche Analysieren läßt sich endlos weiterspielen. Irgendwie müssen Sie ein Ende finden. Doch wann brechen Sie das logische Abwägen ab und entscheiden sich trotz aller

Unwägbarkeiten für einen der Termine? Die Logik allein kann nicht bewerten und damit eine Entscheidung herbeiführen. Dennoch fällt es uns bei den meisten, viel vertrackteren Fragen im wirklichen Leben überhaupt nicht schwer, eine Entscheidung zu treffen. Welchen Ihrer Verehrer würden Sie erhören: den blonden mit dem Mercedes oder den mit der Halbglatze und der Yacht? Der Blonde kocht ja so gut, aber der andere raucht nicht. Dafür ißt der Nichtraucher immer kalte Ravioli aus der Dose und trägt Boxershorts. Die sind so unerotisch. Andererseits hat der mit der Halbglatze die bessere Figur...

Sie müssen die vielen, vielen Argumente bewerten, müssen eine Auswahl treffen. In Windeseile spielen Sie die verschiedenen Möglichkeiten in Ihrem Gehirn durch. Und jetzt wird es interessant: Ihr Körper setzt, ob Sie wollen oder nicht, einen unbewußten Mechanismus in Gang. Während Sie in Gedanken versunken sind, haben Sie stets auch ein bestimmtes Körpergefühl. Wenn Sie zurückdenken, können Sie sich sicher an eine Menge Szenarien erinnern, die ein unangenehmes oder auch ein angenehmes Gefühl in Ihrer Magengegend hinterlassen haben. In der Arztpraxis werden Sie erfahrungsgemäß in eine peinliche Situation geraten, wenn Sie nicht in angemessener Zeit zu einem Entschluß kommen. Ihre »Magengrube« hilft Ihnen, das zu vermeiden. In vielen Alltagssituationen bemerken wir diese Gefühle gar nicht, denn oft bleibt der Körper bescheiden im Hintergrund. Dennoch verknüpft Ihr Gehirn alle Situationen, die Sie erleben, mit dem gleichzeitig vorhandenen Gefühl. Und genau das ist es, was Ihnen hilft, Entscheidungen zu treffen: Ihr »Gefühls-Erfahrungsschatz« weist Ihnen den Weg.[2]

Das Ende der Vernunft

Das Beispiel mit dem Arzttermin verdeutlicht die Grenzen der reinen Vernunft: Sie braucht sozusagen eine »ordnende Hand«. Und diese Aufgabe übernehmen unsere Gefühle. Sie ordnen die Entscheidungen an, sagen dem Verstand, was zu tun ist. Ohne Körperempfindungen könnten wir Situationen gar nicht »vernünftig« bewerten. Die Frage ist nun, wie Verstand und Gefühl miteinander verdrahtet sind.

Biologisch gesehen könnte das so funktionieren: Die körperliche Empfindung in einer bestimmten Situation, zum Beispiel der Blutandrang zum Kopf beim »Erröten«, setzt eine Art Marke. Diese Marke speichert der Körper ab, um sie im Wiederholungsfalle wieder zu aktivieren. Und daran orientieren wir uns automatisch und unbewußt bei anstehenden Entscheidungen.

Beschleicht Sie jetzt ein unangenehmes Gefühl in der Magengrube, weil Sie dieser Erklärung skeptisch gegenüberstehen? Oder durchfluten Sie eher angenehme Empfindungen, weil Sie schon immer der Meinung waren, daß Gefühle wichtig sind? In beiden Fällen hat Ihnen Ihr Körpergefühl solch einen »Marker« verpaßt und in Ihrem Gehirn abgespeichert. Damit der Verstand aus den vielen alltäglichen Entscheidungsmöglichkeiten überhaupt sinnvoll auswählen kann, muß er auf jeden Fall eng mit dem Gefühl zusammenarbeiten. So kam der Neurologe Damasio auf die Idee, das gute oder ungute Gefühl in der Magengegend »somatischer Marker« zu nennen.[2] »Soma« ist das griechische Wort für Körper. Ohne diesen Marker ist sinnvolles, zum Überleben notwendiges Entscheiden nicht möglich. Aber was brachte Damasio auf die kühne Idee, das jahrhundertealte kartesianische Dogma der abendländischen Philosophie buchstäblich aus den Angeln zu heben?

Der Mann, der seine Gefühle verlor

Als Neurologe hatte Damasio ein vitales Interesse an Patienten, deren Gefühlsleben durch Hirnverletzungen gestört war. Einer seiner Patienten, nennen wir ihn Elliot, litt an einem gutartigen Hirntumor, der zum Glück erfolgreich operiert werden konnte. Dennoch hatte die Geschwulst Elliots Leben auf subtile Weise zerstört. Vorher ein hochqualifizierter Wirtschaftsfachmann, versagte er plötzlich im Beruf und wurde arbeitslos. Seine Ehe scheiterte, und er verlor durch extrem unkluge Spekulationen sein Vermögen. Schließlich lebte er in der Obhut eines seiner Geschwister, unfähig zu eigenverantwortlichem Handeln.

Auf den ersten Blick fügte Elliot sich unauffällig in seine Umwelt ein und schien keinerlei Probleme zu haben. Deshalb sollte ihm die Invalidenrente gestrichen werden. Auch auf Damasio machte er nach seiner Hirnoperation zunächst einen völlig normalen, ja sogar überdurchschnittlich intelligenten Eindruck. Damasio konnte sich mit seinem Patienten über Gott und die Welt unterhalten. Elliot kommentierte aktuelle politische Themen mit geistreicher Ironie, er hatte ein gutes Gedächtnis, er konnte sich hervorragend konzentrieren und ermüdete nicht vorzeitig. Das einzig bemerkenswerte war eine gewisse emotionale Zurückhaltung. Kurzum: vor dem Neurologen saß ein scheinbar ganz normaler Mensch.

Tatsächlich war Elliot aber arbeitsunfähig. Schon an ganz simplen Aufgaben scheiterte er. So war er nicht in der Lage, Unterlagen nach kurzer Beurteilung in die Akten abzulegen. Stundenlang wog er die Vorteile bestimmter Sortierkriterien ab: Sollte er die Papiere unter der Kategorie »Datum« oder doch lieber »Anfangsbuchstabe« einordnen? Oder er begann, die Unterlagen intensiv zu studieren, statt sie abzulegen.

Kurz, es erging ihm so wie uns mit dem Entschluß für einen der Arzttermine. Er konnte sich einfach nicht in angemessener Zeit zu sinnvollen Entscheidungen durchringen.

Da Elliots Benehmen keine offensichtlichen nervlichen Störungen erkennen ließ, meinten seine Kollegen, er müsse sich nur ein bißchen zusammenreißen, dann würde es schon wieder. Doch Elliot konnte sich nicht einfach »zusammennehmen«. Hatte die Hirnoperation grundlegende Verhaltensmechanismen zerstört? Waren vielleicht seine geistigen Werkzeuge, zum Beispiel das Gedächtnis, auf fast unmerkliche Weise beschädigt? Psychologische Tests ergaben: nichts von alledem. Noch verwirrender war, daß Elliot auch Test-Szenarien, in denen er Konfliktsituationen lösen sollte, richtig beurteilen konnte und zu sozial angemessenen Entscheidungen in der Lage war.

Und da machte Elliot eine aufschlußreiche Bemerkung: Er wisse zwar genau, wie »man« sich in den gezeigten Situationen zu verhalten habe. Doch müsse er tatsächlich entscheiden, was zu tun sei, würde er es nicht schaffen. Und genau das hatte er ja immer wieder bewiesen. Im realen Leben, außerhalb des psychologischen Labors, versagte Elliot vollkommen! Doch nie zeigte er angesichts seiner persönlichen Katastrophen auch nur den leisesten Anflug eines Gefühls. Ihm stand nur noch die reine Vernunft zur Verfügung. Und obwohl es so schien, als hätten flüchtige Gefühle sein irrationales Handeln diktiert, mußte er alle Entscheidungen mit kühlem Kopf getroffen haben.

Den Arzt beschlichen Selbstzweifel: Was genau hatte er denn bis jetzt an Elliots Psyche getestet? In erster Linie doch »nur« seine Intelligenz. Er hatte schlicht »vergessen«, auch Elliots Gefühlswelt zu untersuchen. Und genau die war seinem Patienten offenkundig abhanden gekommen. Vor ihm saß ein Mensch, der sich allein auf seinen logischen Verstand verlassen konnte – und den dieser Umstand völlig lebensuntüchtig machte. Eigentlich hätte Elliot mit seinem glasklaren Intellekt im Beruf wie im Privatleben erfolgreicher sein müssen als je zuvor.

Allmählich wurde dem Neurologen klar, daß die Tumor-Operation bei seinem Patienten den »logischen« Teil des Gehirns von denjenigen Hirnstrukturen abgetrennt hatte, die Gefühle erzeugen. Wie aber war es dann möglich, daß er gefühlsträchtige Situationen, wie Gewaltszenen auf Bildern, sozial angemessen einschätzen konnte? Entscheidend war Elliots Bemerkung, er »wisse«, wie man sich zu verhalten habe. Offensichtlich empfand er keinerlei Abscheu, wenn ihm ein Mord gezeigt wurde, vielmehr gab er wie ein intelligenter Automat die »richtigen« Gefühlsreaktionen wieder, die er alle schon vor seiner Operation erlernt hatte. Seine erworbenen Reaktionsspeicher waren noch intakt, nur hatten sie nach der Operation keinen Einfluß mehr auf die gefühlsverarbeitenden Hirnabschnitte. Daher war Elliot nicht mehr in der Lage, die Situation mit einem »somatischen Marker« zu verknüpfen, der ihm automatisch zu einer richtigen Entscheidung verholfen hätte.[2]

Feuchte Hände

Obwohl Elliot seine diffizile Gefühlswelt verloren hatte, reagierte er völlig normal, wenn es um reflexartige Entscheidungen ging, die dem bloßen Überleben dienten. So aß und trank er ohne lange Überlegungen, und er fuhr, wie jeder von uns, bei plötzlichen lauten Geräuschen erschrocken zusammen. Demnach besitzen wir zweierlei Arten von Gefühlen. Einmal haben wir jene »primären« Gefühle, die fürs nackte Überleben notwendig sind. Sie sind uns angeboren und sorgen dafür, daß wir unseren Hunger und Durst stillen, bei Gefahr flüchten und Schmerzen vermeiden. So ist uns beispielsweise die Angst vor der Dunkelheit oder sehr großen Gegnern angeboren: Vor einem Riesen schrecken wir automatisch zunächst einmal zurück; vielleicht verstecken wir uns sogar. Aber das ist nur der erste, der unbewußte Teil unserer Reaktion. Erst danach kommt unser Bewußtsein mit ins Spiel.

Warum das? könnte man fragen, das Ziel ist doch schon erreicht: Wir überlebten durch eine angeborene Reaktion: »Furcht vor Unbekanntem«. Doch ohne das Bewußtmachen können wir nichts aus dem Vorfall lernen. Die angeborenen Angstgefühle haben uns zwar vor dem Riesen gerettet, doch erst wenn wir unser »primäres« Körpergefühl Angst überwinden und den Riesen bewußt beobachten, können wir seine Schwächen kennenlernen und ihn austricksen. Oder vielleicht feststellen, daß er harmlos ist, und ihn als Verbündeten gewinnen.

Die angeborenen »primären« Gefühle können also nicht die ganze Bandbreite unserer emotionalen Verhaltensweisen ausmachen. Sie bilden nur den Grundapparat, die instinktiven Reaktionen. Im Laufe der Evolution wurde unser Gefühlsnetzwerk erweitert. Und nun kommen wir zu der zweiten Art, zu den »sekundären« Gefühlen.

Stellen Sie sich vor, Sie sitzen in einer Kneipe. Am Nebentisch räkelt sich Ihr Traumtyp. Angenehme Vorstellungen schießen Ihnen durch den Kopf. Gleichzeitig verändert sich Ihr Körperzustand, die »sekundären Gefühle« schlagen wieder einmal zu: Ihr Herz schlägt höher, Schweiß bricht aus, Ihr Mund wird trocken, Ihre Hände unruhig. Der biologische Grund dafür ist eher unerotisch: Ihr Gehirn sendet Hormone und Nervenimpulse an alle Körperteile. Wann sie was zu tun haben, wissen die grauen Zellen anhand der früher gesetzten somatischen Marker. Unbewußt liest Ihr Gehirn in den »Aktenordnern«, die vorher in ähnlichen Situationen angelegt worden sind. Darin steht, welche Situation gewöhnlich mit welcher Art von Gefühl verknüpft ist. Also beispielsweise Schweißausbrüche und Herzrasen beim Anblick blonder, grünäugiger, breitschultriger Männer.

Vielleicht ist es Ihnen egal, ob Ihre »primären, angeborenen« oder Ihre »sekundären, erworbenen« Gefühle Ihre Hände gerade zum Schwitzen oder Ihr Herz zum Rasen gebracht haben. Und selbst wenn Sie es wissen wollten, es wäre unmöglich zu erkennen. Unser Körper hat für beide Gefühlsarten nur einen einzigen Sendekanal bewilligt. Beide senden im »Ersten Programm«. Und so ist leider auf den ersten Blick nicht zu erkennen, welche Art von Gefühlsregung uns gerade beutelt. Fest steht nur, daß wir beide brauchen. Denn ohne unsere Basisausstattung an »primären« Gefühlen könnten wir niemals »sekundäre« Gefühle entwickeln. Und ohne die zweite Garnitur könnten wir niemals unseren Horizont erweitern, lernen und überhaupt Mensch sein. Wie sonst sollten wir jemals so erhabene Ziele wie Altruismus entwickelt haben? Wie wollten wir Mitleid empfinden oder Hoffnung? Wie könnten wir eine Jahre dauernde Ausbildung unter zweifelhaften Bedingungen und mit ungewissem Ausgang durchhalten, wenn wir nicht über unser auf direkte Lusterfüllung zielendes Triebleben hinausdenken könnten? Und vielleicht würden wir uns nie auf das Thema Sex einlassen, würden positive Gefühle zu Kindern, Ehe und Familie nicht fest in unserem Hinterkopf verankert sein.[2, 73]

Wozu Männer?

Und da haben wir den Salat. Wenn also Fortpflanzung nur ein reflexhafter Trieb wäre, ein »primäres« Gefühl, dann hätten wir keine Probleme damit. Wir würden instinktiv reagieren, uns nichts dabei denken, auf und nieder – und fertig ist die Sache. Ist sie aber nicht. Denn von Kindesbeinen an entwickeln sich eine Menge dieser lästigen »sekundären« Gefühle drumherum: »Mit Mädchen spiel' ich nicht«, »Jungs sind doof«, so oder ähnlich lauten die ersten Marker in Sachen Beziehungskiste. Und wenn wir das »Teenie-Erste-Liebe-Alter« mit seinen ganz andersartigen primären Gefühlen erreicht haben, geben Eltern und andere Erwachsene ungefragt noch weise Ratschläge dazu. Und weil uns das unendlich peinlich ist, wird ein Marker für Gefühle der zweiten Art abgespeichert.

Unsere Gefühlswelt ist der Grund, warum wir oft so zerissen sind zwischen den »lieben Trieben« und der nüchternen Vernunft. Ohne diese Gefühle würde Lady Di vielleicht noch mit Charles zusammenhausen, Dreiecksverhältnisse wären unbekannt oder völlig normal, und wir würden bei der Partnerwahl nur den »reinen« Verstand walten lassen. Offenbar hielt Mutter Natur dies für keine gute Idee. Glaubt man den Evolutionsbiologen, dann bedarf es der Paarung mit ihrem aufwendigen Balzverhalten, um neue, höherentwickelte Arten hervorzubringen. Dabei nahm die Natur auch den Beziehungskisten-Streß billigend mit in Kauf. Vielleicht würden wir immer noch auf den Bäumen hocken, hätten sich unsere Vorfahren nicht zum Sex herabgelassen. Lebewesen, die sich ungeschlechtlich vermehren, bringen ja (fast) nur Nachwuchs hervor, der ihnen aufs Haar gleicht. Alle »Kinder« haben die gleichen Gene. Genetisch identischer Nachwuchs ändert sich viel langsamer – durch gelegentliche Mutationen, die noch dazu meist ungünstige Folgen haben. Bei der sexuellen Vermehrung werden dagegen die Gene von zwei verschiedenen Lebewesen kräftig durcheinandergemischt. Soweit die Theorie – und wie sieht die Praxis aus?

Mal ehrlich: Berücksichtigen Sie als aufgeklärter Mitteleuropäer gewissenhaft die genetische Ausstattung möglicher Nachkommen, wenn Sie das Objekt Ihrer Begierde vermittels sorgfältig ausgearbeiteten Balzverhaltens anlocken, um schließlich zur innigen Verschmelzung zu gelangen? Oder ist es nicht eher so, daß Sie das alles in dieser Situation nicht die Bohne interessiert? Und – falls Sie stolze Eltern sind – wurde der Herstellungsprozeß Ihrer Sprößlinge etwa aus den oben dargelegten Gründen betrieben? Ob sich aus unseren Nachkommen im Laufe der Evolution neue, bessere Menschen entwickeln, können wir ohnehin nicht überblicken. Wie auch, mit unserer beschränkten Lebensspanne? Mit etwas Glück können wir uns gerade mal die Urenkel auf den Schoß setzen.

Bleibt immer noch die Frage: Wozu Sex? Welche erkennbaren Vorteile hatte die umständliche sexuelle Fortpflanzung für die Spezies Mensch? Wozu der »tierische« Aufwand bei der Partnersuche? Immerhin kann das durchaus ins Auge gehen. Man denke nur an den klassischen Sturz von der Leiter beim »Fensterln«. Oder das männliche Imponiergehabe, das schon mal in einer Geisterfahrt auf der Autobahn gipfeln kann – die alltäglichen Gefahren der Liebe haben schon manchen Kopf und Kragen gekostet. Und noch einen weiteren Schönheitsfehler hat die hübsche Theorie von der Vielfalt des Lebens durch sexuelle Fortpflanzung. Sie erklärt nicht, weswegen der Sex entstand. Wozu zwei Geschlechter? Unsere Gene könnten wir auch durch ungeschlechtliche Vermehrung an die Kinder weitergeben. Das hätte erhebliche Vorteile: Keine Mutter müßte mehr befürchten, ihr Sohnemann könnte den frühzeitigen Haarausfall des Herrn Papa erben. Und überhaupt: Sind

Frauen in Sachen Vermehrung nicht ungleich wichtiger als Männer?

Aber lieb sind sie doch...

Über Männer kann man geteilter Meinung sein. Nach einem eher bescheidenen Beitrag zur Arterhaltung, scheint ihre Funktion weitgehend erschöpft. Natürlich messen einige Industriezweige, deren Angebot Sportlenkräder, Spoiler und 12-Zylinder-Motoren umfaßt, dieser Sorte Mensch einen ganz anderen Stellenwert bei. Schließlich leistet sie einen erheblichen Beitrag zum Bruttosozialprodukt. Einige Anthropologen wollen diese Art von Nutzen jedoch nicht gelten lassen. Da Männer keine Kinder bekommen können, seien sie eigentlich überflüssig. Schließlich kennt man etwa 1000 Tierarten, darunter viele Echsen und Fische, die auf die männliche Spezies verzichten. Die Eizellen der Weibchen entwickeln sich auch ohne Befruchtung zum Embryo, was diesem Phänomen den Namen »Jungfernzeugung« einbrachte.[12, 77]

Chauvis dürfen sich mit der Tatsache trösten, daß zumindest Eidechsen eine Pseudokopulation brauchen: Die Weibchen können erst dann entwicklungsfähige Eier legen, wenn ein anderes Weibchen das Paarungsverhalten der entsorgten Männchen nachahmt. Hat ein Weibchen seine Männer-Rolle ausgespielt, kommt das »Bäumchen-wechsel-Dich-Spiel«: Nun kann es von einem anderen Weibchen verlangen, ihr gegenüber »Männchen zu machen«. So kommt schließlich jede mal dran und trägt ihr Scherflein zur Arterhaltung bei.[76, 84]

Warum aber bleiben diese Echsen nicht beim normalen Sex, warum sparen sie sich die Männchen? Es ist eine Frage der Bilanz. Denn ohne Männchen, die sich womöglich nicht um die Aufzucht der Jungen kümmern und gerade mal zum Kopulieren taugen, können die Weibchen alle Nahrung, alle Schlafplätze und Verstecke für sich und ihre Nachkommen allein nutzen. Diese Vermehrungsstrategie hat vor allem in unwirtlichen und isolierten Landstrichen Erfolg: Dort sind die Ressourcen knapp und können nur eine begrenzte Anzahl von Tieren ernähren. Wo sich die Umweltbedingungen kaum ändern, sind die Mütter mit ihrer genetischen Ausstattung bereits optimal an ihren Lebensraum angepaßt – ihre Nachkommen brauchen daher kaum »neue« Erbanlagen, um den Herausforderungen des Lebens zu begegnen.[84]

Und nun kommt der Haken dieses »Matriarchats«: Beim Echsennachwuchs häufen sich die ungünstigen Mutationen und führen dazu, daß die Jungtiere immer lebensuntüchtiger werden. Sie degenerieren, weil fehlerhaftes Erbgut ohne Korrektur weitergegeben wird. Erst wenn die Gene einer zweiten Echse, also eines Männchens, hinzukämen, könnten die fehlerhaften Gene entdeckt und ersetzt werden. So werden viele der Jungechsen nicht einmal mehr geschlechtsreif und sterben, bevor sie sich vermehren konnten. Berechnungen ergaben, daß nach etwa 100 000 Generationen das Aus der Art besiegelt wäre. Also müssen doch gelegentlich mal richtige Echsenmännchen ran.[76, 146]

So halten es die mittelamerikanischen Amazonen-Kärpflinge, nahe Verwandte der jedem Aquarianer bekannten Guppies. Die Amazonen-Kärpflinge sind »Naturbastarde«, sie entstanden durch die Kreuzung zweier nahe verwandter Arten. Nur – sie sind Feministinnen reinsten Wassers, in ihren Reihen dulden sie nur Weibchen. Die Fischforscher staunten nicht schlecht, als sie sich näher mit ihnen befaßten. Die Disziplin des Frauenkorps wurde gelegentlich durch männliche Exemplare naher Verwandter untergraben: Sie kopulierten mit Männchen der benachbart lebenden Ursprungsarten.[25] Höhere Ziele wie die Erhaltung der eigenen Art verlangen Opfer: Zumindest dafür sind Männer erhaltenswert.

Einen in ökonomischer Hinsicht bemerkenswerten Kompromiß fanden gewisse Spinnen: Die Weibchen der Rotrückenspinnen pflegen ihre ohnehin ziemlich kleinwüchsigen Partner nach dem Koitus in zwei von drei Fällen zu verspeisen. So wird der maximale Nutzen aus dem biologisch erforderlichen anderen Geschlecht gezogen. Eine Untersuchung von Maydianne Andrade von der Cornell Universität in New York ergab, daß die Männchen, die schlußendlich verspeist wurden, länger kopulieren durften als jene, die es rechtzeitig schafften, sich zurückzuziehen. Und vor allem pflegten die Weibchen nach einer solchen Mahlzeit keinem weiteren Bewerber die zweifelhafte Chance zur Fortpflanzung einzuräumen. Dadurch kann das männliche »Selbstmord-Gen« erfolgreich weitervererbt werden, so daß auch die weiblichen Nachkommen der Spinne mit einem Extrahappen rechnen dürfen.[147]

Was Männchen alles riskieren, um ihr Sperma an die Frau zu bringen, zeigt der Fall Tiefseeanglerfisch. Das ist ein grauslig anzuschauender Raubfisch, dessen beachtliches Maul mit nadelspitzen Zähnen gespickt ist. Mit einer leuchtenden »Angelrute«, die aus seinem Kopf herauswächst, lockt er in den ewig lichtlosen Tiefen des Ozeans seine Beute an, um sie zu verschlingen. Mit Jungfernzeugung können sich die Weibchen nicht abgeben, denn in diesem extremen Lebensraum ist genetische Vielfalt für den Nachwuchs wichtig. Die Suche nach Partnern in diesen spärlichen Jagdgründen wäre jedoch eine Zeitverschwendung, während der so mancher leckere Bissen vielleicht entwischt.[12, 14, 27]

Um sich und ihren Weibchen in der ozeanischen Finsternis derartigen Streß zu ersparen, brachten die Tiefseeanglerfischmännchen ein edles Opfer: sie blieben winzig klein – wurden aber besonders treu. Vermittels einer Kralle heften sie sich an eine Fischfrau ihrer Wahl, verwachsen mit ihr und schließen sich an ihren Blutkreislauf an. Mit der gelegentlichen Ablieferung des Spermas scheint die Funktion der »parasitären« Minimänner erschöpft zu sein.[14]

Wenn Mutter Natur die Männchen gelegentlich zu Nachtisch, Call-Boys oder gar zu Parasiten macht, sichert sie nicht nur deren Daseinsberechtigung, sondern es erhebt sich der Verdacht, daß es tatsächlich tiefschürfende Gründe dafür geben muß, den Sex beizubehalten und nur in Ausnahmefällen die Männer abzuschaffen. Aber welche?

Sex als Wurmkur

Auch unserer Gesellschaft sind lesbische Lebensgemeinschaften und parasitäre Männchen nicht fremd. Sie sind aber nicht die Norm. Vielleicht ist deshalb die Spezies Mensch noch nicht ausgestorben, sind unsere Männchen noch nicht zu kleinen Anhängseln verkümmert. Sind wir deshalb als Art so erfolgreich, weil sich die beiden Geschlechter noch immer mit Lust und Tücke der Vermischung ihres Erbguts widmen?

Auch Wissenschaftler machen sich zum Sex so ihre Gedanken. Ende der 70er Jahre schlug der britische Zoologe William Hamilton eine ungewöhnliche Theorie vor: Die »unerotische«, sprich asexuelle Fortpflanzung erhöhe das Risiko, von Parasiten, Bakterien, Pilzen und Viren als Nistplatz und ergiebige Futterquelle mißbraucht zu werden.[1] Sex als Antibiotikum!? Der Gedanke ist nicht ganz so abwegig, wie er auf den ersten

Blick erscheint. Denn um zu überleben, müssen wir nicht nur mit unseren äußeren Feinden und Konkurrenten fertigwerden, die uns auffressen oder uns das Obst wegmümmeln wollen. Wir müssen auch unseren »inneren« Feinden Paroli bieten, den Parasiten, Viren und anderen Krankheitskeimen. Gegen sie brauchen wir möglichst scharfe und schnelle Abwehrwaffen.

Die wichtigste Waffe ist unser Immunsystem. Seine Aufgabe ist jedoch nicht immer leicht, denn sind Parasiten und Krankheitskeime erst einmal erfolgreich in den Körper eingedrungen, fangen sie an, sich sehr rasch zu vermehren, um unserem Immunsystem zuvorzukommen. Hat es die Krankheitserreger, wie zum Beispiel Masernviren, erkannt und unschädlich gemacht, ist die Gefahr in Zukunft gebannt: Wir sind nun gegen Masern immun und erkranken nicht wieder daran. Aus der Sicht der Viren geht ein ganzer Lebensraum verloren, und sie müssen sich schleunigst ein neues noch unvorbereitetes Opfer suchen.

Andere Krankheitserreger sind da viel hartnäckiger und fintenreicher: Sie wechseln fortwährend ihr Aussehen, indem sie untereinander Gene austauschen. So verschaffen sie sich ein neues »Outfit« oder neue »Waffen«. Grippeviren ändern ihre Erkennungsmerkmale etwa alle 10 Jahre. Für unser Immunsystem bedeutet dies, daß es sich ständig etwas gegen die neuen Tarnanzüge der Angreifer einfallen lassen muß. Normalerweise hat es genügend Tricks auf Lager, um auch vermummte Angreifer dingfest zu machen, doch alles hat seine Grenzen. Und daher sind wir auf Gedeih und Verderb der Schlagkräftigkeit unserer Abwehrkommandos ausgeliefert.[26]

Woher bekommen wir ein möglichst gutes Immunsystem? Wenn Sie jetzt auf Frischzellenkuren und Mistelextrakte setzen, liegen Sie leider falsch. Die Möglichkeiten und Grenzen unserer Körperabwehr sind durch unsere Erbanlagen längst vorgegeben. Wir müssen handeln, bevor das Kind in den Brunnen gefallen, sprich gezeugt, ist. Das Beste, was Eltern ihren künftigen Kindern antun können, ist, ihnen eine besonders gelungene und »fitte« Mischung ihrer beiden Immunsysteme mitzugeben. Dafür brauchen wir den Sex und deswegen gibt es ihn noch immer. Und für gesunden Nachwuchs, ein Ziel, das alle Eltern erstreben, ist das bißchen Bewegung doch wirklich nicht zuviel verlangt!

Sexuelle Fortpflanzung vermindert die Wahrscheinlichkeit, daß Schädlinge, die der Elterngeneration noch zu schaffen machten, auch den Nachkommen arg zusetzen. Denn das neugemischte Immunsystem solchermaßen erzeugten Nachwuchses unterscheidet sich deutlich vom Immunsystem seiner Eltern. Das gibt den Krankheitskeimen harte Nüsse zu knacken. In jüngster Zeit haben sowohl Computersimulationen als auch Beobachtungen in der Natur William Hamiltons Hypothese vom Sex als Medizin erhärtet. Wir müssen uns wohl damit abfinden: Der Sex ist vor allem dazu da, um Mikroben, Pilze und Würmer in Schach zu halten.[1, 4–9, 26]

Das glauben Sie nicht? Welche Folgen ungeschlechtliche Vermehrung in besonders ungünstigen Fällen haben kann, sieht man an modernen Land- oder Forstwirtschaftsmethoden: In Monokulturen haben alle Pflanzen beinahe die gleichen Gene und somit das gleiche »Immunsystem«. Außerdem steht eine große Familie mit vielen »Geschwistern« dicht beieinander. Hat ein Pflanzenschädling, sagen wir ein Käfer, die Abwehrmechanismen einer Pflanze geknackt, winkt ihm reiche Beute. Nun ist das natürlich auch schon den Saatgutzüchtern aufgefallen. Sie züchten ständig neue Sorten mit verbesserter Abwehr, zum Beispiel Mais, der ein Gift gegen Käfer herstellt. Anfänglich klappt das auch, und der Befall geht zurück. Aber weil die lieben Krabbeltiere dank der sexuellen Fortpflanzung über einen riesigen Bestand an unterschiedlichen Genen verfügen, können sie der List der Landwirte entgehen: In der millionenstarken sechsbeinigen Genbank findet sich auch mal eine Genkombination, die den Käfer immun gegen das Gift macht. Der Besitzer dieser Gene gedeiht prächtig und gibt seine Immunität an den Nachwuchs weiter.

Immer noch nicht überzeugt? Denken Sie vielleicht, daß das für Mais- und Weizenäcker wohl zutreffen mag – aber der Mensch habe doch Apotheken voller Arzneimittel zur Hand? Tatsächlich haben Antibiotika und verbesserte Hygiene vielen Krankheiten ihren Schrecken genommen. Zudem haben wir mit dem Impfen eine weitere Waffe gegen Infektionen und Seuchen in der Hand. Mit dem Resultat, daß heute niemand mehr an Pocken stirbt und daß die noch in den 50er Jahren(!) so gefürchtete Kinderlähmung fast völlig verschwunden ist. Trotzdem sind wir nicht unbesiegbar geworden – im Gegenteil.

Wir haben offenbar vergessen, daß die Spezies Mensch seit jeher von Keimen und Ungeziefer aller Art bedroht war. Nur wer mit ihnen fertig wurde, konnte überleben, sich fortpflanzen und seinen Nachkommen ein anständiges Immunsystem vererben. Das gilt auch noch heute, obwohl die Gefahr, einen gefährlichen Keim oder Eingeweidewurm zu erwischen, in unseren Breitengraden nicht mehr so groß ist wie früher. Aber wehe, wenn uns das Reisefieber packt! Nicht nur sonnige Strände erwarten uns in tropischen Gefilden, auch Amöben, Würmer und Geißeltierchen harren dort ihrer Opfer. Besonders häufig im Angebot: die Amöbenruhr – eine von heftigen Darmkoliken begleitete Durchfallerkrankung. Die Weltgesundheitsorganisation (WHO) schätzt die Zahl der weltweit Infizierten auf 500 Millionen, d. h. jeder achte Mensch auf dieser Welt leidet darunter. 40 bis 50 Millionen erkranken und 40 000 bis 100 000 Menschen sterben jährlich daran. Von der berüchtigtsten aller durch Parasiten hervorgerufenen Krankheiten, der Malaria, werden jedes Jahr sogar 110 Millionen Menschen befallen, von denen nach vorsichtigen Schätzungen mindestens 1 Million sterben, zumeist Kinder.[85]

Vom ewigen Kampf der Geschlechter

Nicht nur Parasiten und ihre Wirte, auch Männlein und Weiblein leisten sich einen Wettlauf um die besten Gene. Sie wollen sich zwar miteinander fortpflanzen, doch besetzen sie oft genug unterschiedliche ökologische Nischen. So nähren sich weibliche Stechmücken vom Blut ihrer Opfer, während sich die vegetarischen Männchen mit Blütennektar bescheiden. Dafür brauchen sie eine etwas andere genetische Ausstattung.

Auch dann, wenn keine Unterschiede sichtbar sind, sind nicht alle Genvarianten gleichermaßen für beide Geschlechter vorteilhaft. So litt die Fitneß von männlichen Fruchtfliegen, wenn ihnen im Labor bestimmte Gene eingekreuzt wurden, die den Weibchen besondere Widerstandskraft verliehen. In der Natur wären diese Männchen alsbald der natürlichen Auslese zum Opfer gefallen. Deshalb haben Männchen ein Interesse daran, andere Genversionen zu vererben als ihre Weibchen.

Aber bereits beim Vorgang der Befruchtung verfolgen Männchen und Weibchen – so paradox es klingen mag – unterschiedliche Ziele. Die Herren wollen, daß die Eizelle von einem ihrer Spermien, und nicht etwa von dem der Konkurrenten befruchtet wird. Die Damen dagegen müssen sicherstellen, daß ihre Eizelle nur von einem einzigen Spermium befruchtet wird, und nicht etwa von mehreren. Denn eine Mehrfachbefruchtung würde zum Absterben des Eis führen. Daher hat man bei mehreren Arten bereits eine Art »chemische Kriegsführung« zwischen dem Sperma und den Sekreten im Geschlechtstrakt der Weibchen nachgewiesen.[18-21]

Von Fruchtfliegen zum Beispiel weiß man, daß die Samenflüssigkeit der Männchen Gifte enthält, die das Weibchen dazu bringen, besonders viele Eier zu legen und nach der Befruchtung und der Eiablage vorzeitig zu sterben. Außerdem enthält die Flüssigkeit Stoffe, die dem Weibchen die Lust an weiteren Paarungen sofort verderben. So kann das Männchen sicherstellen, daß nur seine Gene zum Zuge kommen. Dieser sexuelle Konflikt ist offenbar eine wichtige Triebkraft der Evolution. Denn wenn bestimmte Sexualpartner bevorzugt werden, so wird sich die genetische Ausstattung der Art zu deren Gunsten verändern.[21]

Und beim Menschen? Zwar scheinen die Unterschiede zwischen den Geschlechtern eher in der Frage zu gipfeln, ob Fußball oder der Spielfilm angeschaltet werden soll. Aber es gibt ja durchaus genetische Unterschiede zwischen Mann und Frau. Nicht nur solche, die unmittelbar mit der Fortpflanzung verbunden sind. Beispielsweise im Knochenbau. Männer sind eben größer und kräftiger als Frauen. Dies hat aber weniger etwas mit der »Beschützerrolle« und dem kriegerischen Instinkt, der Männern gerne zugeschrieben wird, zu tun, als vielmehr mit der Arbeitsteilung: Untersuchungen an fünf nordamerikanischen Indianervölkern zeigten, daß die Unterschiede in der Skelettstruktur zwischen Mann und Frau umso größer waren, je mehr der

> Stamm von der Jagd abhängig ist. Lebten die Rothäute da-
> gegen hauptsächlich vom Ackerbau und beackerten ge-
> meinsam die Felder, sind die körperlichen Differenzen
> zwischen den Geschlechtern weitaus geringer.[65]

Parasiten sind jedoch beileibe nicht auf tropische Regionen beschränkt. So werden immerhin 10 bis 20 Prozent aller europäischen Frauen von Trichomonaden befallen, Einzellern, die
einen eitrigen Scheidenausfluß hervorrufen. Und wie gefährlich Viren sein können, hat uns AIDS gelehrt. Das AIDS-Virus
verfolgt eine besonders heimtückische Strategie. Es legt unser
gesamtes Immunsystem so lahm, daß unser Körper noch keine
Gegenstrategie entwickeln konnte. Nach jahrelangen, teuren
Forschungen sind wir dem Virus noch immer schutzlos ausgeliefert. Trotz aller medizinischen Fortschritte: Wir sind auf ein
leistungsfähiges Immunsystem angewiesen. Selbst in unserer
»keimfreien« Umwelt ist es überlebenswichtig. Ein schlagkräf-
tiges Abwehrsystem aber bildet sich nur aus gut gemixten Erbanlagen. Daher der ganze Aufwand mit dem Sex.[8, 9, 23, 85]

Stellt sich nur noch die Frage: Sex mit wem? Alle, die gerade
mit einem Lustobjekt gesegnet sind, können da nur milde lächeln. Für viele Singles ist dies aber eine entscheidende Frage.
Nicht nur, daß man im AIDS-Zeitalter bei der Wahl seines
Bettgenossen ein gewisses Maß an Vorsicht walten lassen
muß, die Auswahl ist auch gar nicht so groß. Nicht jeder, der
will, kann, und nicht jeder, der kann, will auch. Und schließlich nehmen wir ja auch nicht jeden, der will und kann. Aber
halt, warum eigentlich nicht? Wie kommt es, daß wir uns
nicht in jedermann verlieben? Das würde doch die Durchmi-
schung der Erbmasse ganz unwahrscheinlich fördern. Gerade
das verwehrt uns Mutter Natur, indem sie dieses rätselhafte
Gefühlsleben dazwischengeschaltet hat. Wie immer, wenn

Gefühle im Spiel sind, ist die Erklärung verzwickt. Und deswegen müssen wir ein bißchen weiter ausholen und laden Sie zu der, zugegebenermaßen etwas skurrilen, Entdeckungsreise unseres »sexten« Sinnes ein.

Der sexte Sinn

Wir schreiben das Jahr 1963. David Berliner, ein junger Wissenschaftler der Universität Utah, steht in seinem Labor und kratzt das schmierige Innere von Gipsverbänden ab. Er hat viel zu tun, Utah ist ein beliebtes Wintersportgebiet, und daher mangelt es nicht an Knochenbrüchen. An den Innenseiten abgelegter Gipsbeine haften – vornehm ausgedrückt – Hautreste, aus denen Berliner Extrakte herstellt. Die eher unappetitliche Arbeit macht ihm zunehmend Spaß: Aus einem unerklärlichen Grund verbessert sich seine Laune, sobald er im Labor arbeitet. Auch seine Mitarbeiter sind so gut drauf wie schon lange nicht mehr, selbst verbissene Chemiker-Mienen tauen plötzlich auf. Dieser unerwartete Stimmungsumschwung kann unmöglich an ihm selbst liegen; die Ursache muß irgendeine Veränderung im Labor sein. Berliner verdächtigt seine Reagenzgläschen, denn er hat sie offen im Labor herumstehen lassen. Um die Probe aufs Exempel zu machen, verschließt er die Proben – und schon muffeln die Kollegen wieder herum.

Diese aufregende Beobachtung verlangte zwar eine schnellstmögliche Aufklärung, aber leider hatte Berliner andere Verpflichtungen. Erst gut 25 Jahre später, 1989, holte er seine Hautextrakte wieder aus der Tiefkühltruhe. Und als er sie öffnete, stieg auch die Stimmung wieder – der Effekt war erhalten geblieben. Wenn also irgendwelche Substanzen in den Extrakten wirksam waren, so mußten sie flüchtig sein. Denn schließlich hatte niemand seine Nase direkt in die Probefläschchen gesteckt. Das Verblüffendste aber war: Die meisten rochen nach rein gar nichts![34]

Berliner wußte natürlich, daß beispielsweise Hunde mit Düften kommunizieren, die wir Menschen einfach nicht riechen können, und daß das Erschnupperte merkliche Änderungen des Sozialverhaltens bewirkt. Ausdünstungen einer läufigen Hündin ziehen die Rüden nicht nur unwiderstehlich an – sie schalten auch den Sexualtrieb ein. Am Geruch des Urins erkennt ein Hund nicht nur, ob er eine Hündin oder einen Rüden vor sich hat, sondern auch, ob es ein Jungtier oder ob die Hundedame »heiß« ist. An den Duftmarken erkennt er auch, wer vor ihm da war. Und schließlich braucht er weder einen Artgenossen noch dessen Hinterlassenschaft direkt vor der Nase zu haben, denn er riecht ihn im wahrsten Sinne des Wortes »10 Meilen gegen den Wind«. Der Geruch ist für den Hund wie ein individueller, unverwechselbarer Personalausweis.[72, 92, 93, 109, 130]

Liebesfallen

1959 gaben die Biochemiker Peter Karlson und Martin Lüscher diesen chemischen Signalen der Liebe die Bezeichnung »Pheromone«.[88] Sie erforschten damals das Sexualleben der Insekten. Schmetterlingsweibchen senden Pheromone aus, um Männchen aus großer Entfernung zwecks Paarung anzulocken. Praktisch veranlagte Schmetterlingsjäger nutzten die Anziehungskraft von Seidenspinnerweibchen schon im 19. Jahrhundert, ohne etwas von der Existenz der Lockstoffe zu wissen: Sie setzten einfach eine Nachtfalterdame in einen Käfig und warteten ab. Die Männchen kamen in Scharen; oft mehr als 100 in einer einzigen Nacht.[13]

Die von den Seidenspinnerweibchen ausgesendeten Duftstoffe wirken bereits in winzigsten Mengen. Meist genügen
wenige Hundert Moleküle, um die Männchen aus kilome-
terweiter Entfernung losschwirren zu lassen. Etwa um die
gleiche Zeit wie Lüscher und Karlson kam der deutsche
Biochemiker und Nobelpreisträger Adolf Butenandt dem
Lockstoff des Seidenspinners auf die Spur. Er nannte ihn
Bombykol, da die Nachtfalter lateinisch *Bombyx mori* heißen. 1961 hatte er das Bombykol im Labor »nachgebaut«
und getestet. Damit war der Beweis erbracht, daß sich die
Seidenspinner »chemisch« mit Hilfe von Pheromonen unterhalten.[70]

Pheromone können verschiedene Rollen übernehmen: Sie
dienen als Sexuallockstoffe, Alarm- und Versammlungs-
stoffe, als Markierungen oder zum Spurenlegen. Die Lockstoffe werden seit Jahren in der biologischen Schädlingsbekämpfung eingesetzt. Erinnern Sie sich an die seltsamen
Röhren oder Kästen, die in vielen Wäldern hängen? Das
sind Pheromonfallen, die mit den weiblichen Sexuallockstoffen von Schadinsekten, wie zum Beispiel dem Borken-
käfer, präpariert sind. Die Männchen dieser Schädlinge
werden von den Fallen unwiderstehlich angezogen, weil
sie dort Weibchen vermuten. Statt des erhofften Schäfer-
stündchens erwartet sie aber nur eine klebrige Leimtafel.
Eine andere Strategie setzt auf Verwirrung: Im gefährdeten
Gebiet, zum Beispiel in den Weinbergen, werden mehrere
Pheromon-Verdampfer verteilt. Die Männchen fliegen von
Falle zu Falle und geben schließlich erschöpft auf. Das
Prinzip beider Taktiken ist das gleiche: Die meisten Weibchen bleiben unbefruchtet und die nächste Schädlingsge-
neration zumeist erfreulich klein.[72]

Was der Mensch listenreich ersann, benutzen Spinnen schon lange zum Nahrungserwerb. Bolaspinnen sparen sich die Mühe mit dem Netzbau. Um Opfer zu »leimen«, stellen sie aus ihrer Spinnseide eine klebrige Kugel her. Mit einem Faden hängen sie diese Kugel an einen zweiten, horizontal gespannten Faden. Mit ihren Vorderbeinen ergreift die Spinne nun die Bola, die sie wie ein Lasso werfen kann, und lauert nachts auf Beute. Da sie aber nicht ewig auf Futter warten will, hilft sie nach: Sie sendet einen Stoff aus, der das Sexualpheromon ihrer Lieblingsspeise, eines Nachtfalters, perfekt nachahmt. Sobald das getäuschte Nachtfaltermännchen in ihrer Nähe ist, erwartet ihn kein liebeshungriges Weibchen, sondern eine gefräßige Spinne, die ihr klebriges Fanggerät auf ihn schleudert. *Vae victis!*[72]

Der Geruch von Liebe und Angst

Könnte es ähnliche Mechanismen beim Menschen geben? Immerhin können wir manche Zeitgenossen einfach nicht riechen, während wir uns in der Nähe anderer wohlfühlen, ohne einen besonderen Grund dafür nennen zu können. Dabei spielt es keine Rolle, ob der Betreffende seinen Körpergeruch mit Deo neutralisiert hat oder nach Kölnisch Wasser »duftet«. Und hatten nicht auch die geheimnisvollen Hautextrakte von David Berliner einen Stimmungsaufschwung zur Folge? Enthielten sie womöglich geruchlose Wirkstoffe, die den Sexuallockstoffen der Hunde und den Pheromonen der Käfer ähneln?[79]

Wenn Berliners Reagenzgläschen menschliche Lockstoffe enthielten, dann mußte es auch ein Sinnesorgan dafür geben. Tiere nehmen Pheromone über eine winzig kleine Öffnung in ihrer Nase wahr, dem Jacobson'schen Organ.[56, 72, 89] Berliner suchte seinen Kollegen, den Neuroanatomen Larry Stensaas, auf, der ebenfalls an der Universtät von Utah arbeitete. Stensaas war seit langem fasziniert von der Tatsache, daß ein derartig unscheinbares Sinnesorgan den Sexualtrieb der Tiere kontrollierte. Nur beim Menschen bezweifelten die Experten die Existenz eines funktionierenden Jacobson'schen Organs. Dies mußte zuerst geklärt werden.

Zwar hatte bereits 1703 der holländische Arzt F. Ruysch die zwei unauffälligen Öffnungen des Jacobson'schen-Organs, das übrigens auch Vomero-Nasal-Organ, kurz VNO, genannt wird, in der unteren Nasenscheidewand von Erwachsenen beschrieben.[31] Dann kam das Jahr 1934. S. Pearlman veröffentlichte in einer medizinischen Fachzeitschrift eine Zusammenfassung über dieses geheimnisumwitterte Sinnesorgan. Darin berief er sich auf die anatomischen Tafeln des berühmten deutschen Arztes Rudolf Albert von Kölliker von 1877, die angeblich zeigten, daß das VNO beim Erwachsenen zurückgebildet sei. Nur beim Embryo sei es noch vorhanden.[87]

Nur: Pearlman hätte von Köllikers Arbeit etwas genauer lesen sollen. Denn darin stellt von Kölliker das VNO beim Erwachsenen in vollster Schönheit dar.[29] Da Pearlmans Artikel von den Medizinern der Originalliteratur vorgezogen wurde, verschwand das VNO in den dreißiger Jahren sang- und klanglos aus den anatomischen Tafelwerken.[30] Stensaas war der erste, der 1991 den (erneuten) Nachweis erbrachte, daß auch alle Erwachsenen über ein VNO verfügen.[91] So weit so gut. Doch hatte es auch eine Funktion? Sandte es wirklich Signale zum Gehirn? Oder war es nichts weiter als ein verkümmertes Relikt aus vergangenen Zeiten, in denen der Geruchssinn beim Menschen noch eine ähnlich große Rolle spielte wie beim Hund?

Zusammen mit ihrem Kollegen Luis Monti-Bloch entwickelten Berliner und Stensaas eine Versuchsapparatur, die die mutmaßlichen Pheromone der Hautextrakte direkt auf das VNO leiten sollte. Sie plazierten zwei feine Elektroden, umgeben von dünnen Plastikschläuchen, in die winzigen VNO-Öffnungen eines Freiwilligen. Durch die Schläuche wurden die Testsubstanzen dann direkt auf das VNO geblasen. Ein Computer zeichnete die Reaktionen des VNO auf, die am Monitor als »Elektrovomeronasogramm« beobachtet werden konnten. Und siehe da, sobald die geheimnisvollen Substanzen, von denen – wohlgemerkt – die meisten nach nichts rochen, in die Vertiefungen in der Nasenscheidewand strömten, füllte sich der ganze Monitor mit hektischen Ausschlägen! Wenn diese Stoffe wirklich Pheromone waren, dann müßten sie auch meßbar in die Körperfunktionen eingreifen.[32–35, 149]

Weitere Versuche zeigten: Berliners Substanzen aus den Hautextrakten konnten den Herzschlag verändern, die Atemfrequenz, die Pupillengröße und die Hauttemperatur. Einige der Versuchspersonen erklärten, während der Tests auffällig entspannt gewesen zu sein. Doch die wohl aufregendste Entdeckung war, daß manche Stoffe nur bei Frauen wirkten, andere nur bei Männern.[149] Und genau das war für Pheromone, die ja den Sexualtrieb beeinflussen sollen, auch zu erwarten. Viele Pheromone erreichen den Partner per Luftpost und müssen daher sowohl art- als auch geschlechtspezifisch wirken. Denn ein Eichhörnchen hätte wohl kaum Interesse daran, seine Manneskraft an eine Fuchsdame zu verschwenden. Um ganz sicher zu gehen, daß Pheromone tatsächlich auch artspezifisch sind, überprüfte der Pheromonforscher Clive Jennings-White von der Universität Utah auch noch einen sündhaft teuren Parfümgrundstoff, das Duftsekret des Moschustieres, das jede Menge Pheromone enthält. Doch beim Menschen verfehlte es seine Wirkung.[55]

Die vielfältigen Funktionen von Pheromonen bei Säugetieren lassen uns die Bedeutung beim Menschen erahnen. Tiere regeln einen beträchtlichen Teil der sozialen Beziehungen über Pheromone.[72, 79] So gibt es Angst-Pheromone ebenso wie Aggressions-Pheromone, an Pheromonen erkennen Tiere Freund und Feind, aber auch Verwandtschaftsbeziehungen und nicht zuletzt, welches Tier dominant ist und welches einen niederen Rang einnimmt. Diese Beobachtungen könnten nicht nur der Psychologie zu einem neuen Verständnis sozialer Interaktionen verhelfen, wie zum Beispiel der immer wieder diskutierten »Hörigkeit« in Liebesbeziehungen, sondern auch der Soziologie einen Einblick in Massenphänomene, wie zum Beispiel der Panik, gewähren, die sich bis heute einer einleuchtenden Erklärung widersetzen.

Das Parfüm aus dem Schweinekoben

Ein alter Menschheitstraum könnte mit den Pheromonen in Erfüllung gehen: Ein Griff zur Parfümflasche und die Damenrespektive Herrenwelt liegt uns willenlos zu Füßen. Und weil dieser Traum so alt ist, hat es nicht an Versuchen gefehlt, ihn zu verwirklichen. Immerhin gelang es in den letzten Jahrzehnten, einige Pheromone von Säugetieren zu identifizieren und ihre Wirkung zu erforschen.

Zum Beispiel bei den Schweinen. Was die Sau so furchtbar anturnt, ist nicht das Ringelschwänzchen, sondern der Speichel des Ebers. Darin befinden sich die Pheromone Androstenon und Androstenol. Sie werden in den Hoden aus Geschlechtshormonen hergestellt und mit dem Blutstrom in den Speichel transportiert. Damit die Sau von diesem Lockstoff auch ordentlich was mitbekommt, knirscht der Eber heftig mit den Zähnen. Dabei schäumt er seinen Speichel kräftig auf, etwa vergleichbar mit dem Sahneschlagen. Aus diesem Schaum kann das Androstenon nun ungehindert verdampfen. Ist eine Sau paarungsbereit und erschnuppert das Androstenon, so erstarrt sie, und der Eber kann sie nach Herzenslust begatten. Bei einer nicht paarungsbereiten Sau kommt dagegen auch der wildeste Schaumschläger nicht zum Zuge.[72, 109]

Die beiden, übrigens leicht nach Urin und Moschus riechenden, Schweinepheromone kommen auch im menschlichen Schweiß vor. Gewiefte Geschäftsleute witterten ihre Chance. Diese zufällige Übereinstimmung war so recht dafür geeignet, den Lockstoffen auch stimulierenden Liebeszauber beim Menschen anzudichten. So gelangte der Schweineduft in die vornehmsten Parfum-Flakons. Das war ziemlich einfach, da die Lockstoffe in der modernen Ferkelproduktion schon lange eingesetzt werden.[72, 130]

Wie dem auch sei – um endlich die Frage zu klären, ob Schweinepheromone überhaupt beim Menschen wirken, startete Jennings-White 1995 ein umfangreiches Untersuchungsprogramm. Er brachte einzelne Pheromone gezielt auf das menschliche Vomeronasalorgan. Die »Elektrovomeronasogramme« ergaben, daß die »schweinischen« Pheromone unseren sechsten Sinn ebensowenig reizen wie die Moschusdüfte. Insofern entfaltet dieser Parfumzusatz lediglich im Schweinekoben seine maximale Wirkung, zum Leidwesen der Kundschaft weder in der U-Bahn noch in der Disco. Wir wissen leider nicht, wie viele Zwischenfälle mit Wildschweinen auf abgelegenen Wanderwegen auf derartigen Parfumgebrauch zurückgeführt werden müssen. Schließlich muß das arme Tier den Benutzer für einen konkurrierenden Eber halten.[55, 103]

Pheromone steuern auch den Zeitpunkt der Pubertät. Die Geschlechtsreife der Schweinemädchen setzt früher ein, wenn Eber in der Nähe sind. Das Androstenon und Androstenol im männlichen Pheromon-Cocktail stimuliert direkt den Hypothalamus im Gehirn der heranwachsenden Weibchen und reguliert so deren Hormonproduktion. Das funktioniert natürlich erst, wenn die Jungsäue alt genug sind. Kleine Ferkel reagieren noch nicht auf diese »Pheromon-Anmache«. Ferkel brauchen ihre gesamte Energie zunächst für das Wachstum. Erst wenn sie ein bestimmtes Gewicht erreicht haben, können sie auch geschlechtsreif werden. Männliche Pheromone können diesen Vorgang nur beschleunigen, nicht aber verfrüht auslösen.[72]

Abtreibung mit Pheromonen

Wie wirksam Pheromone in das Körpermilieu von Artgenossen eingreifen können, zeigen Mäuse. Dringt ein fremdes Männchen siegreich in das Revier einer Mäusegroßfamilie ein, so kann sein Geruch bei trächtigen Weibchen zum Schwangerschaftsabbruch führen! Aus der Sicht des Mäuserichs ein erstrebenswerter Effekt: Das Mäuseweibchen wird alsbald wieder brünstig, und das Männchen kann nun, auf Kosten der Damenwelt, seine Gene weiterreichen und hat gleichzeitig die des Rivalen erfolgreich vernichtet.[121, 125]

Was für eine Schweinedame der Koben, kann für ein Mädchen das Internat sein. In reinen Mädchenpensionaten setzt die Pubertät viel später ein als bei Mädels, die zusammen mit Jungs zur Schule gehen. Auch der Menstruationszyklus erwachsener Frauen unterliegt dem Einfluß männlicher Pheromone. Herausgefunden hat es George Preti vom Monnell Center of Chemical Senses in Philadelphia: Frauen mit unregelmäßigen oder ungewöhnlich langen Menstruationszyklen erhielten Wattebäusche, die mit männlichem Achselschweiß getränkt waren. Damit betupften sie sich regelmäßig die Oberlippe. Die Pheromone taten ihre Wirkung: Die Monatsblutungen glichen sich der normalen Zykluslänge von etwa 28 Tagen an. Nicht viel anders funktioniert die Synchronisation der Menstruationszyklen von Frauen, die zusammenleben.[90, 97–100, 106, 111]

Eine romantischere Art, sich Pheromone zuzuführen, als durch Schnüffeln an schweißgetränkten Wattebäuschen, ist das Küssen, vor allem auf den Mund. Die Lippenspalte unter der Nase ist vermutlich ein Ort besonders heftiger Pheromonproduktion. Beim Kuß werden die chemischen Signale vom VNO des Partners registriert. Deshalb küssen wir so gerne, es festigt die Paarbindung. Ähnlich ist es bei der Mutter-Kind-Beziehung: Die Haut um die Brustwarze sondert Duftstoffe und wohl auch Pheromone ab, an denen Babies lernen, einwandfrei ihre Mütter zu erkennen.[40, 41]

Trotz vieler Gemeinsamkeiten unterscheiden sich Menschen in Sachen Pheromone vom Schwein. Wir sind über die bloße »Alles-oder-Nichts Reaktion« der Tiere hinausgewachsen. Pheromone wirken bei uns subtiler: Wir fühlen uns entspannter und selbstbewußter. Das Mitspracherecht unseres komplizierten Seelenlebens ist der Grund dafür, daß menschliche Pheromone nicht so leicht mißbraucht werden können, obwohl sie inzwischen käuflich zu erwerben sind. Wer sich Pheromone aufsprüht, mag die Stimmung eines begehrten Menschen verbessern und selbst lockerer »auf Balz« gehen können. Das heißt aber noch lange nicht, daß es dann auch »klappt«. Schließlich steuert nicht nur die Nase unser Verhalten.

Das Kallmann-Syndrom, der Riechkolben und der Sex

Wie eng die Beziehungen zwischen Riechsinn und Sexualtrieb wirklich sind, lehrt eine seltene Erkrankung, die 1856 erstmals der spanische Arzt Maestre de San Juan beschrieb. Männliche Leichen, deren »Riechkolben«, so heißt wegen seiner Form derjenige Gehirnteil, der für das Riechen zuständig ist, verkümmert waren, hatten gleichzeitig auch vollkommen unterentwickelte Hoden und Geschlechtsorgane. Zu Lebzeiten waren diese Männer weder in die Pubertät gekommen noch hatten sie einen Geschlechtstrieb entwickelt.[56]

1944 wurde diese seltene Erkrankung von Franz Kallmann und Mitarbeitern erneut beschrieben und seitdem Kallmann-Syndrom genannt.[86] Was hat nun ein verkümmerter Riechkolben und die Unfähigkeit zu riechen, mit einer herausgezögerten oder niemals einsetzenden Pubertät zu tun? Der Beginn der Pubertät wird von Hormonen gesteuert, die das Gehirn aussendet. Die Schlüsselrolle übernehmen hierbei spezielle Nervenzellen. Und die stammen, so seltsam es klingen mag, aus der Riechschleimhaut! Während der Entwicklung des Embryos wandern sie entlang der Riechnerven in unser Gehirn. Da aber beim Kallmann-Syndrom die Riechschleimhaut verkümmert ist, müssen die Betroffenen leider ohne sie auskommen. Mit fatalen Folgen für ihr Liebesleben.[74]

Die Gedanken sind frei – oder warum wir nichts von den Pheromonen wissen dürfen

»Ich ging in die Klinik, schnupperte wie ein Hund und erkannte alle zwanzig Patienten, die dort waren, bevor ich sie sehen konnte. Jeder von ihnen hatte seine eigene olfaktorische Physiognomie, ein Duft-Gesicht, das weit plastischer und einprägsamer, weit assoziationsreicher war, als sein wirkliches Gesicht.« So zitiert der britische Neurologe Oliver Sacks einen seiner Patienten, einen Medizinstudenten, der nach exzessivem Drogenkonsum plötzlich menschliche Gerüche mit der gleichen Empfindlichkeit identifizieren konnte, als ob er eine »Hundenase« hätte. Sacks berichtet weiter: »Er konnte ihre Gefühle – Angst, Zufriedenheit, sexuelle Erregtheit – wie ein Hund riechen ... Vorher war er eher intellektuell orientiert gewesen und hatte zu Reflexion und Abstraktion geneigt. Jetzt dagegen stellte er fest, daß Nachdenken, Abstrahieren und Kategorisieren angesichts der übermächtigen Unmittelbarkeit einer jeden Erfahrung für ihn ziemlich unwirklich und schwierig geworden war.«[10]

Dieses extrem seltene Phänomen, das auch bei Hirnstörungen im Schläfenlappen des Großhirns beobachtet wird, stand erkennbar Pate bei Patrick Süskinds Erfolgsroman »Das Parfum«: Es bildet den klinischen Hintergrund für die besonderen Fähigkeiten seines Helden Grenouille, der aus weiter Ferne die sexuelle Reife schöner Mädchen wittert. Aus der Haut seiner Opfer gewinnt Grenouille deren Pheromone und verarbeitet sie zu einem Parfum, das auf die Mitmenschen unwiderstehliche Anziehungskraft ausübt.[11]

Stellen Sie sich einmal vor, jeder andere Mensch könnte jederzeit und von weitem die intimsten Details Ihrer Befindlichkeit »riechen«, Ihr verborgenes Seelenleben böte sich selbst ungeliebten Mitmenschen gewissermaßen splitternackt dar? Unter welchem seelischen Streß litten wir dann im Gewühl eines verkaufsoffenen Samstags in der Innenstadt? Wieviel Zeit würden wir angesichts der mit jedem Atemzug einströmenden Verlockungen in einem Großraumbüro noch arbeiten? Zu welchem Kulturgenuß wären wir des abends bei der Theaterpremiere noch fähig? Bedenken Sie dabei, daß die Wahrnehmungen über unser Pheromonsinnesorgan, das VNO, viel intensiver und plastischer sind als das, was unsere Augen sehen.[16]

Bei Sacks' Patienten haben offenbar die Drogen den »Zensor« im Gehirn ausgeschaltet, der nach Sigmund Freud zwischen Unbewußtem und Bewußtsein steht und den Zugang zum Unterbewußtsein versperrt.[141] Das Tier nutzt seinen Pheromonsinn bewußt, es nimmt damit gezielt die Witterung auf. Dem menschlichen Bewußtsein ist die Information versperrt. Sie nähert sich ihm als unbestimmtes Gefühl, als Stimmung, in Form von Sympathie oder Antipathie, als Angst oder Eros. Unsere Ratio versucht mit dem Begriff »Ausstrahlung« die Pheromoneinflüsse anderer Menschen auf unser seelisches Gleichgewicht zu charakterisieren. Diese »Informationsunterdrückung« war eine wesentliche Voraussetzung dafür, daß die Menschheit kulturelle Leistungen vollbringen konnte. Und vielleicht ist auch die Kunst manchmal Ausdruck dieses verlorenen Paradieses in unserer Wahrnehmung, sie schlägt die Brücke zwischen den verschütteten Quellen unserer Stimmungen und unserer rationalen Wahrnehmung.

Es ist vermutlich ganz gut, daß wir Menschen keine »Hundenasen« mehr haben. So hält uns unser Unterbewußtes viele Informationen vom Leib, um unser Bewußtsein nicht unnötig abzulenken. Nichtsdestotrotz werden diese unbewußten Wahrnehmungen von unserem Körper benutzt und in Reaktionen umgesetzt. Auf diesem Wege kam der Mensch vermutlich zu seinem freien Willen. Ohne diese Beschränkung unserer bewußten Wahrnehmung wären wir noch heute völlig unseren Trieben ausgeliefert. Sie ist die Basis unserer Ratio, unserer kritischen Vernunft.[56]

So wie wir unsere Ratio brauchen, benötigen wir auch unsere unbewußten Emotionen, weil sie bereits viele Entscheidungen im Vorfeld treffen und Probleme lösen, die unser Bewußtsein unnötig belasten würden. So regelt der Appetit unser Eßverhalten. Seine biologischen Quellen sind bekannt, aber niemandem bewußt. Klar, daß aus der Trennung von Ratio und unbewußter Libido psychische Konflikte entstehen können. Hier liegt ein Schlüssel zum Verständnis tiefenpsychologischer Prozesse, der die Theorien der klassischen Psychoanalyse zum Teil überprüfbar macht und hilft, sie vom ideologischen Ballast zu befreien. Zugleich läßt sich damit die Trennung von *ratio* und *emotio* auf eine biologische Basis stellen, die sich zwanglos zu den somatischen Markern Damasios weiterentwickeln läßt, bei dem die Emotion wieder zur Basis rationaler Entscheidungen wird.

Aber wir mußten zur Menschwerdung nicht nur unser Hirn freibekommen von der steten Präsenz der Triebe, sondern auch unseren Körper entlasten, um Energie und Zeit zum Nachdenken, zu schöpferischen Tätigkeiten zu gewinnen. Paviane beispielsweise verbringen die Hälfte ihrer Wachzeit mit Fressen und die andere Hälfte mit dem Aufsuchen von Futterquellen und Schlafplätzen.[150] Die Nutzung des Feuers markiert den zweiten Wendepunkt in der Evolution des Menschen.[151] Das Feuer erlaubte nicht nur das Fernhalten wilder Tiere, sondern auch einen Aufschluß der Nahrung, vor allem eine Entgiftung pflanzlicher Produkte. Man denke nur an Kartoffeln oder Bohnen, die roh nicht gegessen werden können.

Dadurch erweiterte sich der Speisezettel des Menschen. Die Nahrungsaufnahme beschränkte sich auf wenige Stunden, Kiefer und Zähne bildeten sich zurück, Magen und Darm wurden entlastet. So gewann die Menschheit Zeit für andere, schöpferische Tätigkeiten.

Eine dritte Voraussetzung betraf wieder unser Gehirn: Der Größenzuwachs gegenüber dem Affen ist vielleicht gar nicht so entscheidend. Wir haben wie alle domestizierten Säugetiere ein erheblich kleineres Gehirn als die Wildform; in unserem Falle beispielsweise als die Neandertaler.[142] Entscheidend ist die Merkfähigkeit, die Gedächtnisleistung der grauen Zellen und damit verbunden die Entwicklung der Sprache. Sprachvermitteltes Lernen schuf unsere Kultur.[143] Kulturelles wird nicht vererbt. Das erspart uns komplexe evolutionäre Fortschritte in unseren Genen, die stets langsamer vonstatten gehen als das Lernen, um sich veränderten Umweltbedingungen anzupassen.

Woran unser Körper den »Richtigen« erkennt

»Man kann in der Wahl seiner Feinde nicht vorsichtig genug sein«, befand Oscar Wilde 1890 in seinem »Dorian Gray«. Hätte er statt Feinde Verwandte geschrieben, wäre damit unser Problem auf den Punkt gebracht. Um den Partner mit dem passenden Immunsystem zu erkennen, verläßt sich die Natur weder auf Kontaktanzeigen noch auf Eheanbahnungsinstitute oder den Ball der einsamen Herzen. Woran erkennen wir den »Richtigen«? Die Antwort ist ebenso einfach wie genial: Die Gene, die für das Immunsystem des Körpers verantwortlich sind, bestimmen auch unseren Pheromoncocktail und somit unseren Körperduft. Unsere Körperausdünstungen und unser

Abwehrsystem sind also aufs engste miteinander verknüpft. Der Nachweis gelang zunächst im Tierversuch. Statten wir doch den Labormäuschen einen Besuch ab.[26, 56]

Wie alle Säugetiere besitzen auch Mäuse in ihrem Erbmaterial einen Genkomplex, den MHC, der wichtige Immunfunktionen steuert. MHC bedeutet »Main Histocompatibility Complex«, auf deutsch »Haupt-Histokompatibilitäts-Komplex«. Diese Wort-Ungetüme müssen Sie sich natürlich nicht merken. Der MHC ist verantwortlich für das Erkennen fremden Gewebes. Bei Transplantationen beispielsweise hat nur ein Organ von einem Spender mit fast gleichem MHC wie der Empfänger eine Chance, angenommen zu werden. Alle anderen würden als »fremd« erkannt und abgestoßen. Identische MHCs besitzen nur eineiige Zwillinge, da beide mit dem gleichen Erbmaterial ausgestattet sind. Schon bei normalen Geschwistern kann es beträchtliche Unterschiede geben.[26, 37–39, 105]

Der MHC kommt in so vielen Spielarten vor wie sonst kein anderer Genkomplex. Denken Sie nur an die Augenfarbe: So schrecklich viele Varianten gibt's da nicht. Beim MHC ist das anders, schließlich ist er für die Krankheitsabwehr zuständig. Und da es unerhört viele Krankheitserreger und andere Stoffe gibt, die schnellstens unschädlich zu machen sind, ist es vorteilhaft für die Menschheit, wenn es eine ebensolche Vielfalt der Immunsysteme gibt.[26]

Doch zurück zu den Labormäusen. Von ihnen weiß man schon lange, daß sie sich ihre Partner erschnuppern. Für den ganz individuellen Körpergeruch sorgt nun – der MHC! Eine der Liebe nicht abgeneigte Maus sucht sich einen Mäuserich, dessen MHC sich deutlich von ihrem unterscheidet. Das heißt, sie findet nur den Partner attraktiv, der ganz anders riecht als sie. Doch nicht nur die kleinen Nager selbst, auch wir Menschen können die Mäuse-MHCs an ihrer Duftnote unterscheiden! [104]

Was lag da näher, als nachzuschnüffeln, ob wir nicht auch unsere eigenen MHC-Typen geruchlich unterscheiden können? Wir können es – und wir bevorzugen, genau wie die Mäuse, einen uns fremden Typ.[104] Die Liebe geht offenbar durch die Nase oder genauer gesagt: durch das VNO. Wir erschnuppern das Immunsystem des anderen, um unseren Kindern den bestmöglichen Immunschutz mitzugeben. Das heißt, wir suchen uns bevorzugt einen Partner mit einem unähnlichen MHC. Bewerber, die so ähnlich riechen wie wir, und mögen sie noch so gut aussehen, fallen bei der Auswahl in der Regel durch.

Das macht biologisch gesehen Sinn: Es ist die eingebaute Sicherung gegen Inzucht. Denn der Körperduft von Verwandten ähnelt sich aufgrund der ähnlichen Erbanlagen. Deshalb ist »Geschwisterliebe« eher die Ausnahme. Zweifelsohne spielen Erziehung und Tabus eine Rolle, doch auch unsere Nase mischt dabei kräftig mit. Sie sorgt dafür, daß wir Inzucht unter engen Verwandten vermeiden und daß Menschen, die zufällig relativ gleiche Erbanlagen haben, voneinander fernbleiben – zum Wohle des Nachwuchses. 40 % der Kinder aus inzestuösen Verbindungen sterben vor dem Erreichen der Geschlechtsreife oder leiden an schweren Krankheiten.[38, 39]

Also identifizieren auch Menschen ihren Familiengeruch, sie wissen, wie ihre Familie riecht. Auch wenn uns dies in unserer eigenen Behausung nicht zu Bewußtsein kommt, erkennen wir auf Anhieb den Geruch beim Betreten fremder Wohnungen. Frauen, so scheint es, verfügen über einen von Natur aus besser entwickelten Geruchssinn als Männer, besonders in bezug auf Moschusdüfte. Für sie ist es auch viel wichtiger, anhand der Pheromone zielsicher den richtigen Partner für ihre zukünftigen Kinder zu erschnüffeln. Schließlich kann »sie« in ihrem Leben nur etwa 400 Eizellen produzieren und höchstens ein rundes Dutzend Kinder großziehen – von der körperlichen Belastung eines solchermaßen erfüllten Lebens einmal ganz abgesehen.

»Er« steht da viel weniger unter Druck: Sein Körper kann pro Tag Millionen Samenzellen herstellen, mit denen er – zumindest theoretisch – Tausende von Kindern zeugen könnte, ohne daß ihn das sonderlich belasten würde. Das richtige Näschen ist für ihn – zumindest biologisch – nicht so wichtig. Ihm genügen visuelle Reize, um tüchtig in Fahrt zu kommen. Nicht umsonst erfreuen sich jene bunt illustrierten Magazine, die uns offenbar daran erinnern wollen, daß der Mensch ein Säugetier ist, eines breiten Benutzerkreises unter Männern.

Jetzt leuchtet auch ein anderes Phänomen ein, daß wohl jeder schon erlebt hat: Man findet einen Vertreter des anderen Geschlechts erregend, obwohl »nichts an ihm dran« ist. Keins der üblicherweise gesuchten Attribute ist ihm zu eigen, und trotzdem fühlt man sich heftig zu ihm hingezogen. Das ist die Macht der menschlichen Pheromone. Andererseits begegnet man einem Menschen, der vom seelisch-charakterlichen gut passen würde, aber es »funkt« einfach nicht. Aus der Sicht der Biologie ist dann jede Liebesmühe vergebens. Wie viele unnötige und wirkungslose Paartherapien ließen sich ersparen, würde man diese biologischen Effekte berücksichtigen?

Vielfach können sie keinen Erfolg haben. Nicht alle psychischen Probleme beruhen auf traumatischen Erlebnissen. Wie gebannt starren Patienten und Therapeuten zurück in die

Kindheit. Wie oft mag dies den unbefangenen Blick in die Zukunft verstellt haben? Wie viele unnötige Schuldzuweisungen
zwischen ehemals Liebenden, zwischen Kindern und Eltern
hätten sich vermeiden lassen, würde man die Gesetze der
Biologie anerkennen und das Glück dort akzeptieren, wo es
vorhanden ist, statt es per Therapie erzwingen zu wollen?

Die Pille als Liebestöter

Jahrtausendelang funktionierte die von Mutter Natur sorgfältig
eingerichtete Hilfestellung bei der Partnerwahl ganz passabel.
Jedenfalls dort, wo die Partner die freie Wahl hatten. Schließlich sind arrangierte Ehen der Familienvorstände in vielen Kulturen nichts Ungewöhnliches. Zum Beispiel in Japan. So zeigten dann auch neuere Untersuchungen, daß viele japanische
Ehefrauen ihre Männer nicht so recht riechen konnten, während die deutschen Frauen, die sich ihre Männer selbst aussu-
chen, mit dem Geruch ihrer Angetrauten durchaus zufrieden
waren.[75, 126] Über das, was die »göttlichen« Pharaonen, die nur
enge Verwandte ehelichen durften, beim Geruch ihrer Partner
empfanden, läßt sich nur spekulieren. Schließlich dienten
diese Verbindungen in erster Linie der Machterhaltung.

Natürlich taten sich die ägyptischen Könige damit auch sonst
keinen großen Gefallen, trug doch die Inzucht zu ihrem meist
ruhmlosen Ende bei. Es ist schon eine Plage mit dem Verstand.
Galten »Vernunftehen« doch lange als Zeichen einer gesunden Familienpolitik. Heutzutage gibt es andere Probleme bei
Partnerwahl und Fortpflanzung: Unzählige Paare bleiben
ungewollt kinderlos. Ein Grund dafür könnte in einer Errungenschaft unserer Zivilisation liegen, die eigentlich vor uner-
wünschtem Nachwuchs schützen und nicht etwa erwünschte
Kinder verhindern soll: die Antibabypille.[36]

Nimmt eine Frau die Pille, wird ihrem Körper eine Schwangerschaft vorgetäuscht. Die Hormone beeinflussen auch die Nase, denn die Pille kann die Vorlieben der Frau in Richtung familienähnliche Düfte verändern: Während »pillenfreie« Frauen sich eher zu einem Partner mit unähnlichem MHC hingezogen fühlen, mögen Pillenverwenderinnen lieber Männer riechen, deren Körpergeruch ihrem eigenen ähnelt. Die Erklärung liegt auf der Hand: Für ein besonders fittes Kind sollte sie sich einen Partner mit einem möglichst unähnlichen MHC suchen. Ist die Frau schwanger, steht für sie die Sorge um das eigene Kind im Vordergrund. Jetzt werden möglichst verwandte Pheromoncocktails bevorzugt.[36]

Manchmal mit unerwarteten Folgen: Denn eine Frau, die die Pille nimmt, verliebt sich häufiger in einen Partner mit ähnlichem MHC. Das Glück ist zunächst groß, man wünscht sich ein Kind, die Pille wird abgesetzt – und es klappt einfach nicht. Die Pille hat die Frau »an der Nase herumgeführt«. Je ähnlicher die Immunsysteme der beiden Verliebten sind, desto geringer ist die Chance auf ein Kind, weil der Körper ungünstige Kombinationen verhindert. Nehmen wir einmal den umgekehrten Fall: Eine Frau nimmt die Pille erst, nachdem sie einen passenden Partner kennengelernt hat: Alsbald reagiert sie gereizt und übellaunig, weil ihr sein Pheromoncocktail auf einmal nicht mehr paßt – und beide wissen nicht warum. Ehekrisen, Partnerprobleme, Libidoverlust und als Krönung des Ganzen stundenlange Sitzungen in der Paartherapie finden so ihre natürliche Erklärung.

Wie kam man auf diese Zusammenhänge? Folgende Beobachtung brachte die Forscher auf die Fährte: Da gibt es Paare, die selbst nach mehrmaliger und erfolgreicher künstlicher Befruchtung keinen Nachwuchs bekamen. Es zeigt sich in diesen Fällen häufig, daß beide Partner eine hohe MHC-Ähnlichkeit aufweisen. Offenbar merkt der Körper der Frau, daß das Kind mit dieser Gen-Ausstattung im Kampf gegen Krankheiten und Parasiten nicht bestehen könnte und stößt die Embryonen vorsorglich ab. Denn um ein Kind zu zeugen, reicht es nicht, eine Eizelle zu befruchten, sie muß auch die sogenannte »mütterliche Selektion« überleben. Nicht einwandfreie Embryonen »mustert« die Gebärmutter regelrecht aus. Das erklärt übrigens auch, warum bei älteren Frauen die Wahrscheinlichkeit steigt, ein krankes oder mißgebildetes Kind zu gebären. Offenbar verliert der Uterus mit den Jahren die Fähigkeit, zwischen gesunden und kranken Embryonen zu unterscheiden.[36, 65, 110]

Auch bei Paaren, die häufige Fehlgeburten zu beklagen hatten, fand man überdurchschnittlich oft übereinstimmende MHC-Komplexe. Bekommt ein solches Paar ein gesundes, normal ausgetragenes Baby, so ist sein Geburtsgewicht nicht selten reduziert. Die nordamerikanische Sekte der Hutteriten nutzt diesen Effekt unfreiwillig zur Geburtenkontrolle. Da sie sehr abgeschlossen leben, sind bei ihnen Verwandtschaftsehen üblich. Klar, daß sich ihre Erbanlagen mittlerweile ziemlich stark ähneln. Auffällig ist nun, daß – obwohl sie eine künstliche Geburtenkontrolle ablehnen – die Geburten der Kinder besonders lange auseinander liegen. Aufgrund der Ähnlichkeit ihrer Gene werden viele befruchtete Eizellen schon frühzeitig abgestoßen. So früh, daß die Frau ihre Schwangerschaft gar nicht registriert und die Eizelle bei der Monatsblutung verliert.[36]

Vielleicht sollten wir den mittelbaren Wirkungen von Arzneistoffen mehr Aufmerksamkeit schenken und Substanzen nicht nur danach beurteilen, ob sie in hoher Dosis Labormäuse töten. Es geht nicht darum, die Antibabypille an den Pranger zu stellen, sondern zu zeigen, daß durchaus nützliche Dinge manchmal völlig unvorhersehbare Wirkungen zeitigen können. Die Natur benutzt unendlich viele Regelkreise, die wir nicht kennen und mit deren Veränderung wir Erfahrungen sammeln müssen, um die Risiken unseres Handelns kennenzulernen und beherrschen zu können. Das gilt gerade für eine so bahnbrechende Erfindung wie die Pille, die neuerdings in einem weiteren Verdacht in Sachen Unfruchtbarkeit steht – diesmal in einem, der durchaus vorhersehbar gewesen wäre.

Impotent vom Waschen

Das Sperma des Mannes hat sich – so die Mehrzahl der Studien – seit 1940 kontinuierlich verschlechtert, sowohl in der Qualität als auch in der Quantität.[175–177] Gleichzeitig nahmen bei Männern Brustkrebs, Hodenkrebs und Mißbildungen des Genitale zu.[155–178] Einen wichtigen Hinweis zur Ursachenfindung verdanken die Forscher aufmerksamen Anglern. In den letzten Jahren hatten immer mehr zwittrige Fische angebissen. Um der merkwürdigen Beobachtung auf den Grund zu gehen, verankerten Mitarbeiter der britischen Universität Uxbridge Käfige mit Testfischen in Flüssen. Unterhalb von Kläranlagen trat schon nach wenigen Tagen eine Verweiblichung der Fisch-Männchen auf. Die Männchen produzierten darüber hinaus Eiweiße für Fischeier, noch dazu in derselben Menge wie reife Weibchen. Die hormonelle Wirkung hielt bis zu 5 Kilometer unterhalb der Abwasserrohre an.[168, 170]

Der Argwohn der Forscher richtete sich alsbald gegen die Antibabypille. Im Gegensatz zu den natürlichen Sexualhormonen des menschlichen Körpers sind die Wirkstoffe der Pille ziemlich stabil. Zur Empfängnisverhütung braucht man Hormone, die nach dem Verschlucken nicht sofort von den Verdauungssäften zerstört werden. Sie werden über den Urin wieder ausgeschieden und durch die Toilette in die Kläranlagen gespült. Dort können sie im Gegensatz zu Waschmitteln nicht abgebaut werden. So gelangt der Verhütungscocktail aus der Kläranlage in unsere Gewässer. Schließlich gewinnen die Wasserwerke daraus wieder Trinkwasser. Womit sich der Kreislauf schließt.

Für den Großraum London konnte tatsächlich gezeigt werden, daß in Haushalten, die mit aufbereitetem Wasser der Themse versorgt werden, die Männer häufiger unfruchtbar waren als bei Trinkwasser aus reineren Quellen.[163] Dänische Wissenschaftler glauben, daß schon eine leicht erhöhte Zufuhr von weiblichen Sexualhormonen bei Jungen zu Beginn der Pubertät später zu Unfruchtbarkeit führt.[178, 553] Angesichts der Pillenhormone im Wasser werden wir uns in Zukunft die Grundsätze biologischer Datenübertragung zu eigen machen müssen: Nur mit solchen Signalen zu arbeiten, die in angemessener Zeit auch wieder zerstört werden. Anderenfalls dürfen wir uns über das Informations-Chaos, das wir anrichten, nicht wundern.

Das gilt natürlich in besonderem Maße für künstliche Sexuallockstoffe. In jüngster Zeit sorgte das Moschus-Xylol für Aufregung. Weil es billig ist und eine angenehm »warme« Duftnote verströmt, avancierte es zu einem allgegenwärtigen Zusatz in Waschpulvern und Weichspülern, Seifen, Raumluftverbesserern und natürlich Parfüms. Echter Moschus wäre unerschwinglich. Er wird aus den Sexualdrüsen eines asiatischen Hirsches gewonnen, der deswegen schon fast ausgerottet ist. Der aus vielen komplizierten Substanzen bestehende echte Moschusextrakt ist darüber hinaus nur schwer synthetisch nachzuahmen. Deshalb wurde das Moschus-Xylol entwickelt, das ähnlich riecht, aber eine völlig andere und viel simplere chemische Struktur hat.

Als der französische Chemiker Albert Baur Ende des letzten Jahrhunderts den Kunstmoschus erfand, dachte noch niemand an die biologische Abbaubarkeit, ein Kriterium, das heute jedes ordinäre Spülmittel erfüllen muß. Man war sogar stolz auf die Stabilität des Stoffes, vor dem selbst moderne Kläranlagen kapitulieren müssen. Von dort dringt das Moschus-Xylol in die Gewässer ein. Es gelangt in die Fische und mit deren Filet in den Menschen, wo es im Fettgewebe deponiert wird. Bis in die Muttermilch ist es dann nur noch ein kurzer Weg.[181–183] Beim Stillen könnte sich der Lockstoff den Babies einprägen. Vielleicht werden die Moschus-geprägten Babys als Teenies besonders solche Artgenossen attraktiv finden, die nach Mutters Weichspüler riechen?

Untersuchungen in britischen Gewässern förderten eine weitere herbe Lehre über Waschpulver zutage: Sie blockieren schon in Spuren das Hodenwachstum von Forellen. Und das, obwohl sie im Gegensatz zum synthetischen Moschus biologisch abbaubar sind. Genau diese Abbauprodukte (von Alkylphenol-Ethoxylaten) erwiesen sich als hormonell besonders wirksam.[168] Es ist schon vertrackt: Kaum glaubt man das Umweltrisiko durch die Forderung nach mehr Ökologie im Griff zu haben, schon präsentiert eine undankbare Natur die nächste Rechnung.

Aber es gibt auch Positives. Diesmal vom biologischen Landbau: Dänische Wissenschaftler fanden kürzlich heraus, daß die Spermaqualität »chemiefreier« Biobauern erheblich besser war als die einer Vergleichsgruppe städtischer Industriearbeiter.[162] Die Schlußfolgerung liegt auf der Hand: Umweltgifte, Pestizide und sonstige Chemikalien sorgen offenbar von ganz allein wieder für das biologische Gleichgewicht, indem die Chemieverwender sich einfach nicht mehr fortpflanzen können. Eine Theorie, die sich mit einer Flut wissenschaftlicher Arbeiten stützen ließe, die zeigt, daß eine ganze Reihe klassischer Umweltgifte wie DDT, PCB oder Dioxine gerade so wie Sexualhormone wirken können – mal als weibliche, mal als männliche.[152-160]

Vielleicht trägt auch die falsche Ernährung der Industriearbeiter das ihrige dazu bei: Kantinenessen, Gemüse aus Dosen, Suppen aus der Tüte, dazu typisch dänische »Spezialitäten« wie Formfleischvorderschinkenröllchen gelten nicht gerade als pure Gesundkost. Gemüsekonserven werden inzwischen ernsthaft als Ursache männlicher Unfruchtbarkeit diskutiert: Sie enthalten so manchesmal Bisphenol A. Bisphenol A ist ein Bestandteil von Kunststoffen, die zur Innenauskleidung der Dosen dienen. Sie sollen uns vor den Gefahren schützen, die vom nackten Metall der Dosenwand ausgehen würden.[169]

Damit könnten wir es bereits bewenden lassen. Der Zeitgeist wäre zufrieden. Aber neben »Umweltgiften« und »ungesunder Ernährung« gibt's noch ganz andere Ursachen für Unfruchtbarkeit. Dafür müssen wir den Herren allerdings ein wenig an die Wäsche gehen. Vielleicht trugen die Biobauern ja andere Slips als die Industriearbeiter. Unsere Großväter stiegen noch in die Feinripp-Unterwäsche nach dem Schnittmuster Boxershort. Im Laufe der Jahre kamen diese, der Manneszier viel Platz und Bewegungsfreiheit bietenden Dessous aus der Mode. Die modernen engen Jockey-Slips drücken die Hoden an den warmen Körper, was die Natur zu vermeiden trachtete. Sie ließ den Inhalt frei herunterbaumeln, um ihn durch Kühlung frisch zu halten. Auf Wärme reagieren Spermien empfindlich, und es kommt zu »Ertragseinbußen«. Naturvölker nutzen dieses Prinzip sogar zur Verhütung: Mit heißen Wassertauchbädern sorgen die Männer für eine kurzfristige Unfruchtbarkeit.[164]

Wir wissen weder etwas über die Unterwäsche der fraglichen Ökobauern noch etwas darüber, ob sie einem ganz anderen wichtigen Einflußfaktor in Sachen Spermaqualität ausgesetzt waren: der Eifersucht. Sie kurbelt die Produktion gehörig an. Britische Wissenschaftler befragten Männer, ob sie ihre Partnerinnen für treu oder untreu hielten, und vermaßen dann das Ejakulat. Männer, die sich betrogen wähnten, produzierten deutlich mehr Samenflüssigkeit und Spermien als diejenigen, die sich der Treue ihrer Partnerinnen sicher waren. Diese Strategie spart wertvolle Energie. Warum sollte »er« auch bei einer treuen Partnerin jedes Mal den maximalen Output bringen? Erst die drohende Untreue der Partnerin dreht den »Hahn« wieder auf.[81]

So wird die Deutung des eingangs genannten Befundes immer schwieriger. Denn wir wissen nichts über die Treue der Ökobäuerinnen. Ein anderer Einflußfaktor wäre genauso plausibel: Vielleicht kredenzen die gesundheitsbewußten Bäuerinnen ihren Männern lieber ungesüßten Kräutertee statt eines gepflegten Pils. Nicht nur in Waschwasser und Gemüsekonserven, auch im Bier sind weibliche Sexualhormone gelöst. Sie gelangen nicht durch irgendwelche reinheitsgebotswidrigen Praktiken hinein – im Gegenteil, sie sind ein natürlicher Bestandteil des Hopfens.[180] Hopfen enthält, genau wie Sojabohne oder Haschisch, erkleckliche Mengen dieser Hormone.[165, 166] Früher wurde Hopfen gezielt verordnet, um die Manneskraft zu schwächen: Besorgte Eltern flößten ihren pubertierenden Sprößlingen Hopfentee ein, um das Onanieren zu unterdrücken.[179]

Eine andere Gruppe von Getränken rückt neuerdings ins Visier der Sexualmedizin. Je höher der Konsum an Coffein, desto geringer die Chance einer Schwangerschaft.[171, 172] Damit wären neben Bier auch Kaffee und Tee Risikofaktoren ersten

Ranges. Eine genaue Analyse ergab aber, daß es nicht am Coffein liegt, sondern coffeinhaltige Brausen für dieses Ergebnis verantwortlich sind: Bereits ein bis zwei Dosen Cola sollen die Fruchtbarkeit von Frauen um die Hälfte senken.[173] In der Dritten Welt dient Cola sogar zur Verhütung. Dazu wird es allerdings nicht getrunken, sondern als postkoitale Spülung verwendet.[174] Im Reagenzglas tötete vor allem Diät-Cola die Spermien zuverlässig und in Rekordzeit ab.[174] Welche Wirkstoffe dafür in Frage kommen, liegt noch im dunkeln.

Seit jeher liefern Sexualität, Potenz und Gebärfähigkeit ideologischen Diskussionen einen fruchtbaren Dünger und eignen sich ideal für das Geschäft mit der Angst. Wir wollen deshalb nicht verschweigen, daß die behaupteten Zusammenhänge von einigen Wissenschaftlern bezweifelt werden.[161] Diese Stimmen gehen aber im Chor der Kassandrarufe eines Zeitgeistes unter, der Theorien bereits dann für bewiesen hält, wenn sich dafür Umweltgifte und falsche Ernährung verantwortlich machen lassen. Dabei werden gerade Fruchtbarkeitsstörungen von einer kaum überschaubaren Fülle von Faktoren beeinflußt. Dazu gehören natürlich nicht nur psychische, kulturelle und chemische Einflüsse, sondern auch physikalische. Mit letzteren wollen wir den Reigen der möglichen Ursachen beschließen.

In freier Wildbahn regeln weder Shorts noch Coladosen die Fortpflanzung der Tiere, sondern die Tageslänge, d. h. das Licht. Und bei uns Menschen? Wir leben und arbeiten seit etwa zwei Generationen überwiegend unter Kunstlicht, das ganz anders und viel schwächer ist als das natürliche Tageslicht (s. Seite 196). Das Licht steuert sowohl über seine Intensität als auch seine spektrale Zusammensetzung den menschlichen Hormonhaushalt. Es wäre schon etwas merkwürdig, wenn unsere veränderten Wohn- und Arbeitsgepflogenheiten keine Folgen auf unsere Fruchtbarkeit hätten.

Nun liefert uns die Sonne ein paar mehr Arten von Strahlung als nur das Tageslicht. Zum Beispiel den Sonnenwind. Der Sonnenwind ist ein Gas, das mit etwa 400 Kilometern pro Sekunde zur Erde strömt. Das Erdmagnetfeld lenkt es an den äußeren Schichten unserer Atmosphäre zu den Polen ab, und wir können die Störungen des Erdmagnetfeldes am Himmel als Polarlicht bestaunen. Als Wissenschaftler die Geburtstage von Eskimos mit dem jeweiligen Magnetfeld der Erde verglichen, zeigte sich, daß das Magnetfeld und damit der Sonnenwind die Fruchtbarkeit der Menschen am Polarkreis beeinflußt.[167] Glücklicherweise gehört Unfruchtbarkeit aus globaler Sicht eher zu den unbedeutenden Problemen der Menschheit. Denn bisher vermehrt sie sich prächtig. Und ein Ende der Bevölkerungsexplosion ist bis heute nicht absehbar.

Krieg der Spermien

Daß sich Frauen um Männer und Männer um Frauen heftige Gefechte liefern können, verschafft Theaterdarstellern, Kinostars und Literaten ein weites Betätigungsfeld. Ob wir solche Scharmützel lieber als offenen Kampf oder verdecktes Ränkespiel beobachten, bleibt dem Geschmack und Temperament des einzelnen überlassen. Doch brauchen beim »Kampf der Geschlechter« weder Muskeln noch Intrigen im Spiel sein. Gehen wir doch ein Stück näher ran! Ganz nah. Die Rede ist vom »kleinen« Unterschied. Der Stolz jeden Mannes verdankt seine Existenz der immerwährenden Konkurrenz männlicher Wesen um das Vorrecht, seine Spermien nicht nur überhaupt, sondern auch so nahe wie möglich an die Eizellen der Partnerin heranzubringen.

Natürlich profitieren auch weibliche Wesen von den männlichen Anhängseln: So können sie kontrollieren, wann und mit wem sie sich paaren. Würden wir unsere Eizellen wie die meisten Fische einfach in die Umgebung absondern, könnten sie die verschiedensten männlichen Bewerber ungefragt mit ihrem Sperma einnebeln. Erst durch die innere Befruchtung können die Weibchen unliebsame Exemplare effektiv ausschließen.

Von Penisknochen und Scheidenverschlüssen

Für Männer und Männchen erhebt sich die Frage, ob wirklich sie der Vater des Nachwuchses sind oder ob sie etwa von einem Konkurrenten gehörnt wurden. Dann wäre der ganze Aufwand für die Balz und das Liebesspiel umsonst gewesen, und man würde sich der Aufzucht der Brut eines Nebenbuhlers widmen. Auch Menschenmänner wähnten schon immer Arges und haben zur Vermeidung unerwünschter Betätigung ihrer Frauen verschließbare Keuschheitsgürtel ersonnen. Tiere entwickelten etwas humanere, aber auch reichlich abenteuerliche Methoden, um potentiellen Konkurrenten gewisse Vergnügungen zu vermiesen. Manche Hundertfüßler beispielsweise blockieren mit einem einzigen riesigen Monsterspermium den Geschlechtstrakt ihrer Weibchen. Erdhörnchen-Männer verschließen die Scheide ihrer Partnerin nach der Paarung mit Sekreten, die den Silikonmassen ähneln, mit denen Heimwerker Badewannen abdichten. Der Pfropf hält zwar einige Tage, doch perfekt ist das System nicht. Geschickte Männchen sind dahintergekommen, daß die Masse verschiebbar ist, und betätigen sich gerne als Einbrecher.[65]

Als nützlich erweist sich auch ein Penisknochen. Den haben nicht nur viele Nagetiere entwickelt. Auch Bären, Walrosse, Hunde, Katzen, Robben, Fledermäuse und einige Menschenaffen sind im Besitz eines solchen knöchernen Penisskeletts. Zum Leidwesen mancher Männer muß sich der Mensch mit einem etwas elastischeren Hydroskelett begnügen: Als solches dienen die mit Blut zu füllenden Schwellkörper. Alle Penisversteifer, wie auch immer sie beschaffen sein mögen, dienen letzendlich dem Ziel, die Samenzellen so dicht wie möglich an die Eizellen heranzubringen. Sie entwickelten sich in Anpassung an die weibliche Anatomie und aus Gründen der männlichen Konkurrenz.[65]

Bei vielen Tieren läßt sich schon auf den ersten Blick erkennen, ob die Männchen ein wechselhaftes Sexualleben führen. Dies steht im Zusammenhang mit dem Körpergewicht und der Hodengröße. Entdeckt wurde diese Korrelation bei unseren nächsten Verwandten, den Menschenaffen: Weder Schimpansenfrauen noch -männer halten etwas von Monogamie. In der vier bis fünf Tage dauernden Brunstphase paaren sich die Schimpansinnen mit so vielen Männern, wie es ihnen gefällt. Auch die Schimpansenmänner »lassen nichts anbrennen«, sie warten sogar friedlich, bis sie an der Reihe sind. Sie müssen sich nicht prügeln, denn das eigentliche Scharmützel findet im Körper des Weibchens statt: Dort konkurrieren die Spermien der verschiedenen Lover miteinander, selbst wenn zwischen den Affairen der Schimpansin mehrere Tage liegen.[65, 77]

Es liegt auf der Hand, daß Männchen, die mehr Samenzellen produzieren und sich häufiger paaren können, im Vorteil sind. Schimpansen haben daher, relativ zu ihrem Körpergewicht, ausgesprochen große Hoden entwickelt. Ganz anders die Gorillas. Die riesigen Gorillamänner, die fast doppelt so groß wie ihre Frauen sind, halten sich einen Harem. Etwaige Rivalen werden durch Größe, Kraft und Imponiergehabe davon abgehalten, sich an den Haremsdamen zu vergreifen. Daher genügen den Gorillas relativ kleine Hoden. Was die Gorillas an Produktionskosten für das Ejakulat einsparen, müssen sie allerdings in Muskelkraft und starke Knochen investieren, wenn sie sich erfolgreich fortpflanzen wollen.[27, 65, 77]

Die Spezies Mensch rangiert bei diesem Vergleich zwischen Schimpansen und Gorillas. Das läßt den Schluß zu, daß wir Menschen einst deutlich promiskuitiver lebten als heute. Hätte nicht sonst die seit Jahrtausenden akzeptierte feste Paarbindung zu kleineren Hoden führen müssen? Da Seitensprünge, Fremdgehen und gehörnte Ehemänner immer noch zum menschlichen Alltag gehören, muß es wohl in der Natur der Sache liegen. »Die feste Paarbindung«, so der kanadische Biologe Adrian Forsyth, »wie sie für westliche und stark materialistische Gesellschaften mit großen Hinterlassenschaften und hoher väterlicher Investition charakteristisch ist, dürfte atypisch und neu sein. Eine Bestandsaufnahme von mehreren hundert menschlichen Kulturen läßt erkennen, daß in Dreiviertel davon außerehelicher Geschlechtsverkehr der Frauen vorkommt und daß er in mehr als der Hälfte der untersuchten Kulturen üblich ist.«[65]

Die Vielweiberei einiger Gesellschaften scheint eher eine Errungenschaft neueren Datums zu sein, die mit einer mittleren Verfügbarkeit der Ressourcen einhergeht. Sie erlaubt einigen wenigen Männern, sich viele Frauen und Kinder zu leisten. Die Frauen profitieren vom Einflußreichtum und der Macht des Mannes. Auch wenn so mancher Mann vom Haremsleben träumt, ist es in der menschlichen Natur offenbar nicht vorgesehen. Das zeigt wiederum der Vergleich mit den Gorillas. Im Gegensatz zu ihnen haben Menschenmänner weder Reißzähne, um Konkurrenten zu bekämpfen, noch sind sie wesentlich schwerer und größer als die Frauen. Gerade das ist für vielweibernde Menschenaffen mit Harem und Fortpflanzungsmonopol typisch.[65]

Damit wäre der biologische Rahmen menschlicher Beziehungskisten umrissen. Allerdings kam inzwischen eine neue »Beschränkung« dazu: Der Status eines Mannes wird heute in unserer Gesellschaft weniger nach der Anzahl der Kinder eingestuft. Nicht zuletzt, weil viele Frauen nur wenige oder auch gar keine Kinder haben wollen. So scheint es, daß Männer die fehlenden sichtbaren Ergebnisse ihrer Potenz nun durch eine größere Anzahl von Affairen zu kompensieren versuchen oder durch demonstrative Ansammlung materiellen Besitzes. Wir wünschen viel Vergnügen!

Wie die Männer abhängig wurden

Hätten wir Menschen so ausgeprägte Sexualzyklen wie etwa Hunde, wären die Frauen einmal im Monat von Männern umschwärmt wie das Licht von den vielbesungenen Motten. Eine eher unangenehme Vorstellung: Telefonterror, herumlungernde Männer vor der Haustüre, Anmache auf der Straße, Prügeleien um die Angebetete – kaum vorstellbar, daß wir als hormonabhängige Opfer unserer Triebe einigermaßen vorzeigbare kulturelle Leistungen erzielt hätten. Allerdings hätte dieses Verfahren auch einen Vorteil: Wir würden unmißverständlich die »fruchtbaren Tage« erkennen. Menschenmänner sind die einzigen Säugetiere, die keine Gewißheit darüber haben, wann ihre Frauen empfängnisfähig sind.

Es kursieren unter Biologen viele Spekulationen, warum die Menschenfrauen ihre »Brunst« verloren haben. Größere Säugetiere werden höchstens zweimal im Jahr brünstig. Vielleicht war es für unsere Vorfahren in den Tropen mit ihrem ganzjährigen Futterangebot sinnvoll, das ganze Jahr über empfängnisfähig zu bleiben, damit die Kinder zu unterschiedlichen Zeitpunkten zur Welt kamen. So wäre die Horde nicht auf einmal mit vielen hilflosen Kleinkindern belastet gewesen, die das Jagen, Umherziehen und Nahrungsammeln behindert hätten. In unseren Breiten würde eine Häufung der Geburten im Frühsommer nach wie vor Vorteile bringen.

Am plausibelsten ist die Erklärung, daß die Frauen den Männern Sex gegen Nahrung und Schutz anboten. Damit sie auch außerhalb der »Brunftzeit« versorgt würden, wäre das »kleine Geheimnis« sehr nützlich gewesen. Gehen wir einmal davon aus, daß unsere Vorfahren in kleinen Gruppen über die Savannen zogen. Die Männer beteiligten sich an der Jungenaufzucht, so wie es auch die Menschenaffen tun. Hatte sich ein Paar gefunden, mußte der Mann gut auf seine Partnerin aufpassen, um sicher zu gehen, auch wirklich der Vater seiner Kinder zu sein. Die Geheimniskrämerei um den weiblichen Eisprung machte den Mann »abhängig«. Er mußte also nett zu ihr sein und ihr das geben und beschaffen, was sie wollte. Denn war er auf der Jagd, ergaben sich genügend Gelegenheiten für Seitensprünge, verbunden mit Geschenken und anderen beliebten Gegenleistungen, Nahrung inbegriffen. Vor allem für die Frau eines unsensiblen Gatten genügend Grund, solchen Versuchungen zu erliegen. Der verborgene Eisprung brachte den Frauen also außer Sex auch Männer-Schutz und Kulinarisches ein.[66]

Allerdings sei den Herren zum Trost gesagt, daß die Frauen den Eisprung vermutlich doch nicht so ganz verheimlichen können. Versuche des Verhaltensforschers Karl Grammer von der Universität Wien zeigten, daß Männer, zumindest im Labor, eine Nase dafür haben, ob die Frau gerade ihre fruchtbaren Tage hat. Er ließ sie an Vaginalsekreten von Frauen schnuppern, sogenannten Kopulinen, die aus verschiedenen Stadien des weiblichen Zyklus stammten. Nur die Kopuline, die Frauen während ihres Eisprunges absondern, erhöhten bei den Männern das sexuelle Interesse. Und umgekehrt genauso: Der bloße Geruch von Männerschweiß, vor allem des urinartigen Androstenons, stößt während der unfruchtbaren Tage auf Ablehnung. Wenn die Frau ihren Eisprung hat, ist ihr die urinartige Note des Androstenons schnuppe. So steigen die Chancen des Mannes, an den fruchtbaren Tagen der Frau zum Zuge zu kommen.[22]

Aphrodisiaka

Daß ihre Frauen nicht nur zu bestimmten Zeiten »wollen«, bereitet manchen Männern schon mal Schwierigkeiten. Denn manchmal geht »es« eben nicht. Für diese mißliche Situation haben alle Kulturen dieser Welt die obskursten Mittelchen parat. In Asien setzt »mann« auf das Nashorn-Horn, zoologisch betrachtet übrigens eine Ansammlung fest miteinander verbackener Haare. Fein gepulvert eingenommen, soll es verbrauchte Manneskraft sofort zurückbringen. Dieselbe Mär haftet auch dem Penisknochen des Tigers an. Die einzig meßbare Folge dieses Aberglaubens: er brachte Nashörner und Tiger an den Rand der Ausrottung. Überall auf der Welt wechseln exotische Präparate, in dunklen Winkeln peinlich berührten Kunden feilgeboten, zu horrenden Preisen die Besitzer. Doch nicht nur die Preise sind ärgerlich, die meisten Aphrodisiaka halten nicht, was sie versprechen.

Aber: keine Regel ohne Ausnahme. Allen Märchen zum Trotz, verdient nur ein einziges Aphrodisiakum seinen Namen und wird sogar als Medikament eingesetzt: die Rinde des afrikanischen Yohimbe-Baumes. Der Wirkstoff Yohimbin steigert die Blutzufuhr in die unteren Regionen, und was besser durchblutet wird, läßt sich eben leichter aktivieren. Außerdem erleichtert das Yohimbin das Auslösen von Reflexen im unteren Rückenmark, das für die nervliche Steuerung der Geschlechtsorgane zuständig ist. Natürlich darf man keine übertriebenen Vorstellungen von einem Aphrodisiakum haben, denn ein Wundermittel ist auch Yohimbin nicht.[114–116]

Da Liebe auch durch den Magen geht, wäre es doch am schönsten, wenn Kulinarisches ebenfalls angenehme »Nebenwirkungen« hervorriefe. Frösche allerdings stehen nicht gerade im Ruf, Boten der Liebe zu sein. Eine Gruppe französischer Fremdenlegionäre erlebte jedoch Gegenteiliges: Nach dem Genuß von Froschschenkeln erlitten sie tagelange schmerzhafte Dauererektionen. Der Truppenarzt fand heraus, daß die fraglichen Frösche vor ihrem unrühmlichen Ende »Spanische Fliegen« vertilgt hatten. Eigentlich ist die berüchtigte »Spanische Fliege« ja ein Käfer. Er steigert zwar nicht die Potenz, doch hemmt das in ihm enthaltene Gift Cantharidin den Blutabfluß aus dem Glied. Das Resultat ist eine langanhaltende, aber wenig lustvolle, da schmerzhafte Erektion. Wer Pech hat, fängt sich noch dazu einen deftigen Nierenschaden ein.[94, 115]

Im Gegensatz zu Fröschen sollen vor allem Delikatessen wie Trüffeln anturnen, ein Ruf, den sie wohl eher ihrem Geruch als ihrer Form zu verdanken haben. Denn die begehrten Pilzknollen enthalten das uns schon bekannte Schweinepheromon Androstenol, das nach Schweiß riecht.[101, 102] Das erklärt, warum man Schweinedamen so erfolgreich auf Trüffelsuche schicken kann. Zielsicher, vermutlich einen Eber wähnend, spüren sie die gefragten, in der Erde verborgenen Knollen auf. Und da sich auch in unserem Schweiß Androstenol befindet,[131] bei Männern mehr als bei Frauen, empfinden viele das

Trüffelaroma als besonders anregend. Seine Wirkung beschränkt sich allerdings auf die Nase.

Viele Trüffelliebhaber mögen nun entsetzt sein: Schweiß in ihren geliebten Knollen? Igittigitt. Gilt nicht der menschliche Körperduft in vielen Kulturen als »ungehörig«? Dabei sind wir unter den Menschenaffen gar diejenigen mit den meisten Schweißdrüsen. Schweiß soll nicht nur den Körper abkühlen, er transportiert auch die Pheromone.[17, 56, 131] Nimmt unser VNO Pheromone des anderen wahr, kommt »Leben in die Bude«.

Da sich sexuelles Interesse gewöhnlich nicht ausschließlich im Kopf abspielt, müssen die nötigen körperlichen Aktivitäten koordiniert werden. Bei Interesse am Gegenüber schickt das Gehirn Botenstoffe über die Blutbahn in die Keimdrüsen. Zugleich telegraphiert es über die Nervenleitungen seine Pläne an unsere Schweiß- und Duftdrüsen. Sie stellen postwendend Pheromone her, um das Gegenüber ebenfalls zu aktivieren. Die Durchblutung nimmt zu, die Hauttemperatur steigt, uns wird warm ums Herz, was die Verdampfung des Nachrichtencocktails garantiert. Bei Desinteresse erspart sich unser Hirn die Mühe, und wir zeigen dem anderen buchstäblich die kalte Schulter. Nun wird auch klar, wozu wir Achselhaare besitzen: In der Achselhöhle werden besonders viele Duftstoffe produziert, und die Haare vergrößern die Verdampfungsfläche für das anregende Gemisch. Jedoch ist es in vielen Gesellschaften schon fast zur kulturellen Norm geworden, daß sich die Frauen ihre Achseln rasieren. Damit unterbinden sie ihren natürlichen Verteilmechanismus für Pheromone. Pech für die Männer.[56, 80, 131]

Bei sanktionierten Gelegenheiten, wie etwa bei Sportveranstaltungen, darf der Schweiß öffentlich ungehemmt fließen.

Hier ist die Situation ent-erotisiert: Gleichgeschlechtliche Fuß-
baller rennen in schwitznassen Hemdchen hinter dem Leder
her, einsame Athletinnen kämpfen um die Siegeslorbeeren. In
vielen anderen »gemischtgeschlechtlichen« Alltagssituationen wird mangelnde Pheromon- und Schweißentfernung als
soziale Rücksichtslosigkeit und Geruchsbelästigung empfunden.

Ganz anders verhält es sich beim Sex. Hier wird Schweißge-
ruch wieder akzeptiert, für viele gehört der Körpergeruch des
geliebten Partners einfach dazu, wird geradezu zum Parfüm
erhoben. Dichter besangen den Körperduft der Angebeteten
und schnupperten ekstatisch an getragenen Wäschestücken.
Napoleon beschwor seine Josephine, sich nicht zu waschen,
bis er wieder bei ihr in Paris weilte, damit er sich an ihrem
Dufte laben könne. Auch Goethe frönte dieser Leidenschaft
und entwendete seiner Geliebten, Freifrau von Stein, ein Mieder, um in stillen Stunden ihren Duft inhalieren zu können.
Und häufig schlafen Frauen auf den mit dem Körperduft im-
prägnierten Kopfkissen des sich in der Weltgeschichte herum-
treibenden Partners. Auch beim Tanzen, einer in der Regel
schweißtreibenden Betätigung, die dem gegenseitigen Kennenlernen dient, werden vermehrt Duftsignale gebildet. Und
die wurden in vergangenen Zeiten sogar von Apfelscheibchen
aufgesogen, die sich Bauernmädels unter die Achselhöhle
klemmten und die sie dem Burschen ihres Begehrs zum Verspeisen anboten.

Der Umgang mit dem Körpergeruch folgt einer eigenen Logik:
Männer dürfen ihre Achselbehaarung behalten, um anderen
Männchen ihre dominanten Düfte zu präsentieren. Frauen
verbergen ihre natürlichen erotischen Duftreize, indem sie
die Haare entfernen, und beide Geschlechter nebeln sich mit
Duftstoffen aus der Retorte oder von Pflanzen und Tieren ein,

bis sie möglichst nicht mehr nach Mensch, sondern nach Veilchen, Vanille oder gar wie Moschusochsen riechen. Vom Babyöl über die Zahnpasta, vom Weichspüler über Deoroller, Duschgel, Shampoo, Waschmittel und Slipeinlage bis hin zum Leihwagen – alles wird parfümiert und damit »attraktiver«. Doch was bringt das?

Fäkalien im Flakon

Das Parfümieren mit Blütendüften dürfte für uns Menschen keine fortpflanzungsbiologische Bedeutung haben. Parfüms gefallen uns einfach, denn wir Menschen konnten zumindest unseren bewußten Riechsinn zu einem ästhetischen Sinn weiterentwickeln und Freude an edlen Düften gewinnen. Genau wie unsere Emotionen (s. Seite 22) entwickelte sich unser Geruchssinn zu einer neuen und subtileren Form weiter. Tieren dagegen bleibt dieses ästhetische Erleben verwehrt. Sie nutzen ihren Geruchssinn allein zur Orientierung, um präzise und spezifische Informationen über ihre Umwelt zu erhalten. Unser Riechsinn dient dagegen nicht mehr allein der reinen Informationsbeschaffung. Eine solche Parallelentwicklung durchliefen auch die lebenserhaltende Triebe wie Hunger, Durst und Sex. Essen, allein um zu überleben, ist nicht mehr angesagt, sobald der Mensch es sich erlauben kann. Statt dessen wird diniert. Und auch der Sex dient uns nicht nur der Fortpflanzung, auch er kann in exotischen Formen zelebriert werden.[16] Der Mensch kann diese Energien sogar in einem gewissen Umfang sublimieren. So wurden so »unbiologische« Einrichtungen wie Klöster möglich und mancherorts sogar zu Kulturträgern.

Dennoch bleibt vieles am Geruchssinn rätselhaft: Warum gehen wir mit Düften und Gerüchen so emotionsgeladen um?

Wieso können wir einen Geruch selten objektiv beschreiben und benennen ihn in der Schwarz-Weiß-Kategorie »gut« oder »ekelhaft«? Gewöhnlich flüchten wir uns in Vergleiche, es riecht nach »Rose«, »Kaffee« oder »Raubtierkäfig«. Versuchen Sie einmal, die Geruchsqualitäten Ihres Lieblingsparfums so zu beschreiben, daß sich Ihre Freundin genau das Richtige vorstellt. Ziemlich schwierig, oder? All das liegt daran, daß der Geruchssinn, ähnlich wie der Pheromon-Sinn, vor allem unser Gefühlsleben anspricht. Der Intellekt dagegen wird erstmal vornehm umgangen. Die Ursache dafür ist der Bau unseres Zentralnervensystems: Die meisten Riechnerven gehen in das limbische System und den Hypothalamus. Das limbische System umfaßt entwicklungsgeschichtlich uralte Gehirnabschnitte, in denen Gefühle, Lust und Unlust entstehen. Im Gegensatz dazu zieht der Großteil der Nervenbahnen von Augen und Ohren sofort in die bewußt zugänglichen Teile des Gehirns.[16, 24, 28, 54, 73, 95, 117, 129]

Das Riechen und die Lust sind also zwei Seiten derselben Medaille. Zwar hat es die Evolution nicht für nötig befunden, Geruchsreize anständig mit der Sprache zu koppeln, doch dafür gibt es umso innigere Beziehungen zum Gedächtnis und zum Unterbewußtsein. Auch das Lernen und das Einprägen spielt sich im limbischen System ab. Sicher kennen Sie das Phänomen: Treten nach dem Verzehr von leicht »sauer« riechender Hühnersuppe üble Konsequenzen auf, hat man, oft noch jahrelang, einen Horror vor derartigen Brühen. Und das, obwohl die Wahrnehmung des üblen Geruchs und die Folgen um Stunden auseinanderlagen. Würde die Verbindung zwischen Ursache und Wirkung nicht automatisch hergestellt, wäre die Warnfunktion des Geruchssinnes für die Katz. Daher gibt es eine direkte Verbindung zwischen Gedächtnis und Geruch. Nicht nur Riechen und Lust, auch Riechen und Lernen sind gute Nachbarn.

Lust und Ekel – nur eine Frage der Dosis

Irwin Douglass, ein Spezialist für Schwefelchemie, glaubt, daß unsere Vorfahren anhand bestimmter Gerüche lernten, was ihnen guttat und wovon sie lieber die Finger lassen sollten. So warnte sie der Gestank von Schwefelverbindungen, wie sie Sümpfen entweichen, davor, in einer nahegelegenen Höhle zu übernachten. Da sich solche Dämpfe als erstickende Schicht auf den Höhlenboden legen, hätten sie ihnen den ewigen Schlaf beschert. Schweflige Ausdünstungen warnen auch vor vulkanischer Tätigkeit. So entwickelten und vererbten unsere Vorfahren Abneigungen gegen bedrohliche Gerüche aus Sümpfen, aber auch aus verdorbener Nahrung, Kot und anderen Infektionsherden. Deshalb können wir Schwefelverbindungen schon in winzigen Konzentrationen wahrnehmen.[42]

Paradoxerweise riechen viele Geruchsstoffe in Spuren angenehm und erst in größeren Mengen widerwärtig. Schwefelwasserstoff, der Wirkstoff von Stinkbomben, erinnert in starker Verdünnung an Kohl. Ein drastisches Beispiel sind Indol und das nahe verwandte Skatol, beides Abbauprodukte von Nahrungseiweiß. Sie sind für den typischen Geruch nach »Scheiße« verantwortlich. Doch ein ganz anderer Geruchseindruck stellt sich ein, wenn sich nur ein Hauch von ihnen in der Luft befindet: die beiden »Stinker« verstärken nun exotische Blütendüfte. Jasmin- und Orangenblüten, Tabak, Orchideen und Narzissen, Käse und Tomatenmark – ohne die Verwandlungskünstler Skatol und Indol würde ihnen das gewisse Etwas fehlen. Die biologische Bedeutung liegt auf der Hand: Die Menschen lernten, daß sie dort, wo beide in geringen Mengen vorkommen, Eßbares oder Angenehmes erwartet, während hohe Konzentrationen aus verdorbenem Fleisch, vergammeltem Fisch oder Fäkalien Gefahr anzeigen und Ekelgefühle auslösen.[42]

Für akute Warnungen, die giftige Stoffe wie Ammoniakdämpfe und andere ätzende Gase ausüben und ein blitzschnelles, reflexhaftes Handeln erfordern, verläßt sich der Körper übrigens nicht auf das Riechepithel. Diese Stoffe reizen spezielle Rezeptoren, sogenannte freie Nervenendigungen des *Nervus trigeminus* in der Nase, die direkt ins Hirn gehen. Das geht so viel schneller, als über den »Umweg« der Riechsinneszellen. Schließlich müssen wir unser Näschen aus der Affäre ziehen, bevor es brenzlig wird.[50, 471]

Umgekehrt merken wir uns natürlich auch Angenehmes. Wenn wir jemanden gut riechen können, wenn die Pheromone »stimmen«, dann prägt sich auch sein Duftcocktail fest in unsere Erinnerung ein. Auf diese Weise könnten uns sogar geruchlose Pheromone dressieren, wenn sie gekoppelt mit einem bestimmten Körpergeruch vorkommen, den wir bewußt wahrnehmen.[108]

Warum aber sprühen sich viele von uns mit Parfüms ein, die Fäkalnoten exotischer Tiere enthalten, Moschus beispielsweise? In höheren Konzentrationen riechen diese Lockstoffe penetrant nach »Tier« mit unangenehmer Fäkal- oder Urinnote. Nur in hoher Verdünnung sind sie erträglich und verströmen eine warme, angenehme Note. Was brachte die Parfumeure überhaupt auf die Idee, die üblen und unglaublich teuren Gerüche aus männlichen Analdrüsen in Damenparfüms zu mischen? Schließlich locken diese Pheromone nicht Menschenmänner, sondern nur interessierte Weibchen exotischer Tierarten an.

Der österreichische Parfümeur Paul Jellinek liefert eine einleuchtende Erklärung. Wir Menschen empfinden Parfüms mit diesen tierischen Riechstoffen, in ganz geringer Konzentration versteht sich, als angenehm erotisierend. Sobald wir aber bemerken, daß so ein Parfüm irgendwie nach Tier riecht, ist es mit der Liebe vorbei und macht Ekelgefühlen Platz. Jellinek meint, daß diese tierischen Düfte unser Unterbewußtsein anregen und wir, ohne es zu merken, an stimulierende Düfte unserer eigenen Genitalregion erinnert werden.[57]

Auch wenn das auf den ersten Blick etwas befremdlich klingen mag, betrachten wir die Idee einmal aus der Nähe: Urin verdankt bestimmte Geruchsnoten unter anderem gewissen Abbauprodukten der Geschlechtshormone. Sie zeigen zuverlässig an, ob das Weibchen paarungsbereit ist. So erschnuppern Säugetiermännchen am Urin des Weibchens, was Sache ist. Auch weibliche Wesen erkennen am Uringeruch, was für einen Kerl sie da vor sich haben.[72] Überreste des Verfahrens könnten bei uns Menschen sehr wohl im Unterbewußtsein vorhanden sein. Auch die anderen Pheromone aus den etwas höhergelegenen Regionen stellt unser Körper aus Hormonen her. Und diese riechen, wenn sie überhaupt einen Duft haben, ja nicht alle nach Moschus, sondern auch nach Urin. So könnten wir erklären, warum wir Menschen auf Moschusparfüms, die heute ja in der Regel künstliche Moschusnoten enthalten, »abfahren«: Moschus, egal ob echt oder synthetisch, erinnert an Körpergerüche und damit natürlich auch an Pheromone. Auf diese Weise könnten Moschusparfüms unsere Erinnerung an eine begehrte Person aktivieren und unsere Lust und Laune steigern.[56, 57]

Dufte Düfte

Nicht nur Pheromone, Moschus und Körpergerüche beeinflussen unsere Psyche. Es gibt Duftstoffe aus Pflanzen, die wie
Psychopharmaka wirken. So werden Riechstoffe aus der Mus-
katnuß, dem Lavendel oder der Baldrianwurzel zur Beruhi-
gung und Stimmungsaufhellung verwendet. Lange bevor man
entdeckte, daß handfeste chemische Substanzen diese Wirkungen auf unseren Körper ausüben, wußten Schamanen,
Priester, Kräuterweiblein und Medizinmänner um die ge-
heimnisvolle Wirkung von Kräutern, Harzen, Balsamen und
aromatischen Hölzern. Sie verbrannten diese Zutaten bei ihren Kultveranstaltungen, um ihre Anhänger in einen entrück-
ten, euphorischen Zustand zu versetzen. Der Rauch kräuselte
sich zum Himmel und schuf so eine sichtbare Verbindung
zum Göttlichen.[44, 45, 47–49, 51, 52]

Bis heute ist man vom Duftopfer nicht abgekommen. Die ka-
tholische Kirche schwört auf Drogen, die sie seit über tausend
Jahren von islamischen Glaubenskonkurrenten bezieht: Der
Weihrauch enthält die Vorstufen von THC, von Tetrahydro-
cannabinol.[144] Was so kompliziert klingt, ist der Wirkstoff von
Haschisch. Beim Verbrennen von Weihrauch entsteht er in beträchtlicher Menge. Als diese Erkenntnis durchsickerte, dauerte es nur noch kurze Zeit, bis eine konservative Regierung
den Besitz kleiner Mengen THC-haltiger Drogen legalisierte.
Zufall?

Auch in manch einem profanen Haushalt vernebeln Duft-
lämpchen allerlei Aromatisches. Inzwischen gibt es eine
manchmal schon beinahe mystisch anmutende Literatur darüber, wie sich mit Hilfe von Duftölen alle möglichen, vor allem psychischen Erkrankungen therapieren lassen. Doch der
Nachweis einer reproduzierbaren Wirkung, wie »Aspirin hilft

gegen Kopfschmerzen« gestaltet sich bei ätherischen Ölen als schwierig.[47–52] Denn ätherische Öle sind keine einheitlichen Flüssigkeiten, wie etwa Wasser, sondern stets Gemische, die nicht selten aus Hunderten von Komponenten bestehen. Viele davon kommen nur in winzigsten Mengen vor. Und gerade die können für die erwünschte Wirkung verantwortlich sein. Aufgrund der Vielfalt der Inhaltsstoffe handelt es sich nicht selten um Kombinationswirkungen, da sich die einzelnen Komponenten in ihrer Wirkung erheblich beeinflussen können.[43, 46, 52, 71, 113, 127]

Da diese Öle Naturprodukte sind, schwankt ihre Zusammensetzung erheblich, je nach Sorte, Klima- und Bodenverhältnissen der Anbaugebiete. Es ist wie mit dem Wein; jeder Jahrgang ist anders. Nicht zuletzt spielt auch die Gewinnungsmethode und die Lagerung des Öls eine Rolle. Mit anderen Worten: kaum ein, sagen wir Rosenöl, ist genau wie das andere. Wie will man da etwas Verbindliches über die allgemeine Wirkung aussagen?[67, 68, 127]

Und noch etwas erschwert die Erforschung der Wirkung einer Aromatherapie: Kaum ein Markt wird derartig mit Verfälschungen und synthetischen Nachahmungen überschwemmt wie dieser. Es ist egal, ob die Öle wertvoll sind oder in rauhen Mengen anfallen, der Hang zur Manipulation scheint gewissermaßen zu den Urtrieben des Menschen zu gehören. Dabei scheut er keinen Aufwand, und die Panschereien haben manchmal ein nobelpreisverdächtiges Niveau. Selbst spottbillige Orangenöle, die zum Kilopreis von maximal fünf Mark zu haben sind, werden noch gepanscht. Als beispielsweise Professor Wilfried König von der Universität Hamburg Earl Grey-Tee analysierte, der laut Etikett mit Bergamotte-Öl aromatisiert war, mußte er erkennen, daß nur wenige Proben wirklich echtes Aroma enthielten.[82] Das ätherische Öl aus der orangenähnlichen Bergamotte-Frucht ist nicht ganz billig und wird hauptsächlich auf Sizilien gewonnen. Martin Henglein, Präsident der »Vereinigung für Aromatologie und Aromatherapie«, klagt, »ein großer Teil der ätherischen Öle, die es bei Großhändlern zu kaufen gibt, sind verfälscht«.[82]

Nichtsdestotrotz ist die Idee, mit Düften zu therapieren, bestechend. Denn Wohlgerüche sprechen vor allem unser Unterbewußtsein an. Der Riechsinn ist, wie bereits erwähnt, eher ein emotionaler, denn ein intellektueller Sinn und nur unvollkommen an sprachliche Ausdrucksformen, also an das Bewußtsein, geknüpft. Der Riechsinn tönt unsere Wahrnehmungen daher mit Gefühlen, verschafft uns aber keine so detaillierten Informationen wie das Auge. Geruchsreize gelangen ins limbische System, und dort wird auf die einströmenden Informationen sofort, ohne vorhergehende Analyse, reagiert.[50]

Gerade bei Entspannungstherapien können Aromen helfen, das – den Streß erzeugende – Bewußtsein und das darauf körperlich reagierende Unterbewußtsein voneinander abzukoppeln. Die Suggestionen eines Therapeuten sind natürlich dann am erfolgreichsten, wenn das Bewußtsein des Patienten umgangen wird, ihm quasi keine Möglichkeit gegeben wird, »dazwischenzufunken«. Ein für den Patienten angenehmer Duft spricht direkt sein Unterbewußtsein an und versetzt ihn in eine positivere Grundstimmung. Der Patient erlebt ein Gefühl, das der Sprache nur schwer zugänglich ist, und er wird von dem störenden Bewußten abgelenkt.[119]

Wie bei allen Heilverfahren spielt auch bei der Aromatherapie der sogenannte Placebo-Effekt eine Rolle. Darunter versteht man einen Heilungserfolg mit einem Medikament, das gar keine Wirkstoffe besitzt. Allein durch Suggestion des Arztes oder den Glauben des Patienten an die Pillen kommt die Genesung zustande. Sogar das Aussehen des Scheinmedikamentes trägt zu seinem Erfolg bei. Bei Pillen sind zum Beispiel die Farbe, Größe und Darreichungsform wichtig: Weiße Tabletten wirken eher schmerzlindernd, blaue beruhigend, großen Pillen wird auch eine größere Wirkung zugeschrieben. Kapseln vertrauen die Patienten mehr als Tabletten, und am wirksamsten ist das Placebo, wenn es als Injektion gegeben wird.[122, 128] Bedenken Sie bitte, daß der Placebo-Effekt eine der universellsten und nebenwirkungsärmsten Therapien überhaupt ist. Sogar Tiere reagieren auf Placebos.

Überträgt man diese Erkenntnisse auf die Aromatherapie, läßt sich ableiten, daß die Wirkung ätherischer Öle wohl nicht allein auf deren Geruch beruht, sondern auch auf die Art der Darreichung.[549] Viele Aromatherapeuten massieren die Öle ein. Zwar werden ätherische Öle durch die Haut absorbiert, inwiefern ihre Bestandteile auf die Psyche wirken, ist jedoch unklar. Klar dagegen ist, daß zärtliche, mitfühlende Berührungen bei allen Säugetieren eine sehr wichtige Rolle spielen. So weiß man, daß neugeborene Junge eher sterben, wenn man die Muttertiere daran hindert, die Kleinen nach der Geburt abzulecken. Vermindertes Wachstum beim Menschen wird mit mangelnder Zärtlichkeit während des Kleinkindalters in Verbindung gebracht. Da wir annehmen können, daß wir Menschen ein weiter entwickelteres ästhetisches Empfinden als Tiere haben, ist es auch wahrscheinlich, daß wir Menschen stärker auf solche taktilen Reize als auf Geruchsreize allein reagieren.[120]

Sicher ist, daß ätherische Öle eine Allgemeinwirkung auf den Körper ausüben. Sie regen reflektorisch die Hirnzentren an, die Atmung und Blutdruck kontrollieren.[53] Da verwundert es kaum, daß man sich nach dem Einatmen des passenden – anregenden oder beruhigenden – Öles besser fühlt. Inwiefern bestimmte Einzelbestandteile der Öle meßbaren Einfluß auf unsere Psyche haben, ist noch weitgehend unbekannt. So können Schwermetalle, wie das giftige Cadmium und das Nickel, aber auch Aluminium, ja sogar ganze Viren direkt durch den Riechnerv in unser Gehirn wandern.[54] Für Duftstoffmoleküle sollte dies ebenfalls möglich sein. Leider fehlen solche Untersuchungen mit ätherischen Ölen noch. So müssen wir wohl noch einige Zeit warten, bis wir erfahren, wie und wo Duftstoffe ihre arzneiliche Wirkung auf unsere Psyche ausüben.

Bei aller Euphorie über die vermeintlichen Wunderwirkungen der Aromatherapie wird gerne vergessen, daß ätherische Öle, vor allem diejenigen aus Blättern und Wurzeln, die Pflanze in der Natur vor unerwünschten Fressern und Pflanzenschädlingen schützen sollen. Deshalb können sie Substanzen enthalten, die in höheren Konzentrationen hautreizend oder sogar giftig sind. So ist das Thymol aus dem Thymianöl ein recht wirksames antibakterielles Desinfektionsmittel.[115, 123, 124] Vor einer unkritischen Anwendung der Duftöle, vor allem als Massageölzusatz, sei an dieser Stelle gewarnt.

Besonders problematisch ist das delta-3-Caren aus dem Terpentinöl, das aus bestimmten Nadelbaumarten gewonnen wird. Terpentinöl wurde im Zuge der Ökowelle als naturbelassenes Lösungsmittel für Naturfarben propagiert.[145] Caren aber löst bei vielen Menschen böse Hautreizungen bis hin zu Allergien aus. In Duftlampen soll es nach den Erfahrungen von Allergologen bei Kindern für asthmatische Beschwerden verantwortlich sein. Deshalb kam man schon lange von »naturbelassenen« Ölen ab und entfernte die kritischen Stoffe. Bis Hersteller, Wissenschaftler und Therapeuten ihre Hausaufgaben erledigt haben, sollten Sie sich einfach auf ihren guten

Riecher verlassen und die Öle verwenden, die Ihrer momentanen Stimmung am meisten zusagen. Die gute Laune oder die Entspannung stellen sich dann schon von selbst ein. Oder nehmen Sie ein Parfüm, denn das wird garantiert immer nach demselben Rezept hergestellt.

Wozu Schönheit?

Ob Sie mit einem Erzeugnis der Parfumeurskunst Ihr ästhetisches Empfinden zum Ausdruck bringen wollen, sich an einem Gemälde erfreuen oder eine Symphonie hören: Die Triebkraft, Schönes zu schaffen, zu genießen oder zu besitzen, wohnt offenbar jedem inne. Die Seele braucht Schönheit wie der Körper das Licht. Wer stets mit Häßlichem konfrontiert ist, verliert seinen Antrieb, wird miesepetrig, schlimmstenfalls sogar depressiv. Schönheit bereitet dagegen Freude, sie erhöht unser Lebensgefühl, wir werden aktiver und aufgeschlossener. Die Künstler des Altertums und Mittelalters waren stets um Schönheit bemüht. Für sie war es selbstverständlich, daß Schönheit untrennbar mit Symmetrie verbunden ist. Gesicht und Körper des Menschen sind zweiseitig symmetrisch aufgebaut. Bereits die Nase erregte ihr Mißfallen, ragt sie doch einsam aus dem Gesicht, statt paarweise zur Schönheit beizutragen.[64]

Symmetrie bedeutete soviel wie Vollkommenheit und kam damit dem Göttlichen gleich. Und damit nichts schiefging, gab es für die Künstler der Antike genaue Vorgaben, wie die Proportionen des menschlichen Körpers idealerweise aussehen sollten. Der »Goldene Schnitt« enthält ebenfalls solche Regeln. Schöpfer religiöser Kunst achteten stets auf die Symmetrie – egal ob bei Triptychons, Kirchenfenstern oder dem

Grundriß einer Kathedrale. Auch unsere Ohren mögen Symmetrien. Wir brauchen dafür gar nicht den Begriff der symmetrischen Klänge zu bemühen, denn was sind eingängige Rhythmen anderes als Ordnungsprinzipien, die durch Wiederholung für ein Wiedererkennen sorgen und dem Zuhörer ein inneres »Mitschwingen« ermöglichen?

Heute tun wir uns beim Gang durch ein Museum für moderne Kunst oder bei einer akustischen Darbietung der 12-Ton-Musik schon wesentlich schwerer damit, Schönheit zu definieren. Immerhin blieben Natur und Technik konservativ. Beim Betrachten von Kieselalgen oder Bäumen, von Düsenjägern oder Kaffeemaschinen fällt auf, daß sie symmetrische Formen bevorzugen. Doch nicht nur Gegenstände empfinden wir als schön, wenn sie symmetrisch sind, auch auf der geistigen Ebene sind wir auf Symmetrien »geeicht«, ja geradezu angewiesen. Geraten unsere Gedanken in Unordnung, ordnen wir sie so schnell wie möglich neu. Gerade das Zählen schafft Symmetrie und ist eine Grundlage des Ordnens. Nur wenig beunruhigt uns Menschen mehr, als über etwas im Unklaren zu sein.

Ordnung ist das halbe Leben

Symmetrie ist ein Grundprinzip alles Lebendigen. Trocken physikalisch betrachtet, ist Leben stete Arbeit gegen die Unordnung dieser Welt. Geordnete Strukturen, ein Embryo, eine Rose, ein Bakterium, entstehen entsprechend den Bauplänen des Erbgutes. Das Lebendige schafft Ordnung im Chaos. Unser gesamtes Universum dagegen strebt – so sieht es jedenfalls die Physik – stets dem Zustand maximaler Unordnung zu. Das sieht man ja täglich beim Abwasch in der Küche, den Papieren auf dem Schreibtisch oder den Spielsachen im Kinderzimmer. Ja sogar die Zeit ist darüber definiert: Ein Zustand größerer Unordnung (»Entropie«) folgt stets einem geordneteren. Dabei bedeutet Entropie nicht nur Unordnung, sondern eine höhere Wahrscheinlichkeit. Je geordneter ein Zustand ist, desto unwahrscheinlicher ist er nach den Gesetzen der Physik.

Wenn das Leben endet, beginnt die Auflösung, die Unordnung. Die Entropie steigt. Die Ordnung verläßt den Körper. Symmetrie ist das grundlegende Ordnungsprinzip dieser Welt. Sobald Atome geordnet werden, entstehen bestimmte Formen der Symmetrie. Symmetrie ist aber mehr als eine einfache geometrische Struktur. Es gibt unendlich viele Symmetrieebenen, komplexe Symmetrien. Symmetrien schaffen Hierarchien ebenso wie Gleichgewichte: Eine Pyramide – egal, ob als Bauwerk oder als Organisationsform, eine Waage, gleich, ob als Meßinstrument beim Krämer, als Mobile an der Zimmerdecke oder als Patt im Parlament, beide stellen eine Form von Symmetrie auf unterschiedlichen Ebenen dar. Nebenbei bemerkt: Der politische Begriff von »Ordnung« beschreibt eine bestimmte für uns sichtbare Form der Ordnung, die nicht identisch ist mit dem physikalischen oder biologischen Organisationsgrad. Geordnete Gesellschaften brauchen keine »Law & Order-Politik«.

Vielleicht empfinden wir gerade deshalb Symmetrie als »schön«. Unser Hang zur Ästhetik bringt das Prinzip des Lebens gegenüber dem ungeordneten Kosmos zum Ausdruck. Vielleicht ist der Hang zur Symmetrie, zur Schönheit, für den Menschen noch entscheidender als Verstand und Gefühle? Schönheit bringt Intellekt und Emotion auf die gleiche Wellenlänge. Dichtung bedeutet nicht umsonst das »Verdichten« von Information, um mit möglichst wenig Worten die Gefühle und Gedanken des Lesers in beabsichtigter und geordneter

Weise anzuregen. So können wir endlich den biologischen und gesundheitlichen Nutzen von Musik, Poesie oder Malerei verstehen. Sie sind folglich auch ein ideales Mittel der Therapie. Vielleicht gibt es eines Tages Kunstkonzerne, wie es heute Arzneimittelkonzerne gibt.

Wenn die Rechnung aufgeht

Warum besonders symmetrische Gesichter als schön empfunden werden, kann tatsächlich mit dem Widerspruch von Verstand und Gefühl in unserem Gehirn zusammenhängen. Die linke Gehirnhälfte ist hauptsächlich für sprachliche und abstrakte Fähigkeiten zuständig, die rechte für Intuition und Emotionen. Auch auf dem Gesicht drückt sich diese Zweiteilung aus. Deckt man bei einem Portrait abwechselnd die rechte und linke Gesichtshälfte ab, erkennt man oftmals recht unterschiedliche Gesichtsausdrücke, um nicht zu sagen Charakterzüge. Die linke Gesichtshälfte wird vom rechten, vom »emotionalen« Gehirn dirigiert, kann also Gefühle mit viel tieferem Ausdruck darstellen als die rechte und umgekehrt.[83, 73, 95]

Das gleiche gilt für die Wahrnehmung eines Gesichts durch unsere Sinne. Jede Gehirnhälfte bekommt zwar die gleichen Informationen von den Sinnesorganen, jedoch konzentriert sich jede nur auf die Botschaft, für deren Verarbeitung sie da ist: Die linke beachtet die vernünftigen Informationen, die rechte die emotionalen. Sind die Urteile beider Gehirnhälften deckungsgleich, ist alles in Ordnung. Sind sie verschieden, bekommen wir Schwierigkeiten mit der Einordnung und werden unsicher. Gefahr droht. Vielleicht beruhigt ein besonders symmetrisches Gesicht unser Gehirn, weil beide Gehirnhälften das gleiche empfangen und somit besser in Einklang zu bringen sind. Das schafft Vertrauen, denn wir Menschen sind nicht so besonders gut darin, die Gefühle und Absichten unseres Gegenübers aus seinem Verhalten abzulesen. Und geklärte Verhältnisse sind ja auch eine Form der Ordnung, die wir so notwendig für unser Seelenleben brauchen.

Die Psychologen Joseph LeDoux und Michael Gazzaniga beobachteten an einem ihrer Patienten, bei dem die Gehirnhälften operativ getrennt worden waren, folgendes Phänomen: An Tagen, an denen die linke und rechte Gehirnhälfte des Patienten seine Umwelt, seine Freunde gleich beurteilten, »war er ein ruhiger, fügsamer und sympathischer Jugendlicher«. Aber »an Tagen, an denen die rechte und die linke Seite in ihren Bewertungen nicht übereinstimmten, erwies es sich als schwer, mit dem Patienten umzugehen«. Nach LeDoux und Gazzaniga sieht es ganz so aus, »als ob jedes geistige System jederzeit die unterschiedlichen emotionalen Zustände des anderen registrieren kann. Wenn sie nicht übereinstimmen, wird ein Gefühl der Angst ausgelöst, das letzendlich an Hyperaktivität und allgemeiner Aggression abzulesen ist.«[83]

Tatsächlich erkennt unser hochentwickeltes Nervensystem symmetrische Strukturen viel leichter als chaotische. Suchen Sie nicht auch in Wolkenformen oder unruhigen Teppichmustern nach geordneten Strukturen? Ertappen Sie sich nicht gelegentlich dabei, Gesichter in dem ganzen Chaos auszumachen? Auch beim Blick durch ein Mikroskop erkennen wir in einem Wassertropfen zuerst die geordneten Strukturen. Eventuell vorhandene Amöben, die ja keine spezielle Körperform besitzen, übersehen wir leicht. Die Amöbe könnte doch alles mögliche sein, ein Sandkörnchen, ein Fussel, irgendein

Schmutzpartikelchen. Gewöhnlich entdecken wir das Tierchen erst dann, wenn es sich bewegt.[15, 58, 59, 64]

Symmetrie dient also auch dazu, daß Tiere ihre Artgenossen und Partner schnell und sicher vor dem Hintergrund einer unstruktruierten Umwelt wahrnehmen können. Schließlich ist Unbelebtes nur selten symmetrisch, von Kristallen, Sonne und Mond einmal abgesehen. Umgekehrt kann Asymmetrie auch schlicht Gefahr bedeuten. Tarnanzüge, egal ob von Soldaten oder Raubkatzen, nutzen stets asymmetrische Muster. Wir erschrecken, flüchten oder gehen in Verteidigungshaltung, entdecken wir plötzlich ein vorher »unsichtbares« Wesen, das durch sein unregelmäßiges Tarnmuster mit seiner Umgebung verschmolzen war. Versetzen Sie sich nur mal in eine Motte, die in Zungenweite eines perfekt an seine asymmetrische Umgebung angepaßten Chamäleons landet.[61]

Symmetrie dient also der Ordnung und der Orientierung. Vielleicht steckt aber noch mehr dahinter. Bieten symmetrische, also paarweise angelegte Strukturen nicht mehr Sicherheit als einfache? Bei Ausfall eines der beiden gleichwertigen Organe hat der Organismus noch immer einen Ersatz in petto, der die Aufgaben des beschädigten übernehmen kann. Warum sonst noch entwickeln sich Lebewesen symmetrisch? Könnten in der »ordentlichen« Symmetrie nicht auch spezielle Informationen »codiert« werden? Wie der Körper während seiner embryonalen Entwicklung symmetrisch wird, wissen die Entwicklungsbiologen noch immer nicht genau. Kristalle »wachsen« nur dann zu perfekter Symmetrie, wenn ihre Bildung nicht durch Erschütterungen gestört wurde. Was könnte das harmonische Wachstum eines biologischen Systems, eines Embryos, stören?

Russische Forscher untersuchten die Schädel von Ostsee-

Robben aus den Zeiten vor der Erfindung des DDT und anderer Schädlingsbekämpfungsmittel und verglichen sie mit Robben aus unserer Zeit. Ihr Ergebnis war eindeutig: Die Schädel heutiger Seehunde, deren Speiseplan eine reichliche Auswahl der Segnungen moderner Chemie enthält, waren viel asymmetrischer als die Schädel der Tiere aus vergangenen Zeiten, deren Tafel noch reichlich mit unverseuchten Fischen gedeckt war. Die Forscher schlugen sogar die Asymmetrie von Schädelknochen als Maßstab für die Belastung eines Gewässers mit Umweltgiften vor.[60]

Das ist sicherlich zu kurz gegriffen. Nicht nur Gifte, auch Krankheitserreger stören die vorgeburtliche Entwicklung der Körpersymmetrie. Babies, deren Mütter während der Schwangerschaft an einer Infektion litten, kamen mit leicht asymmetrischen Körperhälften zur Welt. Mit der Schwere der Krankheit nimmt die Asymmetrie des Säuglings zu. Womöglich haben Asymmetrien tatsächlich Auswirkungen auf die Gesundheit im späteren Leben. Menschen mit asymmetrischem Körperbau tendieren im höheren Lebensalter häufiger zu Herzerkrankungen. Ganz allgemein läßt sich sagen: Je ausgewogener der Körperbau, desto »gesünder« das Lebewesen. Bei Moorhühnern zeigte sich, daß parasitenbefallene Männchen ein weniger farbenprächtiges Gefieder haben. Für die Weibchen bedeuten Symmetrie und glänzendes Gefieder demnach eine Art Gütesiegel. Deshalb geben sie sich den Schönlingen hin. Symmetrien sprechen eine verborgene Sprache.[69]

Bei mir biste scheen

So oder so: Schönheit und Symmetrie verfolgen offenbar einen tieferen Zweck als »nur« Amüsement. Schließlich tun wir ja allerlei dafür, um schön zu sein. Schwer vorstellbar, daß wir uns für nichts und wieder nichts anstrengen. Um dem vermeintlichen Ideal zu entsprechen, sind viele Menschen zu erstaunlichen Opfern bereit. Ob eintönige Diäten, stundenlanges Bodybuilding, kneifende Mieder oder teure Kosmetika – nichts bleibt unversucht, um ins Schema zu passen. Helfen alle Selbstkasteiungen nichts, begibt sich mancher gar unters Messer des Schönheitschirurgen. Ähnliches beobachtet man in Asien, auch wenn es dort weniger um schwellende Proportionen geht: Japanische Männer lassen sich ihre »Mongolenfalten« wegoperieren, um dem idealisierten westlichen Standard des »Rundauges« zu entsprechen.[118] Seltsam mag diätgebeutelten Europäern auch die japanische Begeisterung für fette Sumo-Ringer erscheinen. Die von Natur aus durchweg zierlich gebauten Japaner fahren voll auf die mit spezieller Reis-Diät gemästeten Fleischberge ab.

Der Mensch findet offenbar solche körperlichen Attribute besonders attraktiv, die in seiner Kultur außerordentlich schwer erreichbar sind: Die Chinesen haben einst gar dicke Landsleute bewundert, die sich üppige Mahlzeiten leisten konnten. »Sind Sie aber fett geworden«, soll einmal eine besonders ehrerbietige Begrüßung gewesen sein. In unserer Überflußgesellschaft gilt dagegen der dürre Körper als das Ideal schlechthin. Nach dem Zweiten Weltkrieg und zu Wirtschaftswunderzeiten, als Schmalhans noch Küchenmeister war, erschienen üppige Formen besonders begehrenswert. In den Sechzigern und vor allem den Siebzigern, als sonntags wieder Braten auf dem Tisch stand, wurden sogar ausgemergelte Figuren wie Twiggy zu Idolen hochstilisiert.

All das sind Modeerscheinungen, die es Menschen erlauben, »anders« als der Durchschnitt zu sein und sich als Individuum hervorzuheben. Daneben gibt es in Sachen Ästhetik aber offensichtlich noch etwas Konstanteres, eine universelle Idealvorstellung davon, was schön ist. Wie sonst konnten Künstler der griechischen Antike die zeitlose Schönheit ihrer Marmorstatuen schaffen? Aber vielleicht trifft das nur für den europäischen Geschmack zu. Was würde wohl ein japanischer Kfz-Mechaniker, ein chinesischer Reisbauer oder ein südafrikanischer Buschmann zu einer grünspanüberzogenen Aphrodite sagen, die eifrige Archäologen aus dem Schlamm des Mittelmeeres geborgen haben? Empfindet nicht jede Kultur andere Gesichter als schön? Es muß neben der Symmetrie noch etwas anderes geben. Denn auch Fratzen können symmetrisch sein.

Über das Wesen der Schönheit haben Philosophen und Soziologen eine bemerkenswerte Fülle mehr oder weniger ansprechender Theorien entwickelt. Während bei Heraklit die Schönheit eine zu einer »harmonischen Einheit gefaßten Mannigfaltigkeit« darstellte, und so die Vielfalt der Symmetrien hervorhob, wurde bei Schelling die Ästhetik zum »Ausfluß des Absoluten«, das die »Aufgabe erhält, Subjektives und Objektives durch Zurückstrahlen des absolut Identischen zu versöhnen«. Vielleicht wollte er ja nur sagen, daß Schönheit Intellekt und Emotion in Einklang bringt. Nachdem sich im 19. Jahrhundert die Psychologen vergebens um eine brauchbare Definition bemüht hatten, führte Edmund Husserl den Begriff des »ästhetischen Gegenstandes« ein, der »vom Auffassenden im ästhetischen Erleben realisiert wird«. Schlußendlich mischte sich auch noch die Soziologie in den Reigen der Wortklaubereien und Zirkelschlüsse ein und definierte »ästhetisches Verhalten als allgemeines Verhalten zur Wirklichkeit«.

Wenden wir uns vom »Ausfluß des Absurden« ab und appetitlicheren Vorstellungen zu – zum Beispiel einer schönen Frau. Überlegen Sie einmal selbst: Wie soll sie denn nun wirklich aussehen, Ihre ersehnte Traumfrau? Wir wissen ja nun, warum Sie sich als Mann mehr von Ihren Augen leiten lassen dürfen als von ihrer Nase (s. Seite 51). Hand aufs Herz, meine Herren, stehen Sie eher auf die kleine Brünette im Buchladen, oder wäre Ihnen die langbeinige Blondine aus der Jeans-Werbung lieber? Und wie wird die Antwort wohl in Japan ausfallen? Gibt es da Gemeinsamkeiten außer der Symmetrie? Bekanntlich unterscheiden sich die Bewohner beider Landstriche erheblich im Aussehen. Und genau deshalb tat sich ein britisch-japanisches Forscherteam zusammen, um dieser Frage mit Fotoapparat und Computer zu Leibe zu rücken.[63]

Seither kann man Schönheit messen – zumindest die eines Frauengesichts, und es läßt sich sogar nachprüfen, ob unsere Vorstellung von Schönheit einem kulturell erlernten Programm folgt oder auch angeboren ist. Schritt Numero 1: Man fotografiere die Gesichter junger Frauen – und setze daraus mittels Computer ein weibliches Durchschnittsgesicht zusammen: 60 Gesichter von Engländerinnen wurden am Bildschirm »übereinandergelegt«. Nach dem Urteil männlicher Testpersonen übertraf das neue »Komposit-Bild« die einzelnen Exemplare deutlich in Sachen Schönheit.[63]

Das heißt, unser Gehirn errechnet offenbar die »goldene Mitte« aller bisher gesehenen Gesichter als Maßstab seiner Wünsche. Das macht Sinn: Schließlich soll der evolutionäre Mainstream erfolgreich sein und nicht die zahllosen Abweichler, die mit ihren Anomalien »Fehler« im Programm signalisieren. Solange das ökologische Umfeld einer Art stabil ist, sind »Borderline-Genome« im Nachteil. Anders in Zeiten der Instabilität. Nicht nur wenn sich das Klima ändert, sondern auch wenn Parasiten ein paar neuen Tricks verfallen, die für die betroffene Art den Garaus bedeuten könnten: Dann wird schon irgendeine dieser Abweichungen die Grundlage für das Überleben der Art bilden.

Die Durchschnittshypothese, die bereits der Philosoph Immanuel Kant postuliert hatte, erklärt auch, warum wir nicht alle den gleichen Partner präferieren, sondern fast jeder Topf seinen passenden Deckel findet. Uns gefällt erfahrungsgemäß eher ein Partner mit einem Gesicht, das dem unseren nicht unähnlich ist. Schließlich sehen wir manche Menschen in unserem Leben häufiger als andere. Es sind zuerst natürlich die Gesichter der Mutter und übrigen Familienmitglieder, die uns gewöhnlich ein wenig ähneln, dann ist es unser eigenes Gesicht, das wir im Spiegel betrachten. So ist uns allen ein anderer Durchschnitt einprogrammiert.

Nun zur Frage nach der kulturellen Prägung: Das Forscherteam führte die gleiche Untersuchung auch in Japan durch – mit exakt dem gleichen Ergebnis. Beim Schönheitsideal handelt es sich offenbar um ein biologisch vorgegebenes Programm, das im Falle der Fortpflanzung kulturellen Einflüssen kaum Spielraum bietet. Anders mag die Lage bei Musik oder Malerei sein. Welche Art von Musik präferiert wird, ist der Biologie womöglich egal, solange unsere Neuronen Symmetrien und Ordnungsprinzipien erkennen.

Die Forschergruppe wollte aber auch noch hinter das Geheimnis besonders schöner Frauen kommen. Sie bat die männlichen Probanden, die ihrer Ansicht nach attraktivsten Damen herauszusuchen. Aus den gewählten, jeweils 15 schönsten Konterfeis generierte der Computer zwei neue Durchschnittsgesichter – eines für Japan und eines für England. Diese neue Kombination begeisterte die männlichen Juroren deutlich mehr. Also spielt noch etwas anderes mit als nur der Durchschnitt. Vielleicht doch die Kultur? Nächster Schritt: Man errechnete die Abweichungen der neuen Schönen von dem Gesamtdurchschnitt. Dabei fiel zunächst auf, daß die Abweichungen sowohl in Japan als auch in Europa genau die gleichen waren. Nun wollten es die Wissenschaftler genau wissen und begannen die Abweichungen zwischen den beiden Gesichtern zu überzeichnen. Und siehe da: Das bewerteten die Testpersonen nun als Supergesicht! Hinter der Schönheit einer Frau steckt demnach noch ein biologisches Geheimnis.

Drehen wir den Spieß einmal um. Wenn man Schönheit messen kann, müßte es doch auch die ultimative Verbrechervisage geben. Schon 1878 versuchte der Genetiker Francis Galton aus einer Reihe von Steckbriefen das universelle Gaunergesicht zu kreieren. Er legte diese Bilder übereinander und setzte daraus dann das »Ultraböse« zusammen. Das wollte er jedenfalls. Zu seiner großen Überraschung kam allerdings ein ganz anständig und harmlos dreinschauendes Antlitz dabei heraus. Egal wie häßlich die Gesichter sein mögen, der Durchschnitt ist immer schöner. Nun ist klar, warum Galton seine wohldurchdachte Absicht enttäuscht aufgeben mußte.[62] Hätte er noch ein wenig weiterexperimentiert, hätte er womöglich mehr als 100 Jahre vor dem britisch-japanischen Team das Geheimnis eines schönen Frauengesichts gelüftet – und damit zumindest vielen Sozialwissenschaftlern unnötige Irrungen erspart.

Zum Schluß wollen wir Ihnen aber noch ein Ergebnis der britisch-japanischen Schönheitsforscher präsentieren: die idealen Trends fürs universell schöne weibliche Gesicht. Das sind:

- kleiner Abstand zwischen Mund und Kinn sowie Nase und Mund
- hohe Wangenknochen mit »dünnen« Backen
- große Augen mit klar geschnittenen Augenbrauen

Und diese Trends gelten gleichzeitig in denkbar weit voneinander entfernten Kulturen wie der europäischen und der japanischen. Die Grundmuster der Schönheit ähneln sich offenbar weltweit. Das bedeutet: In unserem Gehirn ist ein universell vererbtes Schönheitsideal verankert, das eben nicht allein von Kultur und Mode geprägt wird. Und doch beinflußt unsere Kultur unsere Vorstellung von Schönheit. Mehr davon im nächsten Kapitel.

2 Von Trendsettern und Konsumäffchen

»Nicht immer, aber immer öfter« gibt's den »Geschmack von Freiheit und Abenteuer«. »Nimm 2, und naschen ist gesund«, denn »ich will so bleiben, wie ich bin«, »so wertvoll wie ein kleiner Zwerg« . . . et cetera et cetera. Wie viele Werbesprüche fallen Ihnen noch ein? Und wie viele kennen schon Ihre Kinder? Bei 2000 bis 3000 Werbekontakten pro Tag, denen durchschnittliche Verbraucher ausgesetzt werden, wird wohl einiges hängengeblieben sein, oder? Über 50 Milliarden Mark gibt die Wirtschaft in Deutschland Jahr um Jahr für Werbung aus, und über 300 000 Menschen beschäftigen sich damit, wie man uns zum Kauf anregen kann.[204, 239] Da werden alle Register gezogen. Und glauben Sie ja nicht, daß Sie dieser Gehirnwäsche entrinnen könnten!

»Aufgrund nachweislicher Steuerung ist der unabhängig und frei entscheidende Bürger eine Fiktion, ein bloßes Denkmodell.«[202] Das behauptet jedenfalls ein Lehrbuch der Werbeforscher. Und die Werbefachleute wenden die Erkenntnisse der Verhaltenswissenschaften konsequent an: Längst ist bewiesen, daß der Mensch auf viele Reize automatisch reagiert und dadurch die Steuerung seines Verhaltens möglich wird.[202]

Professor Werner Kroeber-Riel, der Nestor der deutschen Konsumforschung, hält die Vorstellung »vom souveränen und vernünftigen Menschen« schlicht für eine »Ideologie«, die »unsere tierische Abstammung« vergäße: »Wir übersehen gerne, daß große Teile unseres Zentralnervensystems noch aus dieser tierischen Vergangenheit stammen und unser Verhalten bestimmen. Wir glauben gerne, daß jede erotische Erregung

Ausdruck einer willentlich gesteuerten menschlichen Zuneigung ist und vergessen, daß es so etwas wie reizgebundene Hormonausssschüttung und triebhafte Reaktionen gibt. ... Wir sollten uns zu diesen tierischen Verhaltensweisen bekennen und sie nicht durch Spekulationen über unsere menschliche Freiheit und Unabhängigkeit übertünchen. Wir sollten uns nicht schämen, alle noch etwas Tier (sprich ›Konsumäffchen‹) zu sein. Und wir sollten uns mit den sich daraus ergebenden Problemen sachlich auseinandersetzen.«[234]

So wie ein Tier auf bestimmte Umweltreize automatisch reagiert – in Freßstimmung kommt und Speichel absondert oder aggressiv wird und ein anderes Tier angreift –, so reagiert auch der Mensch in bestimmten Reizsituationen nach ererbten Gesetzmäßigkeiten. Das widerspricht natürlich drastisch unserem Wunschbild vom frei entscheidenden Bürger. Wer sähe sich nicht lieber als Trendsetter denn als manipulierten Konsumaffen? Doch inwieweit sind wir überhaupt in der Lage, unser eigenes Verhalten objektiv zu beurteilen? Dazu gibt es eine aufschlußreiche Umfrage aus England: 70 Prozent der dort Befragten fanden, daß »Werbung die Leute oft veranlaßt, Dinge zu kaufen, die sie eigentlich nicht brauchen«. Auf die Frage, ob sie *selbst* von der Werbung entsprechend beeinflußt würden, antworteten dagegen nur 15 Prozent mit »Ja«. Es überrascht nicht, daß wir unser eigenes Urteilsvermögen höher einschätzen als das unserer Mitmenschen. Was überrascht, ist der hohe Prozentsatz der Leute, die sich für nicht manipulierbar halten.[202]

Falls auch Sie dazugehören, falls Sie meinen, daß Sie Ihren Kaffee wegen des einzigartigen Geschmacks und nicht wegen des Images kaufen, dann lassen Sie uns doch einmal gemeinsam einen Supermarkt durchstreifen. In diesen Tempeln des Konsums finden die Erkenntnisse von Psychologie, Sozial-

und Verhaltenswissenschaften ihre praktische Umsetzung. Jagd frei auf den Konsumenten!

Kundenfalle Supermarkt

Haben Sie Ihren Einkaufszettel schon beisammen? Trauben, Wurst und Linsen und sonst eigentlich nichts? Während wir arglos zum Supermarkt streben, sind dort bereits die notwendigen Vorkehrungen getroffen, um unsere guten Vorsätze zur Strecke zu bringen. Trösten Sie sich: Die meisten Menschen lassen erheblich mehr Geld an der Kasse, als sie ursprünglich ausgeben wollten. Werbefachleute behaupten, daß die Kunden von ein bis zwei Dritteln der Artikel, die schließlich im Einkaufswagen landen, zu Beginn ihres Einkaufs noch nichts wußten.[207, 208, 236] Mag sein, daß dabei ein wenig Eigenlob – um nicht zu sagen Selbstüberschätzung – mitschwingt, die Verlockungen des Kaufs kennen wir trotzdem zur Genüge.

Also hinein ins Getümmel, wir betreten den Verkaufsvorraum. Er ist hell und großzügig gestaltet. Doch beileibe nicht nach den Schönheitskriterien eines fähigen Innenarchitekten. Denn Supermärkte werden von Werbefachleuten nach eingehenden Analysen unseres Verhaltens entworfen. Da soll nichts dem Zufall überlassen bleiben, der Parcours ist generalstabsmäßig auf unsere menschlichen Schwächen ausgelegt. Als erstes gilt es, die hinderliche Schwellenangst abzubauen, uns quasi ins Geschäft hineinzuziehen. Jeder Laden ist – verhaltenspsychologisch betrachtet – zuerst einmal fremdes Terrain. Unbewußt stellen sich unser Geist und Körper auf Gefahr und Kampf ein. Eine durchdachte Lichtführung nimmt ihm seinen Höhlencharakter: Hellere Lampen im Eingangsbereich und in den hinteren Verkaufszonen machen den Verkaufsvorraum von außen einsehbar und mindern unsere Unsicherheit im Laden selbst.[209]

Unsicherheit bedeutet Streß, und Streß löst beim Menschen Unruhe und Bewegung aus. Das ist angeboren. Und deshalb ist die Eingangszone in der Regel weitläufig gestaltet. Mit ein paar schnellen Schritten streben wir in den Laden. Gemütlichkeit empfängt uns: Spotstrahler tauchen Topfpflanzen, Geschenkartikel und Holzspielzeug in ein helles, angenehm warmes Licht. Eine Pinwand für Mitteilungen aus der Nachbarschaft signalisiert Kundennähe. Das entspannt und schafft ein positives Einkaufsklima.[210]

Beim Gang durchs Drehkreuz greifen wir uns einen Einkaufswagen. Falls Sie sich je über die Dimensionen dieser »Wägelchen« gewundert haben – die sind natürlich Kalkül. Denn, kaufen Sie nur wenig ein, verlieren sich die Einkäufe traurig im Wagen. Und je leerer der Wagen wirkt, desto eher stellt sich das Gefühl ein, noch nicht alles erledigt zu haben. In der Kassenschlange drängt sich womöglich auch noch der Eindruck auf, sich nichts leisten zu können. Erst ein randvoller Drahtkorb erfüllt viele Menschen mit Befriedigung. Experten sprechen deshalb vom »Kaufsog« leerer, übergroßer Wagen.

Mit forschem Schritt schieben wir unseren Großraumwaggon an, um rasch unsere Einkaufsliste zu erledigen. 70 Prozent der Menschen unseres Kulturkreises gehen beim Betreten eines Verkaufsraums spontan nach rechts und bewegen sich dann – warum auch immer – in Binnenkreisen entgegen dem Uhrzeigersinn weiter[211]. Stehen wir vor einem Regal, fixieren wir zuerst die rechte Seite und greifen bevorzugt mit der rechten Hand zu.[240] Jetzt können Sie sich sicher denken, warum unnötige und überteuerte Ware gerne auf rechtsseitigen Regalflächen plaziert wird. Und auch wenn wir uns fest vornehmen, diese Produkte zu ignorieren: Regalstopper, Sonderangebote und Aktionsdisplays zwingen uns, das gesamte Angebot in gebührender Breite wahrzunehmen.[244] Ständig werden wir aufgehalten und abgelenkt, damit wir ebenso oft entscheiden müssen zwischen unserer Lust, die Dinge zu besitzen, und unserem Verstand, der uns sagt: Eigentlich brauche ich das nicht.

Auf unserem Weg zur Wursttheke stoppt uns schon nach wenigen Metern die in sonniges Licht getauchte Obst- und Gemüseabteilung. Sie ist der erste Kundenmagnet, der den Speichelfluß anregt. Denn wer Appetit hat, kauft mehr. Die offen angebotenen Früchte verlocken zum Zugreifen. Alles, was wir anfassen können, löst einen stärkeren Besitzreiz aus als das, was wir nur anschauen dürfen.[194] Spiegel hinter dem Obst signalisieren üppige Warenfülle. Greifen Sie ruhig zu und wiegen Sie Ihre Trauben aus. Na, etwas mehr als beabsichtigt, aber einen Zweig abzuzupfen, das wäre irgendwie peinlich. Selbstbedienungswaagen sind nicht nur dazu da, Personalkosten zu sparen. Mal ehrlich: Wie oft haben Sie sich schon beim Abfüllen verschätzt und mehr in die Tüte gepackt, als Sie eigentlich wollten. Und haben Sie jemals das »Zuviel« dann auch wieder zurückgelegt? Wir greifen nun mal gerne zu. Bei jeder zweiten Wägeaktion wird mehr abgefüllt und mitgenommen als beabsichtigt.[208]

Wir erreichen die Wursttheke und stellen uns am Ende der Schlange an. Die Dame, die gerade bedient wird, spürt die Ungeduld der anderen wohl. Das bedeutet Streß. Im Streß sind wir jedoch »für kaufstimulierende Signale schwer empfänglich«, sprich: wir kaufen weniger. Deshalb plazieren Profis an der Wursttheke Sonderaktionen nach dem Marketinggrundsatz: Ablenken und Kaufanreize bieten. Erst im Stehen werden wir der Musikberieselung gewahr, das stereotype

Wummern der Bässe im Herzrhythmus dringt allmählich in unser Bewußtsein. Die 72 Schläge pro Minute entsprechen der Pulsfrequenz eines gesunden, ausgeglichenen Menschen. So schleicht sich der unauffällig geglättete Sound eines vertrauten Schlagers direkt in unser vegetatives Nervensystem. Unser Streß schwindet, und das Portemonnaie sitzt lockerer.[212]

Nach dem Motto »Hintergrundmusik läßt die Kassen klingeln« bieten Spezialunternehmen eigens dafür konstruierte Abspielgeräte an.[213] Die Musik gibt's im Abonnement, auf den jeweiligen Ladentyp zugeschnitten: »Durch die Wahl der Musikinstrumente und Musikstücke«, verspricht ein Lehrbuch, »lassen sich auch, abgestimmt auf einzelne Zielgruppen, spezifische Emotionen wie ›französisches savoir vivre‹ oder ›Sehnsucht nach der Ferne‹ auslösen.«[234] In Lebensmittelmärkten soll die Musik ein Gefühl von Frische verstärken. Die Experten empfehlen hier helle, klare Klangfarben in Dur-Tonlage mit leichten Dissonanzen. Höhen und Tiefen werden beschnitten, damit der Sound ungehindert unsere Gefühle aktiviert und keine aggressiven Höhepunkte das gute Feeling einer entspannten Einkaufsatmosphäre stören.[213] Ohne Hintergrundmusik leidet der Umsatz gewaltig.[214]

Für dieses »Hintergrundsgedudel« gibt es klare Regeln: Akustisch tote Räume sind unbedingt zu vermeiden. Frei bleiben lediglich die Kassenplätze. Begleitet von Musik betritt der Kunde ungebremst auch den hintersten Winkel der Laden-Höhle. Völlig deplaziert wäre eine Stereoanlage aus dem Wohnzimmer des Marktleiters, um einem kauflustigen Publikum die Lieblingshits der Belegschaft in Hifi-Qualität darzubieten. Bloß keine Gesangsstimmen oder mitreißende Violinsoli, nur keine schnellen Passagen oder Pausen zwischen den einzelnen Stücken. Denn das verleitet zum Zuhören und könnte uns von unseren Kaufabsichten ablenken. Die akustische Kulisse soll zwar den Einkaufsstreß auffangen, aber zugleich muß sie unsere Wachheit soweit kitzeln, daß wir die zahlreichen Angebote auch aufmerksam betrachten und nicht etwa unseren eigenen Gedanken nachhängen.[213, 214]

Endlich fragt uns die Verkäuferin an der Wursttheke »Was darf's denn sein?«, alsbald gefolgt vom stereotypen »Darf's auch etwas mehr sein?«. Als höfliche Kunden lehnen wir doch nicht in aller Öffentlichkeit ab – oder? Das unscheinbare Plastiksäckchen verliert sich im Einkaufswagen. Was fehlte nun noch? Ach ja, die Linsen. Wo haben sie die bloß wieder versteckt? Gewöhnlich dort, wo niemand gern hingeht, im Innern des Marktes. Wir orientieren uns alle am liebsten an den Außenwänden, so wie auch im Restaurant zuerst die Wandplätze besetzt sind. Sie bieten Schutz und Feldkontrolle. Deshalb sind die notwendigen Artikel des täglichen Bedarfs im Mittelgang plaziert. Weil Muß-Artikel wie Klopapier oder Salz stets gebraucht werden, ziehen sie die Kunden ins Ladeninnere. Und da aus dem ersten Regalmeter automatisch mehr gekauft wird als aus den folgenden, befinden sich unsere Linsen auf der linken Seite im hintersten Regal in der Bückzone auf dem untersten Boden.[240]

Vom Lebensnotwendigen allein kann der Laden nicht leben. Andererseits: Überflüssige Luxusartikel braucht der Kunde nicht. Deshalb stehen die teuren Produkte in der sogenannten Griff- und Augenhöhe. Denn dorthin greifen wir vier- bis achtmal so gerne wie in die unbequemen Regalplätze weiter unten oder oben. Selbst der Umstand, wie viele Zentimeter Regalbrett ein Artikel zugemessen bekommt, läßt sich auf unser Wahrnehmungsverhalten abstimmen. Denn die Länge der Kontaktstrecke entscheidet darüber, ob es gelingt, unentschlossene Kunden zum Kauf zu verleiten. Für Süßwaren beispielsweise beträgt sie in einem durchschnittlichen Lebensmittelmarkt beachtliche 75 Regalmeter.[215] Wie gut hatten es da die Kunden im Mittelalter: Um das Jahr 1500 untersagte die Erfurter Krämerzunft dem Händler, zuviel Ware zu zeigen. Der Käufer sollte nicht zum Kauf verleitet werden. *O tempora, o mores!*

Und wer ahnt schon Ungemach bei einem Regal, dessen untersutes Brett schräg angebracht ist? Der arglose Griff zu einer großen Flasche Weichspüler hat eine unerwartete Folge: Die restlichen Flaschen rutschen alle nach. Viele Kunden sind davon so perplex, daß sie es noch einmal probieren. Und schon haben sie eine zweite in der Hand. Zurückstellen erweist sich als schwierig, weil man gebückt und mit Kraft die nachgerutschten Flaschen nach hinten schieben muß. Da nimmt man lieber beide mit, um sich nicht vor allen Leuten mit seiner Ungeschicklichkeit zu blamieren.

Wir haben alles, was wir brauchen, und können die Kassenzone ansteuern. Mit dem Abhaken des geistigen Einkaufszettels schwindet der Einkaufsstreß, wir sind ruhiger und für Kaufanreize empfänglicher. Jetzt gilt es, uns zu unüberlegten Impulskäufen zu verleiten. In einem gut geführten Markt können sie bis zu 30 Prozent aller Käufe ausmachen. Besonders an der Kasse, denn da kommt der Kundenstrom zum Stehen. Unser Blick fällt auf Frauenzeitschriften und Groschenromane, Wühlkörbe bieten Kaugummi, Plastikspielzeug und Schnapsfläschchen feil. In Griffhöhe für Erwachsene, also in Augenhöhe für Kinder, finden sich zahlreiche süße Überraschungen und eine Eistruhe – zur Verkürzung der Wartezeit. Quengelware, wie die Experten sagen.[241]

In der Kassenregion wird gut zehnmal mehr umgesetzt und verdient als in anderen Bereichen des Marktes. Da sparen die

Hersteller nicht mit Werbung. Mit Werbung für den Filialleiter: »594 Millionen Kauf- und Verzehrimpulse« für »Koala-Bären« verspricht ein Unternehmen bei »allen Kindern und Müttern« durch »millionenstarke Werbung in TV und Funk« auszulösen.[216] Deshalb müsse der »einzigartige Impulsartikel im Süßwarenbereich« in der Nähe der gewinnträchtigen Kasse plaziert werden. Entsprechend hart ist die Konkurrenz. Erfahrene Marktleiter versichern, daß Artikel, die häufig wie Blei in den Regalen liegen, in der Kassenzone mühelos abverkauft werden.

Ist Ihnen schon aufgefallen, daß moderne Supermärkte inzwischen auf eine schnurgerade Kassenzeile verzichten? Sie ordnen die Kassen versetzt oder im Rondell an. So können wir unsere Mitmenschen ungehindert beim Einkaufen beobachten. Das lockert die Stimmung und lenkt vom Warten ab. Die Kundschaft dankt es mit vermehrten Impulskäufen.[210]

Spätestens an der Kasse entfaltet auch der in manchen Supermärkten geschickt angebotene »kleine Einkaufswagen für die Kinder« seine optimale Wirkung: Er ist genauso bereitwillig vollgepackt worden wie der große von Mutti – und das Drama beginnt: Wie soll sie in der Kassenschlange das ganze überflüssige Zeug wieder loswerden? Einige Objekte werden unauffällig in die Grabbelschachteln und Wühltische gelegt, der andere Teil wird zur Verminderung des Kindergeschreis dann doch mitbezahlt. Und selbst wenn es an der Kasse nicht zum Drama kommt: Das Kind hat mit dem Wägelchen zur Durchsetzung seiner Wünsche einfach die besseren Karten.

Verpackt, umgarnt und eingewickelt

Schon vor Jahren zeigte Professor Ernest Dichter, der Vater der Motivforschung, wie's gemacht wird: Er füllte billigen Kopf-weh-Whiskey in die Flaschen der Nobelkonkurrenz und ließ die Kunden kosten. Prompt wurde der ordinäre Inhalt als »ed-ler Tropfen« herausgeschmeckt.[235] Heute stylen Verpackungs-designer die Hüllen so lange durch, bis die Kundschaft einen höheren Preis vermutet, als das Ganze schließlich kosten soll.[217] Das vermittelt uns stets das Gefühl, günstig zu kaufen. Die Marktforscher zielen hier auf unsere »Preisbewilligungs-bereitschaft« ab. Das ist der Grund, warum viele Anbieter vor allem in die Verpackung investieren. Eine gelungene Lebens-mittel-Verpackung ruft beim Verbraucher allemal die Vorstel-lung von Appetitlichkeit und Frische hervor und verheißt ihm Genuß.

Es geht hier weniger um die Plastik-Möhrenbeutel, die, mit ei-nem engmaschigen roten Muster bedruckt, auch biegsamen Karotten die geforderte Frische verleihen. Hersteller wie Handel wissen längst: »Die Qualitätsunterschiede zwischen den Markenprodukten schrumpfen, vielfach sind sie durch den Verbraucher objektiv gar nicht mehr wahrzunehmen.«[217] Nicht der Inhalt, die Verpackung ist kaufentscheidend. Ohne bunten Pappkarton sieht ein Waschpulver aus wie das andere, ohne durchgestyltes Etikett könnten wir keine zwei Speiseöle unterscheiden. Der Inhalt ist allenthalben der gleiche. Des-halb ist es so ungeheuer wichtig, Verpackungen bis ins letzte Detail zu planen. Die Hülle gleicht unser fehlendes Wissen über den Inhalt der Produkte aus, die wir kaufen. Das Drum-herum soll vor allem den Kunden einwickeln und weniger die Ware.

Einen kritischen Verbraucher wie Sie wickelt man so leicht

nicht ein? Vorsicht! Ein ganzes Arsenal an Meßinstrumenten wird aufgeboten, um Sie aufs Kreuz zu legen. Begleiten Sie uns doch einmal in ein Labor, in dem Verbraucher analysiert, wo Werbebotschaften entwickelt und ausprobiert werden. Dagegen wirken die üblichen Tests praktizierender Psychologen wie kindliche Spiele. Denn hier geht es um angewandte, praktische Seelenkenntnis, die sich für den Verkäufer meßbar in Mark und Pfennig ausdrücken lassen muß.

Heute steht ein umfangreiches Arsenal sogenannter objektiver Meßmethoden zur Verfügung, angefangen von der Messung des Blutdrucks über den Einsatz von Gehirnstrom-Analysatoren nach dem Prinzip des Elektroenzephalogramms (EEG) bis hin zu sogenannten Lügendetektoren (EDR). Letztere messen die Schweißentwicklung auf der Haut beim Betrachten eines Fernsehspots oder eines Plakates und geben so Auskunft über das Maß unserer inneren Erregung. Dabei ergibt bereits eine Veränderung der Öffnung unserer Schweißporen ein meßbares Signal, ohne daß die Versuchsperson in erkennbarer Weise schwitzen muß. Zum Aufdecken von »Lügen« ist das Gerät entgegen seinem Namen wenig geeignet.[242] Besonders pfiffige Forscher glauben ihren Versuchspersonen sogar Blut abzapfen zu müssen, um deren Hormonspiegel beim Anblick von Breitreifen-Profilen oder Damenbinden-Testflüssigkeiten zu bestimmen.[203, 234, 242, 243]

Und dieser »Diaprojektor« dort, der mit dem integrierten Bildschirm, das ist ein Elektronen-Tachistoskop: Ein computergesteuerter Lichtblitz erleuchtet ein Dia mit der Werbebotschaft, der Verpackung, dem Plakat für eine tausendstel Sekunde. So wird ausgeschlossen, daß Sie dabei irgendetwas bewußt erkennen. Was das wohl soll? »Das Tachistoskop-Verfahren«, erklärt das Branchenblatt *Ernährungsindustrie*, »ermöglicht selbst den Einblick in erste, spontan im Unterbewußtsein aufgenommene Anmutungen von Wahrnehmungen.«[217] Antworten Sie bitte so spontan wie möglich: Wie fühlen Sie sich? Was ist Ihr erster Eindruck? Woran denken Sie gerade? Schrittweise wird dann die Belichtungszeit verlängert. So lassen sich die einzelnen Erkennungsphasen und die dabei ausgelösten Gefühle im Zeitlupentempo verfolgen.[217]

Etwa einen Monat lang wird eine Verpackung am Tachistoskop studiert und so lange umgestaltet, bis sie die gewünschte Anmutung auslöst. Mit dem Pupillometer lassen sich auch noch die Veränderungen der Sehöffnung des Auges messen. Wenn wir etwas Angenehmes oder Erregendes sehen, so erweitern sich zwangsläufig unsere Pupillen – ein angeborener Reflex. Die logische Fortsetzung ist die Augenkamera zur Blickaufzeichnung: Sie erfaßt, in welcher Reihenfolge unser Blick über ein Bild, eine Werbung oder Verpackung wandert. Schließlich soll der Konsument auch wirklich alle wesentlichen Signale aufnehmen. Denn nur wenn sein Blick auf den Markennamen gelenkt wird, wenn er ihn auch beim flüchtigen Durchblättern unwillkürlich erkennt, kann auch die Botschaft hängenbleiben.[245]

Bereits nach einer Sekunde Betrachtungszeit können bei einer fachmännisch gestalteten Verpackung drei von vier Testpersonen sowohl die Produktart als auch den Markennamen nennen. Verläuft die Bildentstehung reibungslos, stimmen die Assoziationen und spielt unser Unterbewußtsein mit, dann ist die erste Hürde genommen. Als nächstes soll die Verpackung als so angenehm empfunden werden, daß wir sie mit Händen greifen wollen; die Oberfläche so verführerisch, daß wir sie betasten möchten. Das ist die Stunde der Greifbühne. Auf einem Regalbrett wird Ihnen die Testpackung mitsamt den Produkten der Konkurrenz präsentiert. Sie sollen binnen fünf Sekunden eine Packung herausgreifen. Das spontane Entnehmen erlaubt Rückschlüsse auf Ihr impulsives Kaufverhalten. Farben, Bildkomposition und Produktname schaffen in unserer Phantasie den kleinen Unterschied, der uns zum Kaufen reizt.[217]

Das Neueste in diesem Szenario ist der virtuelle Supermarkt. Vor einem Großmonitor mit dreidimensional wirkenden Regalen und Produkten kann sich der Testkunde wie im richtigen Supermarkt fühlen. Durch Berühren des Monitors, eines »Touchscreens«, erscheinen die Produkte in Großaufnahme, lassen sich drehen und rundum begutachten. Der Computer erfaßt die Verweildauer vor einzelnen Produkten, und ob der Kunde tatsächlich »kauft«. Der Babykosthersteller Milupa erprobte als einer der ersten das computersimulierte Einkaufen an 300 Müttern. Dabei ließ sich das für einen Hersteller wichtigste Spielchen erfolgreich simulieren: Wie steht's mit der Preisbewilligungsbereitschaft? Das Ergebnis: »Bei Erhöhung der Milumil-Preise und gleichzeitigen Preissenkungen der Wettbewerber-Preise blieben die Käuferraten stabil.« Zumindest für den Programmierer des Computerprogramms ein voller Erfolg.[218]

Der geheime Verführer: Vance Packard

Nicht immer ist das Ergebnis so erfreulich. Der Weltkonzern Hoechst hatte vor Jahren eine Anzeigenkampagne entwickelt, in der drei niedliche Kleinkinder abgebildet waren, eines aus Asien, eins aus Afrika und ein europäisches. Am Tachistoskop war jeder vierte Betrachter unangenehm berührt, wenn er das Bild für eine 500stel Sekunde »sah«. Als man das Negerkind wegretuschierte, war's nur noch jeder Zehnte. Sobald die ursprüngliche Anzeige nach etwas längerer Belichtungszeit bewußt erkannt wurde, gab es keine negativen Äußerungen mehr.[202] Rassenvorurteile oder Ablehnung von Fremden verletzen die bei uns erwünschten Normen. Ihre Äußerung würde gegen unser Selbstbild eines weltoffenen Menschen verstoßen. Und so siegt unser Verstand, sobald wir das Bild bewußt erkennen.

Halten wir fest: 500stel einer Sekunde reichen bereits zur Übermittlung von Information aus, ohne daß wir überhaupt etwas merken. Schon fangen wir an, uns ein Urteil zu bilden. Und das hindert uns nicht daran, unsere Meinung für objektiv zu halten. Im Gegenteil: Wir halten uns für »Schnelldenker«. Eine solche Möglichkeit der Manipulation war seit jeher Traum der Werbebranche. So wundert es nicht, daß sie als »Geheimwaffe« des Marketings ihre Kreise zog: Der 12. September 1957 gilt als Geburtsstunde der »Unterschwelligen Werbung«. Damals berief James Vicary von der »Sublimal Projection Company« in New York eine Pressekonferenz ein: Durch eine neuartige Werbetechnik sei es gelungen, in einem New Yorker Kino den Absatz von Cola um 18 Prozent und von Popcorn um 58 Prozent zu steigern. Man habe einem Kinofilm einfach ein paar Werbebotschaften untergemogelt. Die Vorstellung eines laufenden Films wird durch 25 Bilder pro Sekunde erzeugt. Die löst unser Auge nicht auf – sie verschwimmen zu einer Bewegung. Klemmt man immer wieder mal ein anderes Bild dazwischen, wird dies vom Betrachter gar nicht wahrgenommen.[219] Nun, was wie eine Sensation klingt, war zunächst einmal Werbung für eine Werbeagentur, vor allem, nachdem Vicary mit Hinweis auf Patentanmeldungen keinerlei Details verraten wollte.

Allerdings bekam er sehr schnell publizistische Unterstützung von einem Verbraucherschützer: Vance Packard berichtete in seinem Bestseller »Die geheimen Verführer« von einem beinahe gleichartigen Experiment aus New Jersey: Mittels unterschwelliger Werbedias habe man den Verkauf von Eiskrem erfolgreich angekurbelt. Damit stand die Wirksamkeit und Gefährlichkeit dieser Form der Beeinflussung außer Zweifel. Fernsehanstalten und Rundfunkstationen in aller Welt boten der Werbewirtschaft ihre Dienste an, Verbraucherschützer protestierten.[220, 221]

Dieses Experiment ist nicht nur das berühmteste, sondern auch das berüchtigste, gibt die Werbeexpertin Eva Heller zu bedenken: Vicary und Packard waren offenbar gute Freunde, die sich die Bälle gegenseitig zuspielten, um die Auftragslage zugunsten ihrer unternehmerischen Interessen zu verbessern. Und Heller bezweifelt sogar, daß diese Versuche überhaupt stattgefunden haben. So wäre beispielsweise bei 25 Bildern in der Sekunde »jeder normal sehfähige Zuschauer in der Lage, die versteckte Werbung mühelos zu entdecken«.[219]

Heller fordert deshalb, daß »sich sowohl Werbemacher wie Werbekritiker endlich und für immer von der Idee einer unterschwelligen Manipulation trennen«.[219] Zwar gelang es im Labor wiederholt, eine solche Wirkung zu demonstrieren, doch ihre Wirksamkeit im realen Leben blieb zweifelhaft. Ein erstes Experiment gibt Heller recht: Im März 1994 überprüfte Geoffrey Underwood, Psychologe an der Universität Nottingham, die Wirkung unterschwelliger Bilder während einer Sendung des britischen Fernsehsenders BBC. Ein kurzer Film zeigte zwei Kinder beim Spielen. Für 20 Millisekunden erschien darin das lächelnde Gesicht einer Frau. Das bloße Auge hatte also keine Chance, irgendetwas zu sehen. Während in den östlichen Landesteilen der Film mit dem unterschwelligen Lächeln ausgestrahlt wurde, sah der Westen den Originalfilm ohne ein dazwischengemogeltes Gesicht. Nach der Sendung wurde kurz ein emotionsloses Antlitz gezeigt. Nun bat man die Zuschauer telefonisch, dessen Gesichtsausdruck zu beurteilen. Die Analyse der gut 70 000 Antworten ergab zwischen den beiden Sendegebieten keinen nennenswerten Unterschied.[222]

Ob damit das letzte Wort gesprochen ist, sei dahingestellt. Das Gehirn nimmt ständig Reize wahr, die uns nicht zu Bewußtsein kommen, die von ihm aber trotzdem erkannt und bewertet werden. Das ist ein uraltes und prinzipiell nützliches Erbe unserer Entwicklungsgeschichte, denn wir müssen im Notfall blitzschnell und »intuitiv« merken, ob uns Gefahr droht. Das »Blindsehen« (s. Seite 215), also die Fähigkeit vieler Blinder über ihre »blinden« Augen Informationen aufzunehmen, ohne daß sie etwas erkennen, ist ein Teil dieses Mechanismus. Daher kann die Wirkung unbewußter »Wahrnehmungen« auf so etwas »Unwichtiges« wie Kaufentscheidungen nicht allzu groß sein. Das Beispiel mit der Hoechst-Werbung im Tachistoskop zeigt im Grunde deutlich, was unterschwellige Werbung vermag – und was nicht. Bewußt wahrgenommene Werbebotschaften sind ungleich wirksamer, nicht nur weil sie länger einwirken, sondern eben weil sie unser Bewußtsein erreichen. Zur Steuerung unseres Verhaltens stehen viel wirksamere Techniken zur Verfügung als die »unterschwellige Werbung«. »Der Umworbene«, konstatiert Kroeber-Riel, »nimmt zwar die Werbung wahr, aber er durchschaut ihre Wirkungen nicht.«[202]

Wie eine Dose unsere Wahrnehmung narrt

Wer von uns weiß schon, ob ihn ein bestimmter Joghurtbecher zum Kauf animiert? Oder warum er immer das gleiche Speiseöl erwirbt? Ein klassisches Beispiel für perfekt geplante Produkthüllen ist die griffige »Livio«-Dose aus dem Hause

Unilever: eine praktische und unverfängliche Verpackung, die es faustdick hinter dem Blech hat. Der Hersteller hatte herausgefunden, daß wir Verbraucher von der Farbe der Büchse unbewußt auf die Fließfähigkeit des darin enthaltenen Öls schließen. Eigentlich wäre Rot die ideale Farbe für die schnelle Wahrnehmung im Supermarkt. Es löst eine unwillkürliche Orientierungsreaktion aus, ein reflexartiges Hinschauen. Doch leider läßt Rot das Öl in unserer Vorstellung dickflüssig erscheinen. Und das suggeriert Schwierigkeiten beim Entleeren der Dose. Die ideale Farbe für Öl ist ein helles Gelbgrün. Das schließlich bei der Produkteinführung gewählte Gelb-Orange als Hintergrundfarbe mit ein paar roten Tomatenscheiben in der Mitte ist ein optimaler Kompromiß zwischen dem Wunsch nach einem dünnflüssigen Öl und dem erforderlichen Aufmerksamkeitswert. Das einprägsame Bild mit dem Grün der Salatblätter als Komplementärfarbe zu Rot verstärkt das Gesundheitsimage. Nachdem sich das Produkt in den Regalen etabliert hatte, wurden die Dosen auf das ursprünglich anvisierte Gelbgrün umgestellt.[202]

Ebenso intelligent wurde der Phantasiename »Livio« mit Hilfe von Psychotests ersonnen. Die Buchstabenfolge tippt die Vorstellung von »Olive« an. Olivenöl hielten die Verbraucher damals – auch aufgrund seines hohen Preises – für gut und wertvoll. Konsequenterweise weckt auch der Schriftzug Assoziationen an Oliven: Die Buchstaben sind olivgrün mit oval durchgestylten Rundungen. Obwohl das Kunstwort »Livio« nichts Direktes über den Doseninhalt aussagt, wird damit eine ganz bestimmte Qualität suggeriert. Dem Hersteller gibt das die Freiheit, unter den geschmacksneutralen Ölen ein preisgünstiges auszuwählen. Olivenöl dürfte wohl kaum dazu zählen, denn das ist ziemlich teuer. Der Preis im Laden hängt demnach nicht vom Wert des Inhalts ab, sondern schlicht von unserer »Preisbewilligungsbereitschaft«. Diese völlig undurchschaubare Methode, durch reine Äußerlichkeiten unser Qualitätsempfinden zu steuern, hat erheblich zum Erfolg des Produktes beigetragen.[202]

Vergleicht man die Inhaltsangaben des Etiketts von »Livio« mit »becel«, das vom gleichen Anbieter stammt, so läßt sich kein wesentlicher Unterschied erkennen. Trotzdem unterscheiden viele Menschen in ihrer Phantasie streng zwischen beiden Markenbildern. Dafür ist nicht nur die massive Gesundheitswerbung für »becel« verantwortlich, sondern auch der höhere Preis. Denn wer schließt bei fehlender Warenkenntnis nicht gerne vom Preis auf die Qualität? Deshalb lassen sich bei undurchschaubaren Waren wie Speiseöl oder Fleischsalat durch maßvolle Preisanhebungen Mehrkäufe auslösen.[234] Verpackung und Preis sind imagebildend. Einst erwarben sich Unternehmen durch ihre Produkte einen guten »Ruf«. Doch das dauerte seine Zeit. Darauf kann heute kein Hersteller warten. Der Konkurrenzkampf zwingt zur Erzeugung von Imagevorstellungen, bevor das Produkt auf den Markt kommt. Uns Verbrauchern ersetzen diese Imagephantasien fehlendes Wissen, ohne daß wir uns dies eingestehen würden.[248]

Die Macht der Bilder

Wir leben in einem optischen Zeitalter, in der Ära der Bildkommunikation. Fernsehen ist zu unserer liebsten Freizeitbeschäftigung geworden, über zwei Stunden täglich sitzt der Bundesbürger vor der Glotze. Bildbetonte Zeitschriften wie etwa *Focus* verdrängen die klassischen Lesemedien, Computergrafiken entführen uns in virtuelle Wirklichkeiten. Unsere Kultur befindet sich im Umbruch. An Stelle der sprachlichen Kommunikation tritt in zunehmenden Maße die Beeinflussung durch das Bild. Wir denken in Bildern, Bilder folgen uns als Erinnerung, sie bewegen uns als Träume, Ideen oder Modelle zu neuen Taten. Wenn wir an Paris denken, erscheint bei den meisten der Eiffelturm vor dem geistigen Auge, das Bild vom Palmenstrand weckt Urlaubserinnerungen, ein roter Teppich steht für »exklusiv«, Perlen und Gold für »besonders kostbar«, ein Löwe oder Tiger für »stark« oder die blinde Göttin Justitia für »Gerechtigkeit«, selbst Gerüche und Geräusche sind mit festen, inneren Bildern verbunden.

Das ist nur allzu menschlich, denn am Anfang des Fühlens und Denkens stand das Bild und nicht die Sprache. In vorgeschichtlicher Zeit haben die Menschen ihre Vorstellungen in Form von Zeichnungen in Felswände geritzt. Das Kleinkind kritzelt graphische Figuren noch bevor es sprechen kann. Bilder haben eine enge Beziehung zu unserem emotionalen Verhalten. Sie werden in der rechten Gehirnhälfte verarbeitet, die sehr viel stärker auf emotionale Reize reagiert und gedanklich viel weniger kontrolliert wird. So sind wir durch Bilder leichter zu beeinflussen als durch Worte.[203]

Aus der Verhaltensbiologie ist bekannt, daß manche Bilder über Kulturen hinweg ein inneres Schema ansprechen, daß sie quasi in unseren Genen verankert sind. Die wichtigsten »Attrappen« dieser Art sind Kindchenschema, Augen, Mund, Busen, Po und die damit verbundene Körpersprache. Das Kindchenschema appelliert an den Pflegetrieb und ruft vor allem bei Frauen spontane Zuwendung und innere Erregung hervor, meßbar am schnelleren Pulsschlag. Ein ebenso starker Schlüsselreiz für Männer ist die weibliche Brust, wobei die Brustwarze und der plastische, dreidimensionale Eindruck entscheidend für die Wirkung ist.[202] Die aktivierende Wirkung, die solche Attrappen beim Betrachten auslösen, entspricht dem Genuß einer Tasse Kaffee. Sie ist unvermeidlich.

Wer das Bild sieht, kann nicht anders, und er kann nichts dafür. Es ist eine körperliche Reaktion. Und sie kann geschlechtsspezifisch sein. Solche unterschiedlichen Emotionen lassen sich nicht kognitiv oder durch »Umerziehung« nivellieren.

Eine weitere recht verbreitete Werbemaßnahme ist das Benutzen von Denkschablonen, nach denen unser Gehirn arbeitet. Sagt man »Werkzeug«, stellen sich die meisten Menschen einen Hammer vor, auf das Stichwort »Blume« wird meist »Rose« geantwortet, auf Afrika folgt die Assoziation »heiß«. Durch Ausnutzung solcher Denkmuster lassen sich im Kopf des Menschen gezielt bestimmte Bilder erzeugen und mit der Ware verknüpfen. Nicht nur sprachliche Techniken wie »Livio« sind wirksam, sondern vor allem bildliche. Mit einem Model auf der Kühlerhaube eines Pkw wird das Styling des Wagens besser beurteilt. »Zugleich wird das Auto aber auch als weniger sicher eingestuft«, da junge Frauen Männer bekanntlich zu Imponiergehabe, sprich zu leichtsinniger Fahrweise verleiten können. Fragt man die Versuchspersonen, ob ihre Entscheidung mit der Dame in Verbindung stünde, weisen dies neun von zehn Männern entrüstet zurück.[202] Männer sind schließlich objektiv, souverän und vernünftig. Die Werbung manipuliert bekanntlich nur die anderen.

Dieser Sachverhalt hat für das Marketing eine nicht zu unterschätzende Bedeutung. »Die durch Werbung erzeugten Gedächtnisbilder haben besondere ›Manipulationswirkungen‹«, konstatiert ein Lehrbuch zum Thema »Bildkommunikation«. Und zwar deshalb, weil »ihr Einfluß auf das Verhalten nicht oder wenig bewußt wird«. »Das spontane Wiedererkennen von Bildern – zum Beispiel von Bildern auf einer Verpackung – in einer Kaufsituation kann bereits ausreichen, um eine Kaufentscheidung auszulösen.«[203] Dazu gehören nicht nur

»echte« Bilder, sondern auch künstliche Schemen. »Die vom Fernsehen verbreitete Bilderflut hat zu einer ungeheuren Ausweitung der im Publikum vorhandenen Schemavorstellungen geführt, etwa für Fantasiefiguren wie Superman oder Donald Duck.«[223]

Aber nicht nur das. Bilder schaffen uns auch eine zweite, fiktive Welt, sie wirken als »magische Fenster« zu einer Wirklichkeit, die wir zwar nicht aus eigener Erfahrung kennen, die wir aber subjektiv erleben können. Das betrifft vor allem Kinder. So verwundert es kaum, daß bei einer Malaktion in Bayern, bei der 40 000 Bauernhofposter an Kindergärten verschickt wurden und die lieben Kleinen die Poster ausmalen durften, jedes dritte Kind die Kühe lila malte. Selbst Kinder aus ländlichen Gegenden griffen zu dieser Farbe. Offenbar wird die Scheinwelt der Werbung mit der Wirklichkeit in den Köpfen von Kindern immer mehr verwechselt.[205] Aus der Sicht des Marketings ein überzeugender Erfolg!

Selbst Erwachsenen fällt es mitunter schwer, die verschiedenen Wirklichkeitsebenen auseinanderzuhalten. So war zum Beispiel der Werbespot einer Autofirma überaus erfolgreich, in der ein Wagen durch die Landschaft fährt, wobei der Schatten des Autos die Silhouette eines leichtfüßig galoppierenden Pferdes ist. Testpersonen, denen dieser Spot vorgeführt wurde, bezeichneten das Auto als sportlich, schnell, wendig und gut aussehend. »Die Schatten prägen sich so gut ein, daß sie im Eindruck dominieren. Interessant ist, daß die Testpersonen ihre intensiven Eindrücke von den Eigenschaften des Wagens (wie ›wendig‹) rational nicht begründen konnten oder wollten.«[203]

Richtig erfolgreich ist Werbung also erst, wenn sie durch die entsprechenden Bilder auch eine Botschaft vermittelt, wenn sie Gefühle und Wahrheit, Gesundheit, Erfolg und Liebe oder ein angenehmes Leben verspricht. Wer möchte nicht auch einmal mit Angelo seinen Espresso trinken, mit Cool-Man auf der Alm rappen oder mit dem Tiger im Tank über die Highways brausen?

»Emotionale Konditionierung« nennen das die Werbefachleute, die Vermittlung von »Produkterlebnissen«. Die Technik ist einfach: Ein gefühlsbeladenes Bild wird mit einer Ware oder Dienstleistung verknüpft. So läßt sich das Gefühl auf das Produkt übertragen. Wird die Werbebotschaft ständig wiederholt, verlaufen die Assoziationen in unseren Köpfen eines Tages automatisch. Es ist halt wie beim Vokabellernen in der Schule: eine Dressur unserer Gedanken, die sich unserer willentlichen Kontrolle entzieht. Der Gedanke an ein Produkt ruft uns automatisch die Werbebotschaft, das Bild, die Melodie oder den Spruch wieder ins Gedächtnis. Nach einer erfolgreichen Konditionierung löst allein das Betrachten einer Ware oder eines Markensymbols beim Konsumenten spezifische Stimmungen aus, sei es Abenteuerlust oder kosmetische Pflegebedürftigkeit. Das ist der Werbetrick, der Menschen dazu verleitet, eine bestimmte Marke zu kaufen, obwohl die Konkurrenz genauso gut und billiger ist.[202]

Wie dem Kaffeekränzchen ein Bär aufgebunden wird

Erfolg wie Scheitern eines Phantasiebildes lassen sich schön an einem Kontroll-Experiment des Hauses Nestlé zeigen:[200] Um herauszufinden, warum so viele Verbraucher zur Kondensmilch »Bärenmarke« greifen statt zu »Libbys« oder »Glücksklee«, obwohl alle drei von Nestlé kommen, bat eine Agentur Hausfrauen, die »Bärenmarke« kennen und regelmäßig verwenden, einem Schnellzeichner zu erklären, wie er die Dose

malen soll. Überlegen Sie einmal selbst, wie die Büchsen-
milch-Banderole aussieht. Die einmütige Antwort der Verwenderinnen lautete: Auf der Dose ist der bekannte braune
Teddy abgebildet mit einer Milchkanne in der Hand.

Nur – eine solche Abbildung gab es in der 75-jährigen Geschichte noch nie auf der Dose. Stets befand sich darauf ein
weiß-rot umrandetes stilisiertes Emblem mit Mutter Bär, die
Baby Bär die Flasche gibt. Das Gesicht des Tieres ist im Laufe
der Jahrzehnte überarbeitet worden, da es anfangs ziemlich
grimmig dreinblickte. In diesem Metier ist es alles andere als
überraschend, wenn Verbraucher einmütig und überzeugt behaupten, sie hätten mit eigenen Augen etwas völlig anderes
auf dem Etikett gesehen.

Danach wurden die Damen gefragt, was in den Dosen Besonderes drin sei. Na, was wohl? »Die kostbare Milch, die in den
Alpen wächst, wird nicht von Menschenhand oder fabrikato-
rischen Vorgängen verfälscht.« Wohlgemerkt, Kaffeesahne ist
eingedampfte und hitzesterilisierte Milch, die gewöhnlich
nicht von kuscheligen Plüschteddys aus sahnestrotzenden Al-
penkuheutern ermolken wird. Die Ursache für diese etwas ei-
genwillige Vorstellung liegt im Markenbild. Das Markenzei-
chen »Mutter Bär gibt Baby Bär die Flasche« symbolisiert die
Mütterlichkeit der starken, nährenden und fruchtbaren Natur,
ihre urwüchsige Kraft und damit auch Unverfälschtheit.[200]

Der Versuchsleiter, Peter Carlberg, Direktor einer erfolgreichen Werbeagentur, berichtet weiter: »Wir haben dann mit
diesem Symbol ›Bär mit Milchkanne‹ gespielt und gefragt:
Wo kommt dieser Bär her, wie lebt er?« Und auch das ließ er
zeichnen. Was glauben Sie, wie der Bär lebt? Er wohnt auf einer Alm in den Alpen, in einem soliden Haus statt einer Hütte.
Auf dem Tisch steht eine Holzkuh zum Spielen – noch ohne

lila Fell, denn auf der Alm gibt's noch kein Werbefernsehen. Das Portrait von Großvater Bär hängt an der Wand und so weiter. Der Bär ist sozusagen ein besserer Mensch in einer noch heilen Welt.[200]

Was dieses Schema »Bär mit Milchkanne« weiter erreicht: Es ruft eine Vorstellung davon wach, welche Menschen die »Bärenmarke« verwenden. Die typische »Bärenmarke«-Verbraucherin wurde auf Anweisung der Teilnehmerinnen gezeichnet: »Nett, frisch mit roten Bäckchen, Kittelschürze, nicht besonders raffiniert, traditonell hausfraulich. Sie benutzt gediegenes Kaffeegeschirr mit Blümchen drauf. ... Man kann dieses Spiel mit Vorstellungen, die durch eine einzige Marke ausgelöst werden, noch weiter treiben: Was hat die Bärenmarke-Verwenderin für einen Mann, wie viele Kinder, was essen und trinken sie sonst noch, wo finden die Mahlzeiten statt.«[200]

So entsteht eine eigene neue Welt, in der Träume wahr werden. Als Käufer nimmt man an dieser Markenwelt teil. Markenbilder haben unsere Märchen abgelöst. Werbeslogans sind heute bei Kindern viel weiter verbreitet als Hänsel und Gretel, ohne jedoch deren Aufgabe wahrzunehmen, nämlich Kindern zu sagen, daß sie mitunter Entbehrungen und Prüfungen auf sich nehmen müssen, um an ihr Ziel zu gelangen. Im Gegenteil: Werbung schafft den Mythos einer Welt der sofort erfüllbaren Wünsche. In der Zeit von Game Shows, Video-Clips, Sponsoring und Product Placement sind Markenbilder in der Phantasie der Kunden fest verankert.

Das funktioniert aber nicht immer so reibungslos wie hier dargestellt. Naturgemäß können auch Marketing-Experten Opfer ihrer eigenen Wunschwelt werden. Und zwar dann, wenn die Geister, die sie riefen, ein Eigenleben entfalten. So versuchte

Nestlé, die Faszination ihrer »Bärenmarke« für ein neues Produkt zu nutzen. Sie verpaßte einer fettarmen Kondensmilch namens »Die leichte 4« das gleiche Emblem. Doch der Schuß ging nach hinten los, denn der feiste Braunbär vertrug sich nicht mit dem Magermilch-Inhalt. Carlberg: »Es kommt sofort der Gedanke auf: ›Jetzt haben sie das 'rausgenommen', was an der Alpenmilch gut ist.‹ Auch die Vorstellung von der Frau, die diese Marke »Leichte 4« verwendet, ist eine völlig andere, wandert in Richtung ›berufstätig sein‹, ›schlank bleiben‹, ›viel Kaffee trinken‹.« Die ›Leichte 4‹-Frau hat's eilig: Die Milch bleibt in der Originaldose auf dem Tisch, wird nicht erst in ein Porzellankännchen umgefüllt. Daneben steht die Kaffeekanne, aus der sie sich andauernd nachschenkt. Unsere Bärenmarke-Originalfrau dagegen bleibt zu Hause, bäckt Kuchen, umsorgt die Kinder und pflegt gute Beziehungen zur Nachbarschaft. Für Bärenmarke ist dies eine schlechte Nachricht: »In dem Augenblick, in dem die ›Leichte 4‹ eingeführt wurde, kamen bei den traditionellen Verwenderinnen Zweifel an der Qualität auf, der Mythos der Marke wurde aufgehoben.« Die Werbeexperten hatten sich selbst überlistet.[200]

Sand im Getriebe:
So umgarnt man Werbegegner

Zum Leidwesen der Werbetreibenden gibt es eine Sorte Mensch, die gegen die übliche Werbetour immun ist: Nicht nur, daß sie die Werbeseiten der Illustrierten überblättert, sie fährt auch achtlos an Plakatwänden vorbei, und die teuren Werbespots im Fernsehen zappt sie zu allem Überfluß einfach weg. Schlimmer noch, die Gruppe der Werbeüberdrüssigen wächst stetig. Drei Viertel aller Fernsehzuschauer wechseln mittlerweile den Kanal, wenn Werbung kommt, meldet das

Werbefachblatt *Horizont*. Das bestätigte auch die Verbrau-
cheranalyse der Verlagsgruppen Bauer und Springer. Gerade
mal die ersten Sequenzen des ersten Spots werden noch registriert.[223] Sogar die Hälfte der Spotmacher selbst zappt bei
den Werbeblöcken in Spielfilmen lieber weg, so das Ergebnis
einer Umfrage bei Deutschlands Agenturchefs.[199]

Schon 1980 erkannten Werbeagenturen selbstkritisch, daß
»die Verbraucher gute Gründe haben, von Werbung verärgert
und gelangweilt zu sein. ... Die Werbung selbst läßt nichts
unversucht, das Unbehagen der Verbraucher ständig zu nähren; auch das spielen uns Untersuchungen immer wieder zurück.«[219] Um die Werbebotschaft einer Anzeige in *Spiegel*
oder *Stern* aufzunehmen, »müßten die Leser 35 bis 40 Sekunden aufwenden. Tatsächlich wenden sich die Leser einer Anzeige knapp zwei Sekunden zu.«[223] Selbst die Droge »Fernsehen« leidet inzwischen darunter: Die Anzahl derer, die nicht
mehr fernsehen, steigt mit dem Bildungsniveau. 1995 hat die
Verweigerungsquote der Akademiker, die das Fernsehgerät
am Feierabend nicht einschalten, bereits die 40-Prozent-
Grenze erreicht.[230]

Viele Menschen bekommen Aggressionen, wenn sie nerv-
tötende Waschmittelpropaganda vernehmen, wenn sogar
Kloschüsseln zu sprechen anfangen oder wenn Süßwaren
befehlen »nimm 2«. Die Parolen von den Schmutzschatten,
Grauschleiern und dem schlechten Gewissen wenden sich an
all die Menschen, die Schuldgefühle mit sich herumtragen.
Mit der Wäsche wird auch ihre Seele nicht nur sauber, sondern reingewaschen. Die sprechende Kloschüssel wendet
sich an alle, die mit dem Leben nicht so recht fertig werden,
die gerne an Wunder glauben und Horoskope lesen. »nimm
2« appelliert schließlich an jene Obrigkeitsgläubigen, die gelernt haben, auch unsinnige Befehle widerspruchslos auszu-

führen. Für den kritischen Verbraucher ist solcherart Werbung der Beweis dafür, daß die gesamte Branche quasi die Hilfsschule der Nation ist. Er hingegen will ernst genommen sein und nicht durch die Werbung bevormundet werden.

Diese Ablehnung, auch Reaktanz genannt, ist bei den Werbetreibenden gefürchtet. Mit speziellen Strategien versuchen sie, derart hartgesottene Verbraucher so geschickt zu umgarnen, daß sie sich am Ende sogar noch als souveräne Konsumenten fühlen. Denn dann ist Werbung auch bei ihnen wirksam. Dazu muß die Reklame noch das Kunststück fertigbringen, den Verbraucher im Glauben zu lassen, er könne frei wählen – freier jedenfalls, als wenn ihm die Werbung vorenthalten würde. So warb beispielsweise eine private Krankenversicherung in einer Anzeige: »›Ich will selbst entscheiden können!‹ Wenn ich meinen Urlaub plane, lasse ich mich nicht bevormunden. Ich entscheide selbst. Und das gleiche gilt auch für meinen Schutz bei Krankheit.« Diese Floskeln spielen gekonnt mit der Reaktanz des Kunden.[202]

Die Werbetechniken müssen stets dem jeweiligen Stand der öffentlichen Stimmung angepaßt werden. Vor Jahren stand noch die »Kompetenztechnik« im Vordergrund frei nach dem Motto, »die gibt der Zahnarzt seiner Familie«. Als den gepflegten Herren in den weißen Kitteln niemand mehr glauben wollte, folgte die »Fließtext-Technik«: In eine Anzeige wird ein kleingedruckter Text eingeblendet, der vom Schriftbild her völlig sachlich wirkt. Zwar sieht er wie ein Informationsangebot aus, aber er lädt nicht zum Lesen ein. Solche Fließtexte enthalten weder Hervorhebungen, Unterstreichungen noch sonstige Gestaltungselemente. Denn sonst würden sie schnell ihre eigentliche Aufgabe einbüßen, die Illusion von Glaubwürdigkeit zu erzeugen. Der Konsument ist zu bequem, um den Text zu lesen. Aber er honoriert ihn, weil er »mit eigenen

Augen« die sachlichen Gründe für den Kauf »gesehen« hat. Das bloße Gefühl von Informiertheit ist völlig hinreichend. Die Reaktanz ist umschifft, und die eigentliche, emotionale Werbebotschaft kann nun »von hinten durch die Brust ins Auge« ihre Wirkung entfalten.

Unter den Methoden, die trickreich den Widerstand gegen die Werbung unterlaufen, gewinnt die – bei uns verbotene – »redaktionelle Werbung« an Boden. Gemeint ist Werbung, die nicht als solche gekennzeichnet ist. Da schildert zum Beispiel eine Frauenzeitschrift in einem stimmungsvollen Artikel, wie man am heimischen Herd eine original spanische Paella zubereitet. Es sieht alles ganz spannend und appetitlich aus und kompliziert dazu. Was den wenigsten Leserinnen spanisch vorkommt: Ein paar Seiten weiter wird die Paella als Fertiggericht für die Mikrowelle offeriert. Text wie Anzeige stammen von der gleichen Agentur. Der Verlag spart nicht nur das Honorar für den Autor – er bekommt dafür ein Vielfaches bezahlt.

Der Griff unter die Gürtellinie

Eine ganz legale Lösung bietet dagegen das Sponsoring: Wenn auf der Rückseite von Eintrittskarten für ein Klassik-Konzert eine Automarke als Sponsor auftaucht, können selbst überzeugte Werbegegner nur wenig dagegen einwenden. Vielen Marketingchefs genügt aber eine solche »unaufdringliche« Form der Namensnennung nicht, weil sie fürchten, daß die Konzertbesucher sich eher an die Musik, denn an die Fahrzeugflotte erinnern. Aber da bieten sich zur Freude der Werbeabteilungen viele Fernsehsendungen an, um mit Markenartikeln auffällig »eingerahmt« zu werden. Der Zuschauer mag sich zwar fragen, was diverse Biersorten mit Sportereignissen, Joghurts mit »Traumhochzeiten« oder Mineralwässer mit Gesundheitssendungen zu tun haben, die Artikel bleiben aber im Gedächtnis haften. Die Firmen spekulieren auf den Imagetransfer.[249]

International steht übrigens Italien an der Spitze des Programmsponsorings. Keine Show, kein Fernsehereignis, in denen sich die Produkte des jeweiligen Finanziers der Sendung nicht ausbreiten. Mitte der 80er Jahre erreichte das Sponsoring hier einen ungeahnten Höhepunkt, als in einer sehr erfolgreichen Show die brasilianische Kakaomarke »Cacao Meravigliao« als Sponsor auftauchte. Diese erfreute sich fortan einer außerordentlichen Nachfrage in Bars und Geschäften, nur – es gab sie nirgends zu kaufen. Sie war als Spitze gegen das überbordende Programmsponsoring einfach erfunden worden . . .

Mittlerweile greift die Branche zu neuen, viel subtileren Methoden, und das immer öfter.[198] Der Fachausdruck dafür ist »Werbung below the line«, was unwillkürlich Assoziationen an die Gürtellinie erweckt. Umschrieben wird das Ganze mit so dynamisch klingenden Worten wie Product Placement, TV-Sponsoring, Licensing, Computer Advertising oder Event Marketing. Fachleute schätzen, daß heute bis zu 25 Milliarden Mark für Kommunikationsmaßnahmen »below the line« ausgegeben werden. Ein ganz anständiger Umsatz, wenn man bedenkt, daß 1995 das Gesamtvolumen der klassischen Werbung, also der Anzeigen, Fernseh- und Funkspots, 54 Milliarden Mark betrug.[204, 239]

Schon in dem 1956 entstandenen Heimatfilm »Und ewig rauschen die Wälder« spielte eine Suchard-Schokolade eine unübersehbare, 18 Sekunden lange Hauptrolle. In moderneren Produktionen lutschte Götz George genervt an seinen Paroli-

Hustenbonbons herum, steuert das mit Markenartikeln überladene »Traumschiff« fremde Ufer an, beleuchten die »Sterne
des Südens« die Robinson-Clubs und braust der »Bergdoktor«
mit seinem Mercedes-Geländewagen über die Almen. Ob öffentlich-rechtlich oder privat – alle Sender plazieren fleißig
Produkte.[204]

Sponsoring hat in den 40er Jahren in Amerika begonnen und
inzwischen die Welt erobert. Führend in der Einflußnahme
war schon damals der internationale Seifenmulti Procter &
Gamble. In schriftlich fixierten Richtlinien ordnete er an, daß
zum Beispiel in von ihm gesponsorten TV-Serien, sogenannten »Seifenopern«, niemals Schwarze erscheinen dürften und
daß die Wirtschaftswelt stets positiv darzustellen sei.[204]

Product Placement war noch nie so leicht wie heute. Im Zeichen knapp werdender Mittel vergeben die Fernsehanstalten
ihre Produktionen an freie Firmen zu festen Preisen. Je mehr
Product Placement diese betreiben, desto geringer sind ihre
eigenen Kosten und desto höhere Gewinne werden erzielt.[246]
Und die Sender bekommen preisgünstig Serien. Inzwischen
gibt es feste Preislisten. Bei den sogenannten »Creative Placements« kann die Markenfirma sogar ins Drehbuch eingreifen.
Dabei »werden für die Produkte kleine Geschichten entwikkelt und nahtlos in die Handlung integriert. Die Schauspieler
verwenden die Produkte aktiv und geben nach Möglichkeit
eine positive Wertung ab«, so ein Fachbuch. Für ca. 3500
Mark pro Sekunde ist so ein Produktauftritt zu haben, und au
ßerdem bleiben die Artikel – laut einer repräsentativen Stichprobe in Amerika – besser im Gedächtnis haften als in einem
klassischen Werbespot. Einen Tag nach der Ausstrahlung erinnerten sich noch 56 Prozent der Zuschauer an Placements, jedoch nur 26 Prozent an die Produkte der Werbespots.[204]

Der liebe Gott wäscht weißer

Manipulation ist keine spezifische Geheimwaffe der Werbung, sie war und ist alltäglich in allen gesellschaftlichen Bereichen, von der Erziehung über die Politik bis zur Religion. Und sie ist in einem gewissen Umfang sinnvoll. Wenn wir unseren Kindern unsere ethischen Maßstäbe nahebringen, dient sie auch als Mittel, eine Kultur stabil zu halten. Und wer Wertvorstellungen verändern möchte, tut gut daran, zumindest die Welt der Symbole intakt zu lassen. Die ersten Missionare, die das Christentum in Europa und Kleinasien verbreiteten, mußten alsbald erfahren, wie wichtig die Übernahme von religiösen Sinn-Bildern für den Glauben ist. Damit die großen Muttergöttinnen Kleinasiens und Germaniens weiterleben konnten, schufen sie die »Heilige Mutter Gottes« – und damit die Marienverehrung – auch ohne biblischen Auftrag. Aus den Anbetungsstätten des Donnergottes Wotan, dem höchsten Gott der Germanen, wurden dem heiligen St. Michael geweihte Kirchen. In der Folgezeit mauserte sich dieser Heilige zum Sinnbild alles Deutschen. Und so existiert Wotan auch heute noch, allerdings stark abgemagert in der Kümmergestalt des »Deutschen Michel«.

Untersuchungen zeigten, daß die Bibel uns auch heute noch enorm fasziniert. Eingeholt wurde die Heilige Schrift jedoch mittlerweile von BMW und dem Überschallflugzeug Concorde, überholt von Porsche, den Olympischen Spielen und dem Halten von Haustieren.[224] Die Ehrfurcht vor religiösen Symbolen und Werten blieb. Und obwohl immer mehr Menschen der Kirche den Rücken kehren und die Religionsverwalter, das »Bodenpersonal«, allmählich an Autorität einbüßen, nimmt die Suche nach dem Sinn des Lebens eher zu. Kein Wunder, daß die Werbung der Versuchung nicht widerstehen konnte, diese Lücke zu besetzen, indem sie sich den einschlägigen, langbewährten Schatz religiöser Bildsymbole zunutze macht. Denn einst, als die Bevölkerung noch nicht lesen und schreiben konnte, wurde Religion durch Bild-Geschichten verbreitet. Insofern können die Darstellungen in den Kirchenfenstern als Vorläufer der Comics gelten. Dafür war es notwendig, feste Bildformeln, also wiedererkennbare und einprägsame Schemata zu verwenden. Das ist der Grund, warum die biblischen Darstellungen aus vergangenen Jahrhunderten so stereotyp wirken wie Mickey Mouse. Der künstlerischen Freiheit waren enge Grenzen gesetzt. Mittlerweile sind diese Formeln tief in unserem Denken verwurzelt.[237]

Also trinkt man Jägermeister, »damit dieser Kelch nicht an mir vorübergeht«, spricht ein »frisches Wort zum Sonntag« mit Atemgold und läßt den französischen Kleinwagen direkt aus dem Paradies anrollen. Religiöses hat immer Saison und findet zunehmend außerhalb der Kirche statt. Die Vermittlung von Glaubensbotschaften übernimmt die Werbung gerne: Einmal verspricht sie edle Gefühle und die reine Wahrheit, Gesundheit, Erfolg und Liebe, Problemlösungen und ein angenehmes Leben ohne Reue. Andererseits vermittelt sie noch nicht zum Kauf bekehrten Verbrauchern geschickt einen Vorgeschmack auf die gleichen Höllenszenarien, die schon seit Jahrhunderten sündigen Abweichlern in Aussicht gestellt werden.

Unübertroffenes in puncto Missionarsarbeit leistet die Waschmittelwerbung: Durch die Pülverchen wird die Wäsche »nicht sauber, sondern rein«, um einen bekannten Werbeslogan von Ariel zu zitieren. Was heißt hier »nicht sauber«? Und was bitte macht den kleinen Unterschied zu »rein«? Oft genug hat die Kirche »weiß« mit »rein« und damit mit »gut« gleichgesetzt.[200] Es geht also gar nicht um »stofflichen« Schmutz. »Strahlendes Weiß« signalisiert eine ganz andere Art von

»Unbeflecktheit«, die Freiheit von Sünden. Wer nicht das richtige Pulver in die Maschine streut, dem schlägt prompt das Gewissen. Das gute Gewissen tritt uns in der Gestalt der Klementine entgegen, einer Art »schaumgeborener« Chemie-Göttin mit typisch germanischem Charme. Mit dem »richtigen« Waschmittel wird auch die Seele »gereinigt«, während Flecken auf der Wäsche schnell Schuldgefühle aktivieren. In gewisser Weise ruft diese Werbung das Bild der Taufe ab, die ebenfalls die »Sünden abwaschen« soll.

Aus dem gleichen Grund wurden die Waschmittel so ziemlich als die ersten Produkte von der Industrie massiv als »umweltschonend« beworben. Und das zu einer Zeit, in der sich die Wirtschaft über ökologisches Gedankengut noch mokierte. Damals befreite das Waschen zwar von Schuldgefühlen, das dazu verwendete Phosphat belastete aber zunehmend unser aufkeimendes Umweltgewissen. Da diese Dissonanz eine Verunsicherung im Markenbild auslöste, mußten eines Tages die Ökowaschmittel her. So wurde das Umweltbewußtsein ungewollt »supermarktfähig«.[197]

Darüber hinaus ändern sich mit dem Schwinden kirchlicher Werte auch die Werbebotschaften. Wie differenziert die verschiedenen Zielgruppen und ihre Sorgen und Wünsche angesprochen werden, erklärt Peter Carlberg: Völlig andersgeartet als die »Ariel-Frau« ist die »Persil-Frau«. Sie führt »insgesamt ein kultivierteres Haus als der Durchschnitt. Sie hat nicht das Problem, daß ihre Wäsche zu schmutzig ist, sondern hat einen ›Wäscheschatz‹, den sie ›pflegen‹ möchte. Andere Leute sehen in der Reinlichkeit ihres Haushalts geradezu eine moralische Verpflichtung. Die ›Dash-Frau‹ ist diejenige, die auf keinen Fall von irgend jemanden angetippt werden will, weil sie irgend etwas im Haushalt falsch gemacht hat oder selbst schmutzig ist.«[200]

Der Geist aus der Flasche

Andere Produkte erlösten als »Evangelium der Erfrischung« beinahe den ganzen Erdball vom quälenden Durst. Das Weltunternehmen Coca-Cola hat sich dieser besonderen Mission verschrieben. So wir beladen sind, soll uns die braune Brause mit paradiesischem Labsal erquicken. Der ehemalige Präsident von Coca-Cola, Robert Woodruff, formulierte einst: »Coca-Cola ist eine Religion und ein Geschäft.«[238] Und nach diesem Motto wurde missioniert. Beobachter beschreiben die früheren Konzessionärs-Versammlungen als »pseudoreligiöse Vereinigungen«, bei denen als Kultobjekt eine sprechende Cola-Flasche über den Köpfen der Konzessionäre thronte.[238]

In Deutschland war die Coca-Cola-Company seit 1929 unter dem Namen »Deutsche Vertriebs GmbH für Naturgetränke« aktiv.[225] 1954 feierte ihre Nachfolgerin, die deutsche »Coca-Cola GmbH« in Essen, ihr Jubiläum unter dem Motto »25 Jahre im Dienste der Erfrischung«. Eine Festschrift erinnert an das denkwürdige Ereignis: »Tausend Augenpaare blickten am Freitagmorgen voll gespannter Erwartung, als der Vorhang nach Verklingen der Ouvertüre langsam die Bühne freigab und eine riesige Coca-Cola-Flasche aufglühte. Mit dunkler, sympathischer Stimme begann sie zu sprechen, im Rhythmus der Sprachschwingungen magisch aufleuchtend: ›Ich bin nicht Glas und Inhalt, nicht tote Materie, für Euch bin ich sprudelndes Leben und prickelnde Lebendigkeit, ich bin der Inbegriff eurer Arbeit, aufstrahlender Mittelpunkt...‹« Die Flasche schloß mit den Worten: »Ich war, ich bin und will in alle Zukunft sein: Coca-Cola, lebendiges Leben, schöpferischer Geist.« Ganz wie Jahwe am Berg Sinai aus den Wolken zu Mose sprach: »Ich war, ich bin und werde sein...«[238] 1940 errichtete die Coca-Cola-Company in Georgia eine »Krypta der Zivilisation«, die nach Meinung der Firma erst wieder im

Jahre 8113 geöffnet werden darf.[225] In dieser Gruft hat man die beachtlichsten »Symbole der amerikanischen Kultur« bestattet und – als Pendant zum ausgestopften Lenin im Mausoleum am Roten Platz – eine Cola-Flasche aufgebahrt.

»Coke hat den Status eines modernen Religionsersatzes erreicht«, behauptet »Cola-Biograph« Mark Pendergrast. Und versteigt sich sogar zu der sicher etwas übertriebenen Behauptung: Cola fördere »eine bestimmte, befriedigende, allumfassende Weltsicht, die für ewige Werte wie Liebe, Frieden und universelle Brüderlichkeit Partei ergreift. Es liefert ein Allheilmittel, wann immer das tägliche Leben zu schwierig, ermüdend, zerrissen oder verwirrend aussieht. Als ein heiliges Symbol löst Coca-Cola unterschiedliche Gottesdienst-Stimmungen aus, die von Exaltiertheit zu nachdenklicher Einsamkeit, von beinahe-orgasmischer Zusammengehörigkeit bis zu verspielten Hetzjagden reicht.« Und Paul Foley, der Chef der Dachorganisation, ermahnte seine Kreativen: »Wir verkaufen heiße Luft. Sie trinken das Image, nicht das Produkt.«[225]

Rausgeworfenes Geld – der eigentliche Kulturschöpfer

Das Understatement von Paul Foley enthüllt nicht die ganze Wahrheit über Cola. Schließlich enthält die Brause eine ganze Reihe psychoaktiver Wirkstoffe wie Coffein und amphetaminähnliche Verbindungen,[429] »Stimmungsmacher«, die den Erfolg der Brause auch ohne Werbepsychologie erklären können.[247] Aber das Image des Produktes ist von der Werbung geprägt. Sie bestimmt unsere Kultur, auch dann, wenn sie als Unkultur daherkommt. Sie beeinflußt unser Denken und unsere Wertvorstellungen. Sie ist Ausdruck gesellschaftlicher Kultur, sie spiegelt den Wertewandel wider.

/129/

Trotzdem bleiben Zweifel an der Allmacht der Reklame. Warum sonst schalten immer mehr Menschen ab, wenn sie einer Werbebotschaft gewahr werden. Professor Kroeber-Riel weiß, daß »der Kontakt zur Werbebotschaft fast immer abgebrochen wird«.[223] So geraten auch die Werbetreibenden in hellsichtigen Momenten schon mal in die Sinnkrise. »Daß der größte Teil der Werbung beschämend wirkungslos ist«, erläutert Eva Heller, »läßt sich gut am Zigarettenmarkt darstellen: Von 1970 bis 1980 wurden ... 202 neue Zigarettenmarken auf den bundesdeutschen Markt gebracht. Echte Erfolge waren ... nur zwei Marken.«[219] Es mag ja sein, daß eine nackte Frauenbrust eine aktivierende Wirkung auf den männlichen Kreislauf entfaltet, aber kauft sich der Betrachter deshalb gleich einen verchromten Spoiler für seine Limousine oder ein extralanges Bügelbrett für die Frau Gemahlin? Und wenn, greift er dann wie von Geisterhand geführt, auch zur beworbenen Marke?

Erfolgreichen Werbekampagnen stehen erheblich mehr Beispiele gegenüber, die ihr Ziel verfehlten. Wirft man einen Blick in die einschlägigen Fachzeitschriften der Branche, keimen schnell gewisse Zweifel an der Ernsthaftigkeit des Genres auf: Weil die klassischen Werbeinstrumente immer weniger greifen, werden zunehmend neue Zielgruppen entdeckt. Da gibt es die »Cackies«, gemeint sind Kinder (Cash Actuated Consumer Kids), die – wer hätte es gedacht – gerne die Statussymbole ihrer Eltern zum Spielen haben möchten, oder den »Lebenserotiker« oder bei Frauen, dem bevorzugten Ziel verklemmter Marketingstrategen, die »frustrierte Auflehnerin«, die 6 Prozent der Frauen ausmachen soll, die »enttäuschte Emanzipierte« (ebenfalls 6 Prozent), die »verpflichtungsfeindliche Erlebnisorientierte« (5,1 Prozent), die »zurückhaltende Skeptische« (13,1 Prozent), die »passive Gläubige« (8,9 Prozent) und die »unintegrierte Konservative« mit noch 9 Promille Marktanteil.[226] [228] Es gibt offenbar ganze Abteilungen, die sich mit der Erfindung neuer soziologischer Worthülsen beschäftigen, um sie der Wirtschaft als werbliche Wunderwaffe anzudienen.[195, 196, 227, 229, 232, 233]

All das vermag aber nicht darüber hinwegzutäuschen, daß Werbung sehr wohl eine Wirkung hat – wenn auch eine ganz andere, als viele Werbexperten eingestehen wollen: Gerade die erfolglosen Werbekampagnen bestimmen unser Denken. Wenn sich die Werbebotschaften, wenn sich die typischen Bilder stets gleichen, wenn die zahlreichen Biermarken zum selben Sujet greifen, zum Beispiel lachende junge Frauen, die einen Herrn anhimmeln, der seinerseits ein Bierglas bestaunt, dann wird die Marke austauschbar. Die Wirkung für den Auftraggeber ist gering. Aber es prägt die Vorstellung der Menschen, wie sie zu leben, zu genießen, ja wie sie auszusehen haben. Im Kapitel über die Ästhetik (s. Seite 82) haben wir gesehen, wie »Schönheit« entsteht: Der Durchschnittswert der bisher wahrgenommenen Gesichter prägt unsere Präferenzen. Nicht anders steht es mit kulturellen Dingen. Verhaltensweisen, die wir stereotyp vor Augen geführt bekommen, gelten nicht nur als normal, sondern auch als wünschenswert. Mit der Werbung schafft sich eine Gesellschaft ihr Idealbild davon, wie sie leben möchte.

Wer hat Angst vor dem persönlichen Nichts, Herr Professor?

Die Wohlstandsentwicklung der letzten dreißig Jahre ist an den Menschen und der Gesellschaft nicht spurlos vorübergegangen. Zwischen Zweitwagen, Drittfernseher und Karibikurlaub ist mittlerweile eine neue Generation herangewachsen.

Und die orientiert sich, getreu dem Vorbild der Elterngeneration, auf ihre für Jugendliche typische Weise einfach an dem, was »in«, »neu« und »modisch« ist, an Produkten und Symbolen der Konsumgesellschaft. Unter der Devise »I like Genuß – sofort« sind Sony und Swatch, Red Bull und Diesel-Jeans, Fun- und Extremsport, Hip-Hop, Techno, Grunge, Handy oder Cyber ein *Muß*. Die neue Erlebnisgeneration scheint »born to shop«, zum Kaufen geboren zu sein. Jeder vierte Westdeutsche im Alter von 14 bis 29 Jahren gibt mittlerweile offen zu, daß er »manchmal wie im Rausch kauft«.[206]

Die Industrie kommt dem entgegen, indem sie Einkaufszentren, Malls und Passagen nicht nur als Walhallas des Erlebniskonsums, sondern auch als Fluchtburgen für Menschen baut, die der Langeweile und Vereinsamung entgehen wollen. Entbehrt es nicht einer gewissen Ironie, daß der Dom vom Warentempel als geistigem und kulturellem Zentrum abgelöst wurde; die alten Heiligenbildchen und Paradiesvorstellungen von Barbie-Puppen und Cyberspace? Zu allen Zeiten zimmern die Menschen ihre Vorstellung von der Realität aus den jeweils aktuellen Phantasien und »Ikonen«.

Die Veränderungen von Moral- und Wertvorstellungen sind ein zentrales Forschungsthema der Werbeexperten. Das Unternehmen Nestlé ließ vor einigen Jahren von dem angesehenen Marktforschungsinstitut Gesellschaft für Konsumforschung (GfK) eine Studie anfertigen, die sich mit »menschlichen Verhaltensweisen und Einstellungen« beschäftigte. Ein Ergebnis aus dem Bereich Erziehung: Daß Kinder zum Bitte-und-Danke-Sagen erzogen werden, ist für viele Eltern eine lästige Dressur, die auch die Kinder gerne vermeiden möchten. »Die Liebe«, so die Studie, »geht für die nachwachsenden Generationen auch nicht länger durch den Magen. Sie wollen Essen nicht als materialisierte Emotion sehen, nicht irgend jemanden dafür zu Dank verpflichtet sein, dafür bitte und danke sagen müssen. Das wird als ›emotionale Klebe‹ abgelehnt. Essen muß frei von emotionalen Bindungen sein – und machen.«[193] Die Konsequenz konnte man kurz darauf im Supermarkt erwerben: »Kinderteller«, spezielle Fertiggerichte, die endlich helfen, den lästigen Gefühlskleister zu Muttern abzubauen. Und da der freie Mensch nicht warten mag, muß die Zubereitung ruck-zuck gehen.

Das Resümee der GfK-Studie lobt das Angebot ihres Auftraggebers Nestlé: »Diese Einstellungen begünstigen gerade die industriell gefertigten Lebensmittel, die bindungsfrei, flexibel, problemlos und ohne emotionale Verpflichtungen in gewünschter Wahlfreiheit alle Möglichkeiten offenlassen. Die so einfach zu diesem Lebensstil gehören, ihn in gewisser Weise erst möglich machen.«[193] Die Marketing-Psychologin Carmen Lakaschus prophezeit scharfsinnig, »daß der Verbraucher zunehmend das Eigenschaftsprofil des ›verwöhnten Einzelkindes‹ zeigt und zeigen wird«. Was wunder, nimmt doch die Anzahl der Geschwister ab. Lakaschus weiter: »Das Bedürfnis nach persönlicher Zuwendung ist hoch und narzistische Tendenzen und orale Bedürfnisse besonders ausgeprägt.«[231] Unilever greift diese Haltung in seiner »Du-Darfst«-Werbung auf: »Ich will so bleiben, wie ich bin« als Angebot an alle, die eine persönliche Weiterentwicklung und Reifung ablehnen.

Professor Horst Opaschowski verfolgt diese Entwicklung im Auftrag des Zigarettenkonzerns BAT mit Argusaugen und wissenschaftlicher Akribie. BAT unterhält ein eigenes Forschungsinstitut, um das Freizeitverhalten der Deutschen mit tiefenpsychologischen Mitteln zu analysieren. Opaschowski, Leiter des Hauses: »Im heutigen Freizeitkonsum wird Genuß gesucht, aber meist nur Zerstreuung und Amüsement gefunden.« Und weiter: »Konsum-Ablenkungen werden oft dankbar aufgegriffen, weil die Konfrontation mit sich selbst nur schwer zu ertragen ist.« Die Erwartung, »den arbeitsfreien Teil des Lebens ohne Konsum gestalten und für das eigene Tun selbst Verantwortung tragen zu müssen, erzeugt Unbehagen. Zum Teil kommt Panikstimmung auf: Die Angst vor dem persönlichen Nichts.«[192] Aus seiner Sicht ist das sicher richtig. Aber wem steht schon eine Position als Leiter einer Freizeitforschungseinrichtung offen, um ein erfülltes Arbeitsleben zu gestalten?

Der wichtigste Angriffspunkt der Werbung ist weniger die Angst vor dem persönlichen Nichts, sondern, wen wundert's, des Menschen Schwächen, seine Triebe und Sehnsüchte. Wenn es die nicht schon gäbe, könnte kein Händler mehr verkaufen, als eigentlich gebraucht wird. Werbung erfüllt heute eine wichtige sozialpsychologische Funktion: Sie hilft vielen Menschen, ihr Selbstbild aufrechtzuerhalten; der Konsum überdeckt ihre inneren Konflikte, hilft, der Realität zu entfliehen. Und das kann manchmal auch ganz schön sein.

3 Von Angst und Neugier

Ob es der Werbung auch gelingen wird, uns zum Verzehr von Gen-Tomaten zu verleiten? Oder werden die Kassandrarufe die Oberhand behalten, die an die Angst des Menschen appellieren, an unsere Furcht vor Fremdem und Unbekanntem? Erinnern wir uns an das Ergebnis am Tachistoskop mit den drei Kleinkindern (s. Seite 107). Das dunkelhäutige Kind rief – solange es nicht bewußt erkannt wurde – negative Gefühle hervor. Und weil die Angst vor dem Fremden ein so starkes Gefühl ist, wird sie seit Menschengedenken benutzt und mißbraucht.

»Aus Motiven wie unterschiedlichen Lebensgewohnheiten, Hautfarben, Ideologien werden noch heute jährlich Hunderttausende von Menschen getötet«, schreibt der Motivforscher und Philosoph Professor Ernest Dichter. Seine Analyse zur Friedensforschung ergab, »daß die Angst vor dem Ungewohnten, Fremden eine ausschlaggebende Rolle spielt. Natürlich gehen diese tiefen Motivationen oft einher mit ökonomischen Faktoren oder der Unterdrückung einer Gruppe durch die andere. Aber Kriege beginnen meist mit einem großen Gerede über die eigene Sicherheit.«[235]

Selbst wenn wir Mischlingskinder total niedlich, pakistanische Männer besonders schön und sierra-leonische Frauen wahnsinnig erotisch finden: In den meisten Kulturen gibt es offenbar eine Abneigung gegen »fremdes Erbgut«, zumindest in der eigenen Familie. In den USA sind nach 200 Jahren Menschenrechten gemischtrassige Ehen die Ausnahme, und in Südafrika regierte bis vor wenigen Jahren ganz offiziell die Apartheid. In bezug auf Ehe und Kinder scheint sich die Experimentierfreudigkeit der Völker in Grenzen zu halten. Die Ethnologin

Margret Schleidt berichtet aus der Südsee von entsprechenden Rivalitäten sogar zwischen den Bewohnern nahegelegener Inseln, weil sie »sehr schlecht riechen«.[300] Da fallen uns doch sofort das Vomeronasalorgan und der MHC ein!

Was könnte hinter der »Fremdenfeindlichkeit« stecken? Etwa Angst vor fremden Genen? Eine Beobachtung am Rittersporn könnte diese etwas gewagte These stützen: Die Samen des Rittersporns sind dann am »fittesten«, wenn die Blüten von etwa 10 Meter entfernt wachsenden Exemplaren bestäubt wurden. Stehen die Partner zu nah oder zu weit weg, so wird aus den Samen nichts Rechtes. Wie beim MHC gilt auch hier das Prinzip des goldenen Mittelweges: Der (biologisch) ideale Partner soll sich zwar deutlich unterscheiden, aber bitte auch nicht zu verschieden sein. Nur so bekommen die Nachkommen einen optimalen Gen-Mix in die Wiege gelegt.[132] (s. Seite 50).

Der Rittersporn zeigt uns, daß nicht nur zu ähnliche, sondern auch zu fremde Gene der eigenen Art den Fortpflanzungserfolg gefährden können. Wer weiß, ob das fremde Erbgut den Nachwuchs wirklich optimal auf seinen späteren Lebensraum vorbereitet? Womöglich steckt hinter der Ablehnung von allzu Fremdem ein Schutzmechanismus der Evolution zur Arterhaltung. Wie brisant mag unter diesen Umständen erst die Gentechnik sein! Oder verbirgt sich hinter der Ablehnung der Gentechnik nur eine andere Form der Angst vor fremden Genen?

»Jurassic Park« in Haus und Garten

Erscheinen vor Ihrem inneren Auge beim Thema Gentechnik nicht auch alle möglichen Monster oder geklonte, gleichförmig aussehende, klaglos funktionierende Roboter-Menschen?

Wohin führt es, wenn sich skrupellose Forscher ungefragt in die Schöpfung einmischen und ein bißchen Gott spielen, um Huxleys »Schöne neue Welt« zu überbieten? Wann wird die »eierlegende Wollmilchsau« Realität in industriellen Mastbetrieben? Und wie lange dauert es noch, bis wir die erste Invasion von Killerbienen-Mutanten erleben, die versehentlich aus einem geheimen Gentechnik-Labor entfleucht sind und nun alles niederstechen, was ihnen über den Weg läuft?

Baseler Entwicklungsbiologen ist es bereits gelungen, mit Hilfe der Gentechnik eine Fliege mit 14 Augen »herzustellen«. Augen, die nicht nur im Gesicht, sondern auch auf den Beinen und den Flügeln der Tiere sitzen. Auf der Titelseite des amerikanischen Wissenschaftsmagazins *Science* vom 24. März 1995 können Sie ein Portrait dieser künstlichen »Mißbildung« bewundern. Die Schweizer Forscher zeigten zudem, daß die Erbanlagen für Fliegenaugen fast identisch mit den Genen sind, die die Entwicklung von Mäuse- und Menschenaugen steuern.[301] Ist der »designte« Homunkulus aus der Retorte nur noch eine Frage der Zeit? Wen wundert´s, daß es den meisten Menschen vor dieser Technik graut?

Hat uns nicht auch die Chemie das Grüne vom Himmel versprochen, um nun von einer neuen Wissenschaft, der Umwelttoxikologie, auf den Boden ihrer riskanten Tatsachen gebracht zu werden? Haben nicht Atomphysiker für Schnelle Brüter geschwärmt, die fast wie ein »Perpetuum mobile« Energie gewissermaßen aus dem Nichts schaffen? Was ist daraus geworden? Spätestens seit Tschernobyl ein Alptraum. Auch an die Floskel vom Sieg der Gentechnik über den Welthunger glaubt niemand ernsthaft. Denn gentechnische Verfahren sind teuer, und zu essen bekommen gewöhnlich nur diejenigen, die dafür bezahlen können. In Deutschland wenden sich 70% der Bevölkerung gegen die Gentechnik.[302] Die

Urangst des Menschen vor dem Unbekannten findet hier ihren aktuellen Ausdruck.

Die Angst vor der Gentechnik ist verständlich. Sie ist – unter den gegebenen Rahmenbedingungen – das Natürlichste der Welt. Denn im Grunde fehlt es uns an glaubwürdigen Informationen. Statt dessen beherrscht Propaganda die Szene: Die Befürworter locken mit Heile-Welt-Hochglanzbroschüren, und die Gegner entwerfen Horrorszenarien. Unabhängig von Ethik, Moral und anderen kulturellen Normen reagieren wir Menschen mit Unbehagen auf Unbekanntes. Bruchstückhafte, unzureichende Informationen, aus denen wir uns kein harmonisches Bild zusammensetzen können, machen uns Angst, schließlich brauchen wir solche Bilder, um uns zu orientieren. Da das technische und wissenschaftliche Know-how in den letzten Jahren rasante Fortschritte gemacht hat, bleibt es nicht aus, daß wir vielen Entwicklungen nicht mehr folgen können. Vor allem dann nicht, wenn wir, wie im Falle der Gentechnik, nur mit spektakulären »Häppchen« versorgt werden.

Gentechnik im täglichen Brot – schlimm genug. Fremde Gene gar im eigenen Erbgut – eine grauenhafte Vorstellung. Besonders beunruhigend ist, daß Gentechniker sogar Erbmaterial über die Artengrenzen hinweg austauschen; daß sie Gene von Mäusen in Tabakstauden einbauen. Oder von arktischen Flundern in Tomaten. Und niemand weiß etwas Sicheres über die Folgen solcher Eingriffe in den Schöpfungsplan. Wer weiß, zu welchen Katastrophen es kommen könnte, wenn sich fremdes Erbgut in unseren Zellen breitmacht?[303]

Denn viele unserer Mitgeschöpfe führen Böses im Schilde, wenn sie andere mit ihren Genen »belästigen«. Ein Beispiel dafür sind Viren. Sie sind ausgefuchste Spezialisten, wenn es darum geht, fremdes Erbmaterial unter die Leute zu bringen.

/138/

Hat uns etwa ein Grippevirus erwischt, so baut es sein Erbmaterial in unsere Zellen ein. Mit dem Ergebnis, daß sie ihm willfährig Abermillionen neuer Ebenbilder basteln. Das geht so lange, bis unser Immunsystem die Viren erkennt und vernichtet. Bis dahin dürfen wir, zum Dank für unser Entgegenkommen, das Bett hüten. Besonders heimtückisch für den Betroffenen wird es, wenn Virus-Gene die Kunst der Tarnung perfektionieren. Dieses Metier beherrscht der AIDS-Erreger mit perfider Vollkommenheit: Auch das HIV-Virus baut seine genetische Information in unser Erbmaterial ein. Nun verändert es aber andauernd seinen »Bauplan«, so daß der Körper immer wieder neu aussehende Viren herstellen muß. Unser Immunsystem bekommt keine Chance, ausreichende Mengen Abwehrstoffe zu bilden. Da es ständig »neuen« Feinden gegenübersteht, ist es machtlos. Aus diesem Grund läßt sich momentan auch kein wirksamer AIDS-Impfstoff entwickeln.[102, 304]

Wenn Viren ihre Gene in andere Lebewesen einschleusen können, gibt es nicht womöglich noch andere »Gen-Schleuderer«? Sind Erbmaterial-Übertragungen von Art zu Art in der Natur vielleicht gar nicht so selten? Heute weiß man: Ohne »Gen-Tourismus« säßen wir vermutlich gar nicht hier. Schon zu Beginn der Evolution fand wahrscheinlich ein entscheidender Gen-Transfer über die Artgrenze hinweg statt: Einzeller haben sich andere Mikroorganismen »einverleibt«. Aus diesen einzelligen Mini-Lebensgemeinschaften entwickelten sich im Laufe von Jahrmillionen die vielzelligen Tiere und wir mit ihnen. Die einst verschluckten Mikroorganismen gaben den größten Teil ihrer Gene auf und wurden zu den unentbehrlichen Kraftwerken, den Mitochondrien, ihrer Wirtszellen. Seitdem »wohnen« sie friedlich in jeder unserer Körperzellen. Die Pflanzen entstanden ebenfalls durch derartige Verschmelzungen. Sie bieten gleich zwei Untermietern Kost und Logis: Neben den Mitochondrien gestatten sie auch Chloroplasten, den Trägern des Blattgrüns, sich in ihren Zellen nutzbringend zu betätigen.[107, 136]

Doch nicht nur Mikroorganismen, auch »freie« Gene fanden in den Zellen Unterschlupf. Und das führte zu einer Zusammenarbeit besonderer Art: Wesentliche Teile unseres Erbgutes sind aus solchen eingewanderten, einst »parasitären« Genen entstanden. In Lebewesen, die sich durch sexuelle Fortpflanzung vermehren, gelang es »springenden Genen«, sich in die Chromosomen einzuschleichen. Gewöhnlich nutzten sie ihre Wirtszellen schamlos aus, und häufig gingen ihre Gastgeber daran zugrunde. Doch manche dieser »Gen-Parasiten« wurden von ihren Wirten »gezähmt« und bescherten ihnen so unabsichtlich wertvolle Entwicklungshilfe: Viele springende Gene greifen erheblich in das Erbgut ihres Wirtes ein, sie ordnen seine Gene neu oder verändern sie anderweitig. Offenbar können die Zellen ohne diese gezähmten Fremd-Gene einen Erbgut-Umbau überhaupt nicht bewerkstelligen! Und: Ohne sie könnte unser Immunsystem nicht die immense Vielfalt seiner Abwehrwaffen gegen Krankheitskeime bilden.[78, 137, 305]

Gerade diese Gen-Umstrukturierung bringt für Pflanzen und Tiere schnelle Fortschritte in der Evolution. Die kleinen, schrittweisen Mutationen, bisher das Rückgrat der Evolutionstheorie, wären dazu kaum in der Lage. Fremde Gene sind eine treibende Kraft, wenn es darum geht, sich schnell an verändernde Umweltbedingungen anzupassen. Vielleicht verdanken so erfolgreiche Arten wie Küchenschaben, Ratten und Menschen ihre Triumphe den »richtigen« fremden Genen ...

Wie die Zelle ihr Erbmaterial bändigt

Ist unser Erbmaterial nicht etwas ganz und gar Unveränderliches? Bedrohen nicht schon geringste Veränderungen, sprich Beschädigungen, unsere Individualität und Lebensfähigkeit? Nun, ganz so einfach ist die Sache glücklicherweise nicht. Denn unser Erbmaterial, die DNS, ist keinesfalls wehrlos gegenüber Manipulationen. Es kann auch gar nicht anders sein, denn mit »fremden Genen« hatte die DNS seit ihrer Existenz auf dieser Erde täglich zu tun.

Unsere Gene sitzen nicht etwa gut verborgen im Zellkern, sondern treiben sich im gesamten Plasma herum. Die DNS-Stränge sind ständig im Umbau und in Bewegung. Anders könnten sie ihre Funktion gar nicht erfüllen, denn unser Organismus holt dauernd Teile der in ihr archivierten »Baupläne« hervor. Schließlich nützt es nichts, Informationen nur zu speichern, sie müssen auch benutzt werden, müssen jederzeit verfügbar sein. Was einfach klingt, ist ein hochkomplizierter Vorgang, denn unsere Gene liegen nicht säuberlich wie Perlen auf eine Kette gereiht im Zellkern. Um Platz zu sparen und Ordnung zu schaffen, sind die DNS-Stränge wie Kordeln gedreht und dann noch einmal mit sich selbst verschlungen; ähnlich einer »vertüddelten« Telefonschnur. Damit das Riesenmolekül stabil bleibt, umgibt es die Zelle mit Klammern aus Eiweiß.

Nun hat die Zelle zwar ihr Platzproblem gelöst und verhindert, daß sich die DNS-Fäden verheddern oder beschädigt werden, doch hat sie sich damit auch den leichten Zugriff auf die Erbinformationen verbaut. Wenn wir ein Buch lesen wollen, klappen wir es einfach auf. Das Lesen der Gen-Informationen ist ungleich schwieriger. Die Zelle verfügt über ein ganzes Arsenal von Werkzeugen, um die verdrillten DNS-Fäden vorsichtig aufzudröseln und die Informationen wieder freizulegen. Spezielle »Scanner« lesen den Text, und wieder andere Systeme setzen die Anweisungen um. Genauso behutsam wird die Kette nach Gebrauch wieder »zusammengerollt«.[305]

Wie gelangen solche »freien Gene« überhaupt in ihre Wirtszellen? Hier betätigen sich Viren und Bakterien als öffentliche Verkehrsmittel. Sie schleppen auch fremde Gene mit, die sie irgendwann einmal von Motten, Maden oder Mäusen aufgeschnappt haben. Zusammen mit ihrem eigenen Erbgut schleusen sie die Reiselustigen in die Zellen ihrer Opfer ein. Die Mitläufer-Gene erfahren auf diese Art und Weise eine rege Verbreitung. Meistens bemerken wir dieses Gen-Geschleuder zwar nicht, doch kann es auch einmal fatal für uns ausgehen. So entdeckten Wissenschaftler vor kurzem »Mariner«, ein springendes Gen aus Insekten, das wahrscheinlich von Viren verbreitet wird. »Mariner« kann bei uns sogar eine seltene Erbkrankheit auslösen, das zu Muskelschwund führende Charcot-Marie-Tooth-Syndrom.[74, 306] Besonders freche Viren nehmen auch unsere eigenen Gene zu Experimentierzwekken mit. Auch das kann höchst unangenehme Folgen zeitigen, und zwar dann, wenn sie zufällig jene Erbanlagen erwischen, die das Zellwachstum kontrollieren. Infizieren die Viren neue Opfer, so sorgen die geklauten Wachstumsgene dafür, daß die befallenen Zellen ungezügelt wachsen und zu Krebszellen entarten. Ist es da nicht ein Wunder, daß so viele von uns noch gesund auf Erden wandeln?[137]

Nun, glücklicherweise stehen wir den meisten Gen-Invasionen nicht wehrlos gegenüber, genau wie andere Lebewesen den listenreichen Werkzeugen der Gentechniker. Letztere bedienen sich sogar selbst der Viren, wollen sie ein gewünschtes Stück Erbgut in ihre Versuchsobjekte einschleusen. Auch die Genforscher müssen sich an die Technologien von Mutter Natur halten, wollen sie erfolgreich manipulieren. Eine Garantie dafür bietet das simple Nachahmen der Mikroben- und Viren-Tricks allerdings nicht. Denn gelungen ist eine Genmanipulation, egal ob »natürlich« oder »gentechnisch«, erst dann, wenn das übertragene Gen dauerhaft in der neuen Zelle bleibt und an die nachfolgenden Generationen weitervererbt wird.[136]

Äußerst effiziente Gen-Reparaturmannschaften sind ständig auf dem *qui vive*, flicken beschädigte DNS-Stücke wieder zusammen und schneiden falsche oder gar »fremde« Strangstücke heraus. Mit diesen Putzkolonnen wehren wir uns gegen schädliche Umwelteinflüsse ebenso wie gegen interne Pannen am Erbgut. Denn werden bei der Teilung fehlerhafte Informationen weitergegeben, endet das in aller Regel tödlich für die Zelle. Täglich passieren in jeder unserer Körperzellen Tausende von DNS-Unfällen, die schleunigst wieder in Ordnung gebracht werden müssen. Die Gen-Polizei schützt nicht nur unsere Zellen vor Mutationen, sie bereitet zudem den Molekularbiologen ernsthafte Schwierigkeiten. Sie erkennt die mit viel Raffinesse eingeschleusten »Fremdlinge« und wirft sie einfach wieder raus. Nur wenn mal eine Veränderung »durchrutscht« oder wenn es gelingt, die Schutzmechanismen zu überlisten, haben die Gentechniker Aussicht auf Erfolg.[305, 307]

Allerdings kann es auch im gesunden Organismus schon einmal passieren, daß die Gen-Polizei versagt. So können sich gelegentlich »gute« oder »schlechte« springende Gene einnisten, oder es kommt – ganz ohne Gentechnik – zu »Monstern« wie der oben erwähnten 14äugigen Fliege. Kanadische Gartenbesitzer staunten nicht schlecht, als sie eines Tages eine Kröte entdeckten, die Augen im Mund hatte.[308] Die Kröte scheint mit dieser Mutation zurechtzukommen, sie findet Nahrung und kann sie auch verzehren. Ihr neues Outfit wird sich jedoch in freier Wildbahn nur dann durchsetzen, wenn sie dadurch einen Vorteil gewinnt. So wie die Killerbiene, die seit einigen Jahren von Brasilien aus über Mexiko Menschen wie Bienenvölker in den USA mit ungezügelter Angriffslust bedroht. Auch sie entstand nicht durch waghalsige Gentechnik-Experimente, sondern durch ganz gewöhnliches Kreuzen an sich harmloser Bienenstämme.[309] Die Gegner der Gentechnik mögen in den genannten Beispielen einen weiteren Beweis für deren Gefährlichkeit sehen; schließlich würden sich mit der Gentechnik die Risiken noch multiplizieren. Die Befürworter können darauf verweisen, daß man sich die negativen Auswirkungen dieser Technologie ebensogut mit herkömmlichen Methoden einhandeln könne.

Nun gibt es ganz triftige Gründe, der Gentechnik mit einer gewissen Skepsis gegenüberzustehen. Schon der gesunde Menschenverstand besagt, daß jede neue Technik, auch bei aller Vorsicht, unvermeidlich Risiken mit sich bringt. Wer Flugzeuge baut, muß einkalkulieren, daß auch bei umfangreichen Sicherheitsvorkehrungen einmal eines abstürzt. Doch liegen die wirklichen Gefahren der Gentechnik in den oft befürchteten Monsterzüchtungen? Wohl kaum. Denn schließlich soll die Gentechnik Geld einspielen – und wer kauft schon gerne Monster? Die amerikanische Filmindustrie hat billigere Methoden für ihre Jurassic-Park-Ungeheuer; sie braucht dafür keine Molekularbiologen.

Ein anderes Risiko wäre denkbar: Durch das Einschleusen fremder Gene könnten Lebewesen entstehen, die sich unkontrollierbar ausbreiten und ein Öko-Tohuwabohu ungeahnten Ausmaßes anrichten.[303] Beispielsweise könnten sich Treibhaus-Tomaten mit einem Kälteresistenz-Gen arktischer Flundern im hiesigen Winter wohlfühlen und womöglich die Waldränder säumen oder gar die Weizenfelder verunkrauten. Und auch ein ganzes Ökosystem könnte Gefahr laufen, vernichtet zu werden. Doch bevor wir uns in apokalyptischen Spekulationen ergehen, wenden wir uns einer Biotechnik zu, vor der niemand Angst hat und die als Hoffnungsträger gilt: die biologische Schädlingsbekämpfung. Dort ist man mit den befürchteten Öko-Gaus der Gentechnik bestens vertraut.

Wehe, wenn sie losgelassen!

Biologische Schädlingsbekämpfung wird als echte Alternative zur chemischen Keule gepriesen. Unsere Biobauern sind so stolz darauf: keine Chemie, kein Gift, nur Natur. So bleibt das Ökosystem im Lot. Man nehme einen Nützling und überlasse es ihm, die Schädlinge »rückstandsfrei« zu verspeisen. Und so leisten inzwischen Myriaden von Raubmilben oder Schlupfwespen in den Gewächshäusern unserer Gemüsebauern ganze Arbeit. Die Sache hat jedoch einen Haken: Am erfolgreichsten ist sie unter Glas. In freier Wildbahn gibt es reihenweise Probleme. Zum Beispiel schmecken auch die Nützlinge lecker – zumindest aus der Sicht ihrer Fraßfeinde. Clevere Schädlingsexperten suchen daher auf anderen Kontinenten nach Nützlingen, die dort, wo sie später freigesetzt werden sollen, noch keine persönlichen Feindschaften unterhalten. So können sie – zumindest theoretisch – unbehelligt ihr segensreiches Werk auf den heimischen Äckern vollbringen.

Das Bio-Konzept zur Schädlingsbekämpfung überzeugte auch die Regierung von Jamaika. Sie hatte das Problem, daß sich auf der Karibikinsel jede Menge Ratten tummelten, die sich am Zuckerrohr gütlich taten. Leider richtet Rattengift gegen die lästige Nagerplage auf Dauer wenig aus, weil die Tiere schnell lernen, die vergifteten Köder zu erkennen, und zudem mit einer bewunderswerten Fähigkeit ausgestattet sind, Gift-Resistenzen zu entwickeln. So entschloß man sich, einen natürlichen Feind der Ratten ins Land zu holen: den indischen Mungo. Mungos sind intelligente, katzenartige Tiere, die Ratten ebenso entschlossen verzehren wie Schlangen und anderes unerwünschtes Kleinvieh.[310]

Leider kam es bei dieser Aktion zu einer kleinen Panne: Mit den Mungos schleppten die Experten auch die Tollwut ein. In einem anderen Punkt hatten sie allerdings recht behalten: Die importierten Mungos erfreuten sich an der reich gedeckten Tafel und vermehrten sich auf Kosten der Ratten vorzüglich. Und eines Tages war die Rattenplage besiegt. Allerdings verlangte es die zahlreichen Mungos weiterhin nach schmackhafter Kost. Und da es keine Ratten mehr gab, machten sie sich über die appetitlichen Hühnchen der armen Subsistenzbauern, über die Kleinsäuger der Insel und die größeren Vogelarten her. Mungos sind unglaublich gewandte und schlaue Tiere. Es machte ihnen daher keine Mühe, die Insel ratzekahl zu jagen. Ratzekahl? Nicht ganz, denn die ausgemerzten Ratten hinterließen eine »ökologische Nische«: Das verlockende Futterangebot der Zuckerrohrplantagen nutzten alsbald flinke Baumratten. Ihnen können die Mungos kaum nachstellen, da sie nicht auf Bäume klettern. Die Bilanz des Mungo-Versuchs: eine neue Seuche, ein verarmtes Ökosystem, eine Baumrattenplage und weiterhin abgenagte Zuckerrohrfelder.[310]

Das wertvolle Zuckerrohr führte auch in Australien zu einer unrühmlichen Nachhilfestunde in Sachen »Ökologie«. Die dortigen Farmer lassen sich offenbar nur ungern reinreden: Um Herr über den Zuckerrohrkäfer zu werden, führten sie – entgegen der Warnungen der Wissenschaftler – die Aga-Kröte

(Bufo marinus) aus Südamerika ein. Diese hält den Käfer, so man ihn ihr anbietet, für eine außerordentliche Delikatesse. Unglücklicherweise pflegen die Kröten jedoch des Nachts zu speisen, während der Zuckerrohrkäfer bei Tage seinen Geschäften nachgeht, wenn die Kröten unter Steinen schlafen. Dennoch gediehen die Kröten prächtig: Nach Anbruch der Dunkelheit vertilgten sie alles einheimische Kleingetier, das ihnen vor die Zunge kam. Da die Aga-Kröte sehr giftig ist, verendeten auch Krokodile, Eidechsen und Schlangen, die den Neuankömmling fraßen.[311, 315]

Aber nicht nur Bauern und Politiker, auch Wissenschaftler können irren, wie die folgende abenteuerliche Odyssee zeigen möge: 1955 führten indische Pflanzenzüchter in Poona Anbauversuche mit amerikanischem Weizen durch. In jedem Sack Weizen auf dieser Erde finden sich naturgemäß auch ein paar Unkrautsamen; in diesem Fall waren Körner des anderthalb Meter hohen Karottenkrautes *(Parthenium hysterophorus)* aus Mexiko dazwischengeraten. Und damit begann eines der folgenreichsten »Freisetzungsexperimente« in der Geschichte Indiens.

Denn inzwischen hat sich das Kraut mit den weißen Blüten im ganzen Land ausgebreitet. Unbehelligt von Schädlingen oder Krankheiten wuchert die anspruchslose Pflanze heute in den Städten und auf dem Land, entlang der Straßenränder, an Bahndämmen und auf Viehweiden. Überall dort, wo das Kraut gedeiht, folgt eine Allergiewelle. Verantwortlich dafür sind eine Reihe von natürlichen Giftstoffen des Neubürgers, die auch der Landwirtschaft Probleme bereiten. So leiden die heiligen Kühe an Euterentzündungen, und die Pollen des Karottenkrauts verhindern die Befruchtung von Nutzpflanzen. Gift half bisher nichts, und das Ausreißen per Hand bewirkte allenfalls, daß sich jeder zweite Helfer eine Allergie zuzog.

Schließlich gaben die Ökologen den entscheidenden Tip: Man müßte in der Heimat des Allergiekrautes nach natürlichen Feinden suchen. Alsbald schafften Experten des indischen »Biologie-Kontroll-Zentrums« einen Blattkäfer *(Zygogramma bicolorata)* von Mexiko nach Indien. In Mexiko hält er die Pflanze so wirkungsvoll in Schach, daß sie nie zum Problem wurde. Anders in Indien: Dort droht der zur Hilfe geholte Käfer nun selber zur Plage zu werden, denn er frißt statt Karottenkraut vor allem Sonnenblumen, ein wichtiges Produkt der indischen Landwirtschaft.

Das unrühmliche Ende einer biologischen Waffe

Seit einem Jahrhundert versuchen die Australier, der Kaninchenplage Herr zu werden – bisher ohne Erfolg. 1859 importierte Thomas Austin 24 Tiere nach Winchelsea, Victoria, um sie zu jagen. Er war wohl ein miserabler Schütze, denn inzwischen hoppeln etwa 300 Millionen Karnickel über den Kontinent. Sie untergraben das Grasland, verursachen Bodenerosion und fressen den Bauern jährlich Feldfrüchte im Wert von 600 Millionen Australischer Dollar weg.[547] Die Füchse, die man zur Kaninchen-Bekämpfung einführte, erwiesen sich als Beelzebub. Zusammen mit den Katzen, die als biologische Mäusefänger importiert wurden, dezimierten sie den Bestand an einheimischen Kleintieren drastisch. Man schätzt, daß alleine in Neusüdwales jährlich 400 Millionen heimische Beuteltiere, Vögel und Reptilien den streunenden Katzen zum Opfer fallen.[312]

Doch so einfach ließen sich die Australier nicht entmutigen. Die Wissenschaftler verlegten sich auf B-Waffen zur Karnickelbekämpfung. Die Einführung des Myxomatose-

---

Virus aus Europa zeigte auch einen durchschlagenden Erfolg – 99% der Mümmelmänner verendeten. Die Überlebenden wurden jedoch immun gegen das Virus und vermehrten sich seither wieder wie die sprichwörtlichen Karnickel.[313]

Die Australier ließen nicht locker und begannen mit anderen Krankheitserregern zu experimentieren. Vor allem das Calicivirus erweckte ihre Neugier. In den 80er Jahren in China entdeckt, verbreitete es sich seither über ganz Europa und über die Ozeane bis nach Mexiko. Es scheint nur Kaninchen zu befallen, verschont offenbar andere Tiere und den Menschen. Da man aber nicht wieder unüberlegt fremde Gene einführen wollte, testeten die Australier das Virus unter »Hochsicherheitsbedingungen« auf einer abgelegenen Insel. Und trotzdem entkam es: Die Wissenschaftler hatten nicht mit der australischen Buschfliege gerechnet. Mit ihrer Hilfe eroberte das Virus das Festland. Dort verbreitete sich der Killerkeim mit einer Geschwindigkeit von 8 Kilometern am Tag, eine Spur verendeter Kaninchen zurücklassend.[314]

Um Mißverständnissen vorzubeugen: Die biologische Schädlingsbekämpfung ist ein außerordentlich intelligentes Konzept. Nur sind ökologische Gleichgewichte offenbar doch komplizierter als zunächst vermutet. Und die Eigenschaft »biologisch« ist keineswegs gleichbedeutend mit »ökologisch neutral«. Auch Bio-Methoden können unsere Umwelt gefährden, und nicht nur die Gentechnik oder die Chemische Keule. Denn während Pestizide irgendwann im Laufe von Jahrzehnten oder schlimmstenfalls Jahrhunderten abgebaut werden, können sich Nützlinge vermehren und an veränderte Umweltbedingungen anpassen. Ihre Gene ermöglichen es ihnen, flexibel auf ihre Umwelt zu reagieren, und so kann es Jahrzehnte oder Jahrhunderte dauern, bis sich ein neues ökologisches Gleichgewicht einstellt.

Natürlich ließe sich einwenden, daß die biologische Schädlingsbekämpfung ja nur dann gefährlich werden kann, wenn sie – als Parallele zur Gentechnik – »fremde Gene« einschleust. Um die Risiken zu minimieren, sollten wir uns nur auf einheimische Nützlinge beschränken. Dafür müßten wir uns aber erst einmal darüber im klaren sein, was heimisch ist und wo das Fremde beginnt. Kein Problem? Gut, dann kommen Sie doch einfach mal mit in einen Münchner Biergarten. Dort läßt es sich trefflich disputieren...

Zenzi, no a Maß!

Wir haben einen passablen Tag mit weißblauem Himmel erwischt und lassen uns in der nun aufkommenden sommerlichen Schwüle erleichtert auf eine der grobgezimmerten Bänke fallen. Für Lokalkolorit sorgen die enormen Maßkrüge auf den rustikalen Holztischen. Vom Nebentisch klingt gar preußischer Dialekt an unsere Ohren. Noch immer leicht erhitzt, rücken wir vorsichtshalber in den Schatten der alten Kastanien und winken die resolute Kellnerin herbei, damit sie auch uns den nach alter Väter Sitte stets zu knapp eingeschenkten Gerstensaft herbeischaffe. Fehlt nur noch eine passende »Grundlage«. Mögen Sie dazu einen knackigen Radi oder lieber eine Riesenbrezel? Oder gelüstet Sie´s eher nach Herzhafterem? »Schweinshaxn, Weißwürschtl und an Erdäpfisalod hat´s vorn an da Thekn«, informiert uns die fesche Bedienung. Es geht halt nichts über eine zünftige deutsche Hausmannskost!

Mit allem Notwendigen versorgt beobachten wir nun entspannt unsere Umgebung. Kundig salzt unser bayerischer Tischnachbar seine Radischeiben ein, läßt die Kristalle eine genau bemessene Zeit einziehen und steckt sie sich dann mit Genießermiene in den Mund. Ein paar Gymnasiasten versuchen, betont cool vorbeizuschlendern, was allerdings durch ihre Bemühungen geschmälert wird, den am Imbiß nebenan erstandenen Döner heil in den Mund zu bekommen. Unser Nachbar deutet mit seiner Brezel auf die Jugendlichen, die eine unübersehbare Spur aus Petersilienblättchen, Zwiebelringen und Knoblauchsoße hinterlassen, und grinst schadenfroh: »Net amoi g´scheit essn kannst des ausländische Zeigl.« Zur Bekräftigung schiebt er ein ordentliches Stück seiner Brez'n in den Mund, um den trockenen Bissen sogleich mit einem kräftigen Schluck kühlen Schankbieres herunterzuspülen.

Ja aber, wenden wir ein, das, was er da trinke und äße, das sei genauso »ausländisch« wie türkische Döner. Um genau zu sein: Die Türkei läge schon auf halben Wege in die Urheimat seiner bayerischen Nutzpflanzen. Sowohl die schattenspendenden Kastanienbäume als auch der Rettich stammen aus Kleinasien und sind wahrscheinlich erst von den Römern nach Mitteleuropa importiert worden. Und auch der Rest des Mahls ist alles andere als urbayerisch. Gerste und Weizen, zur Herstellung von Bier und Brezel unerläßlich, haben ihren Ursprung in Vorderasien, und die Kartoffel für den »Erdäpfelsalat« stammt aus Amerika.[133, 361]

Wir spüren am Blick unseres verdutzten Tischnachbarn, daß der Begriff »Saupreiß« konkrete gedankliche Formen anzunehmen droht. Vorbeugend wenden wir ein, wohl nur der werte Besucher des Biergartens sei ein reinrassiger Mitteleuropäer – falls der Herr definitiv ausschließen könne, frei von asiatischen, arabischen oder afrikanischen Vorfahren zu sein, die als römische Söldner den germanischen Genbestand sicherlich oft genug bereichert haben. Über Details der Völkerwanderung wollten wir erst gar nicht spekulieren.

Da faßt sich ein Hamburger Sommerfrischler ein Herz und bemerkt mit leicht provozierendem Unterton: »So, wir essen also schon seit Jahrtausenden Importware, das wollen Sie doch damit sagen. Das heißt also, wenn ich mal eine Radtour durch die Kornfelder mache, dann könnte ich genauso gut durch den Vorderen Orient fahren, weil das Getreide daher kommt?« »Da kannst da Oidn ja a paar Kornbleamln mitbringa«, lästert der Bayer und fügt auf hochdeutsch hinzu, »zur Erhaltung des preißischen Kulturbesitzes.« Aber der zahlt's ihm mit gleicher Münze heim: »Wahrscheinlich ist nicht einmal Ihr Unkraut original bayerisch.«

Wir müssen ihm recht geben. Blaue Kornblumen und der rote Klatschmohn sind zusammen mit dem Getreide »zuagroaste« Vorderasiaten.[362] Daran ändern auch die wunderschönen Aquarelle in den alten Kinderbüchern nichts, wo Oma und Enkel an lauen Sommerabenden mit dicken Feldblumensträußen in die Kate zurückkehren und die rot-blau-getupften Gebinde in Steinkrügen auf die Fensterbank stellen.

Der Disput nimmt seinen unvermeidlichen Lauf. Die »Zuagroastn« haben spürbar Oberwasser und trumpfen nun mit den Naturschönheiten ihrer Heimat auf: der Lüneburger Heide, einer wirklich unberührten Landschaft. »Noi, noi. Des denket Se bloß«, mischt sich der Nebentisch ein. Mit der Lüneburger Heide sei es wie mit der Schwäbischen Alb. Beide sind alles andere als ursprüngliche Naturparadiese. Bis zum Mittelalter stand hier dichter Eichenwald. Erst durch Rodung und die Beweidung mit Schafen und Heidschnucken, die außer Wacholder und Heidekraut alles wegfraßen, entstanden diese künstlichen Ökosysteme.[363]

Schadenfreude hat unseren bajuwarischen Tischnachbarn besänftigt, und die Lüneburger Landsmannschaft lenkt vorsichtshalber ein: »Im Grunde ist es doch egal, woher die Gene stammen. Es kommt darauf an, was man daraus macht. Prost Mahlzeit!« Ein kräftiger Schluck aus den Bierkrügen schafft Völkerverständigung. Denn in einem Punkt herrscht in Deutschland Eintracht: »Mir wollen kein Chemie-Bier zum Essen.« Und gleich noch ein Prosit auf das »Deutsche Reinheitsgebot«.

Eine junge Dame, die bisher schweigend zugehört hatte, fängt plötzlich an zu glucksen. »Ja was gibt's denn da zu lachen?« Fragende Gesichter wenden sich ihr zu. Als Österreicherin scheint sie mit der deutschen Rechtslage offenbar besser vertraut als die anwesenden praktizierenden Bierexperten. »Schön wär's mit der Chemiefreiheit«, erklärt sie mit charmantem Lächeln, »aber der Hopfen ist nun mal eine ausgesprochen anfällige Pflanze. Unzählige Male wird er mit der Giftspritze eingenebelt.« Damit er nach der Ernte nicht vergammelt, würde der Hopfen kräftig geschwefelt oder zu Pellets verarbeitet, kleinen Röllchen, die eher Ähnlichkeit mit Hundefutter hätten als mit Pilstrinkers Vorstellung vom Brauwesen. Gerne würden die Brauereien auch zu Hopfenextrakten greifen: Das sei ganz im Sinne des Reinheitsgebotes, spottet die Dame, denn bei den Extrakten könne man wenigstens die Spritzmittel wieder entfernen.[348, 349]

Die Zuhörer sind verstummt und starren skeptisch in ihre halbvollen Maßkrüge. Sie nutzt die Stille und setzt noch eins drauf: »Deutsches Bier muß nicht nur sauber und frisch gezapft, es muß auch haltbar sein. Deshalb stabilisieren die

Brauer ihr Gebräu mit einem Kunststoff namens Polyvinyl-polypyrrolidon. Außerdem erlaubt der § 9 des Reinheitsgebotes den Zusatz von Saccharin, einem künstlichen Süßstoff. Von wegen kein Chemie-Bier.«[347]

»Und i hob gemoant, daß dös Reinheitsgebot dös net zulaßt«, staunt eine gestandene Münchnerin. »Und jetzt dös!« »Gnä' Frau, das Reinheitsgebot war ja kein Gesundheitsschutzgesetz, sondern ein Steuergesetz.«[346] Die anderen geben noch nicht so schnell auf: »Wenigstens ist das Maisbier hier verboten.« Was wäre daran so schlimm, fragt die Österreicherin zurück. »Ihre Regierung wurde deswegen sogar schon einmal vor den Kadi zitiert, vor den Europäischen Gerichtshof. Denn die ausländischen Brauer wollten nicht recht einsehen, warum ihr Mais schlechter sein soll als der Deutschen Rübenzucker. Und genau den hat das Reinheitsgebot erlaubt – allerdings nur ›technisch reinen‹.«[346] In dieser Klageschrift tauche außerdem die süffisante Frage auf, warum in Deutschland gerade der Biertrinker so dringlich vor ungebührlichen Zusätzen geschützt werden müsse, während die Kinder zusatzstoffhaltige Limos und Colas in beliebiger Menge vertilgen dürften.[335]

Ratlose und betroffene Gesichter. Die Österreicherin zuckt nonchalant mit den Schultern: »Ich kann Ihnen diese Frage ebensowenig beantworten wie Ihre Regierung. Aber der politische Nutzen derartiger Prozesse liegt auf der Hand: Sie gaukeln vor, daß in Deutschland eben noch Sauberkeit und Ordnung herrschen, was nichts anderes heißen kann, als daß es woanders eben anders ist. Solche Reinheitsgebote setzen auf unsere Angst vor dem Unbekanntem, vor fremden Speisen und Getränken – zum Wohle der eigenen Lebensmittelwirtschaft – und das nicht nur beim Bier.«

Eine Reise durch Europa

Europas Grenzen stehen offen – ein Traum vieler Politiker, eine Vision wurde Wirklichkeit. Wenn Völker sich näherkommen wollen, geht das nicht am besten an der gemeinsamen Tafel? Schon der große österreichische Staatsmann Fürst von Metternich ließ seine politischen Kontrahenten erst nach üppigen, entspannt stimmenden Festmahlen Staatsverträge unterzeichnen. Und was ist delikater, als fremdländische Köstlichkeiten in ihrer Herkunftsregion zu probieren? Unserem schönen Europa fehlt es nicht an kulinarischen Genüssen. Ob englischer Stilton, italienischer Mozzarella oder Schweizer Appenzeller, nicht nur in punkto Käse hat jedes Land ja, jede Region ihre Spezialitäten. Im Urlaub speisen wir genüßlich italienische Pasta, österreichische Germknödel und holländischen Matjes, wir schwärmen für griechischen Ouzo und schlürfen französischen Rotwein. Wieder daheim, schlägt uns finsterer Nationalismus entgegen, wenn's ums Essen geht.

Wenn dem deutschen Michel die Küche fremder Länder schwer im Magen liegt, ist natürlich die EU schuld. Auch welke Salatköpfe, wässrige Schnitzel und lieblichsüße Moselweine im heimischen Supermarkt können unser Urteil nicht erschüttern. Während wir lautstark gegen Ausländerfeindlichkeit demonstrieren, errichten wir ein festes Bollwerk aus Vorurteilen gegen die Speisen jener Völker, die nun, dank der EU, genauso in unsere Läden gelangen, wie wir sie aus dem Urlaub kennen. Zum Beispiel die feinen Pralinen aus Brüssel: Über viele Jahre galten sie als exquisites Mitbringsel. Seitdem die Feinschmecker wissen, daß die Naschereien Sojazusätze enthalten (wie schrecklich!), vermögen sie offenbar nur noch mit erheblichen Schuldgefühlen an ihre ehemaligen Gelüste zu denken. Und was tut die deutsche Metzgerszunft, wenn eine weitere belgische Spezialität, die berühmten Pasteten, auch bei uns immer mehr Liebhaber finden? Genau, sie erfindet flugs ein Reinheitsgebot für Deutsche Wurst – ein Widerspruch in sich. Galt nicht deutsche Wurst als »Götterspeise«, da nur ein Gott wissen könne, was wirklich drin ist? Warum wohl sträuben sich die Metzger gegen eine Deklaration ihrer Zutaten?

Seitdem die EU gestattet, daß quietschrot gefärbte Würstchen aus Spanien die Grenze überschreiten, wähnen Berliner Ökofreaks und hessische Stammtischbrüder das kulturelle Erbe und die nationale Identität mit der gewohnten Wurstfarbe schwinden. Die Paprikawürste von der iberischen Halbinsel werden statt mit Paprika mit dem hierzulande dafür verbotenen Naturfarbstoff Cochenille gerötet. Zu allem Übel gewinnt man ihn aus den befruchteten und anschließend getrockneten Weibchen einer Schildlausart.[350] Fazit: Igittigitt! Die Spanier könnten den Deutschen mit dem gleichen Recht den Biergenuß madig machen, denn unser »Dunkles« wird im Rahmen des technischen Fortschritts nicht mehr eigens gebraut. Man nimmt einfach ein Helles und färbt es mit »Reinheitsgebotsfarbe« dunkel.[347, 351] Dieser braune Farbstoff mit der Tarnbezeichnung »Farbebier« ist ebenso natürlich wie Spaniens Läuserot.

Deutsche Fleischer erzeugen das Rot deutscher Würste lieber mit Nitritpökelsalz. Das ist wesentlich umstrittener als Cochenille, da beim Pökeln von Wurst und Schinken krebserregende Nitrosamine entstehen können.[341] Bon appetit! Auch wird gerne verschwiegen, daß der »unreine« spanische Farbstoff hierzulande völlig unbehelligt von Kindern verzehrt werden darf: Die geschwängerte Läusemasse dient – da »natürlich« – zum Färben von Zuckerwaren, Puddings und kandierten Früchten.[352] So gesehen kann der Glaube ans »strengste Lebensmittelrecht der Welt« schon mal ins Wanken geraten.

/156/

Blicken wir auf die Wiege unserer Kultur, nach Griechenland: Der Handel mit griechischem Zaziki war nach einem weiteren deutschen Reinheitsgebot, diesmal für Milchprodukte, untersagt. Echtes Zaziki enthält nicht nur viel Knoblauch und Gurke, sondern auch Quark, Joghurt und einen Schuß Olivenöl. Für unsere Juristen ein klarer Fall: Hier wird ein reines Milchprodukt mit einem »Fremdfett« verfälscht. Olivenöl ist lebensmittelrechtlich eine üble Verunreinigung deutscher Küche. Das Kammergericht in Berlin sah sich aufgrund der Rechtslage gezwungen, den Verkauf der griechischen Spezialität zu unterbinden.[336] Zaziki war in Deutschland bis Ende 1992 nur mit Butter statt Olivenöl »echt«.

Urlaubserinnerungen schufen auch einen Markt für griechischen Feta. Klar, in Griechenland ist Feta Schafskäse. So will es jedenfalls das griechische Recht. Aber in Deutschland? Hierzulande ist Feta nur dann aus Schafsmilch, wenn er nicht Feta heißt, sondern Schafskäse. Was hierzulande die Bezeichnung »Feta« trägt, ist gewöhnlich ein Imitat aus Kuhmilch. Griechisches Recht gilt nun mal nicht in Germania – und außerdem müssen wir unsere (Kuh-)Milchseen loswerden. Was halten wohl die Griechen von derartigen »Reinheitsgeboten«? Nun, sie werden auf den ersten Blick erkennen, was der deutsche Ökomichel mit Jutetasche und Autoaufkleber »Nein zum Ausländerhaß« geflissentlich übersieht: Reinheitsgebote haben herzlich wenig mit Reinheit, dafür aber sehr viel mit Geld zu tun. Wenn es darum geht, landwirtschaftliche Überschüsse über unsere Mägen zu entsorgen und die hiesigen Bauern zu subventionieren, sprechen die Politiker gerne von »Reinheitsgeboten zum Schutze des Verbrauchers«.

Diese Methode ist nicht neu und auch nicht auf Deutschland begrenzt. Seit vielen Jahren wird sie regelmäßig an Europas Innengrenzen angewendet: Gibt's in Italien einen Preisverfall beim Fleisch, entdecken Italiens Zöllner am Brenner bei Einfuhren aus deutschen Landen prompt die Maul- und Klauenseuche. Wollen wir den heimischen Rindfleischmarkt stützen, verweisen wir mit Hinweis auf den Rinderwahnsinn Ochsen schottischer Abstammung und Corned Beef englischer Machart des Landes. Daß der Erreger bei unseren Schafen seit Jahrhunderten vorkommt, daß auf dem Kontinent das erste Rind mit diesen Symptomen bereits vor 100 Jahren beschrieben wurde, daß in deutschen Zoos Tiere an dieser Krankheit leiden, daß sie in Nerzfarmen schon vertreten war, bevor in England das erste wahnsinnige Rind auftrat, stört uns nicht in unserem Bemühen, die Fremdenangst zu mobilisieren und Kapital daraus zu schlagen.[353–355]

Der Deutsche, ein »Lump« im Sinne des Lebensmittelrechts

Kennen Sie den Unterschied zwischen »echtem« und »deutschem« Kaviar? Nein? Vielleicht ahnen Sie ihn aber schon: Deutscher Kaviar ist ein billiges Imitat seines russisch-aristokratischen Kollegen. Während der »echte« aus Störeiern besteht, macht man den »deutschen« aus dem Rogen eines warzig-knorpeligen Fisches namens »Lump«. Der fristet sein Leben vor den Küsten Kanadas und Islands, und seine zahlreichen Eier liefern einen billigen, maschinenfreundlichen Rohstoff. Sie werden aufgearbeitet, aromatisiert, klebrig gemacht und konserviert. Zu guter Letzt muß es aber auch aussehen wie echter Kaviar – kein Problem, wenn man nur die richtige Farbe weiß.[342]

Wenn Kaviar verdirbt, schlägt er von silbriggrau nach schwarz um. Wer auf die absurde Idee kam, die hellen Fisch-Eier schwarz einzufärben, damit germanische Gour-

mets die ungewöhnliche Qualität der colorierten Lump-
gelege auf den ersten Blick erkennen können, wissen wir
nicht. Allerdings drängt sich die Erkenntnis auf, daß das
Präfix »Deutscher« – lebensmittelrechtlich betrachtet – soviel wie »Lump« bedeutet.

Soll das gleiche Produkt fix und fertig verpackt aus Kanada
oder Island eingeführt werden, muß es natürlich anders
deklariert sein. Schließlich darf der Verbraucher nicht ge-
täuscht werden. Nur, wie soll man das Kind nennen? »Ka-
nadischer« oder »Isländischer Kaviar« ist unzulässig, am
Ende würde der deutsche Kunde durch die wohlklingen-
den Namen noch zum Kauf animiert. Daher heißen diese
Produkte, obwohl vollkommen identisch mit »Deutschem
Kaviar«, nun »Seehasen-Kaviar«. Seehase ist ein anderer,
prosaischer Name des Lumpfisches.[337]

Ein beträchtlicher Teil des Deutschen Lebensmittelrechts
widmet sich mit ähnlicher Liebe vergleichbaren Details,
nur um einzelnen Interessengruppen Marktvorteile zuzu-
schanzen. Ganz klar, daß dieser Unfug, der das Paragra-
phenwerk auf abertausende von Seiten hat anschwellen
lassen, als strengster Verbraucherschutz der Welt verkauft
wird.

Gewiß sind auch andere Staaten kein Hort redlicher Verbrau-
cherpolitik. Und durch den Binnenmarkt wird sicher nicht nur
echter griechischer Feta in unseren Ladenregalen landen. Im
Gegenzug bereichert unsere Industrie die französische Küche
mit »Deutschem Kaviar« und die Trattorias der Toskana mit ru-
stikalem Kunstsauerbrot »nach original Deutschem Bäcker-
rezept«. Bliebe die Frage: Wohin reisen wir, wenn uns nach
abendländischer Eßkultur gelüstet?

Bangemachen gilt nicht: Ernährungstabus

Die Manipulation ganzer Völker durch das Wachrufen von Ängsten hat System. Es ist ein wichtiges Mittel der Politik, vor allem, wenn es darum geht, Kriege emotional vorzubereiten oder, wie im Falle des Lebensmittelrechts, sich wenigstens wirtschaftliche Vorteile zu verschaffen. Kauft die Kundschaft »national«, bleibt das Geld im Lande.

Aber nicht immer ist die Ablehnung, auch die irrationale, eine unnötige Einschränkung. Manchmal wird sie auch für durchaus sinnvolle Zwecke erzeugt, zum Beispiel um den Erfolg der Kultur und das Überleben des Volkes sicherzustellen. Für solch diffizile Aufgaben eignet sich weniger die Tagespolitik, hier stehen die Religionen in der Pflicht. Etwa wenn es darum geht, daß eine beliebte Speise dem Gaumen fremd wird. Speziell der Genuß bestimmten Fleisches ist in einigen Weltreligionen tabuisiert. Bei den Juden und Moslems ist es das Schwein, bei den Hindus das Rind und bei den Christen, was nur wenige wissen, das Pferd.

Viele Deutsche empfinden beim Gedanken an Pferdefleisch eine unwillkürliche Abneigung, obwohl es genauso gut ist wie Fleisch von Schwein, Hund, Katze oder Schaf. Unsere Vorfahren hatten da weniger Skrupel. Sie ließen sich reichlich Pferdefleisch munden. Bis zum Jahre 732 nach Christus. Dann machte Papst Gregor III. einen Strich durch den Speiseplan der Germanen. In einem Brief wies er ihren Apostel Bonifacius, den späteren Erzbischof von Mainz, an: »Du hast einigen erlaubt, das Fleisch von wilden Pferden zu essen, den meisten auch das von zahmen. Von nun an, heiligster Bruder, gestatte dies auf keine Weise mehr.«[324]

Woher der Sinneswandel? Kannte Petrus´ Stellvertreter auf Erden nicht Matthäus Kapitel 15? »Nicht was zum Mund des Menschen hineingeht, sei unrein, sondern das, was an Worten und damit an Gedanken herauskommt.« Es ging sicher auch nicht darum, heidnische Bräuche der Pferdeverehrung auszumerzen, denn dann hätte er auch das Eiersuchen an Ostern als heidnischen Fruchtbarkeitskult verbieten müssen. Ein Blick ins Geschichtsbuch hilft uns weiter: Im Jahr 732 fand in der Region um Tours und Poitiers die Schlacht gegen die Araber statt. Als berittene Nomaden waren sie innerhalb von 70 Jahren nach Mohammeds Tod von Mesopotamien bis an den Atlantik vorgedrungen. Um das Jahr 700 hatten sie Gibraltar erreicht, das seinen Namen ihrem Heerführer Al Tarik verdankt. 711 eroberten die Araber Spanien, das sie später zu wirtschaftlicher und kultureller Blüte führen sollten, und 720 überschritten sie die Pyrenäen. 732 wurden sie in Frankreich in einer sieben Tage dauernden Schlacht von Karl Martell besiegt. Ohne die schwere Reiterei des fränkischen Heeres wären wir heute womöglich Araber.[322]

Auch im Osten bedrohten nomadische Reiterheere den Herrschaftsbereich des Christentums. Damit ist klar, warum sich niemand für die heidnischen Ostereier interessierte: Mit Hennen und Häschen kann man keine Schlacht gewinnen. Das Verbot, Pferdefleisch zu essen, wurde von den geistigen und weltlichen Herrschern deswegen erlassen, weil sich die Kavallerie zunehmend als kriegsentscheidend erwies. Erst als neue Waffen wie Panzer die Schlachtrösser ablösten, wurde das Verbot einfach »vergessen«. Dennoch empfinden viele Menschen, vor allem solche, die nie wissentlich Pferdefleisch probiert haben, Ekel davor. Einen Ekel, der genaugenommen militärische Ursachen hat und der uns in Jahrhunderten anerzogen wurde, um unsere kulturelle Identität zu erhalten.[322]

Auch am Schwein erhitzen sich die Gemüter. In Gesundköstler-Kreisen kursieren zahlreiche Schriften, die vor dem Verzehr ungesunden Schweinefleisches warnen. Schließlich äßen auch Juden und Muslime ganz bewußt nichts Schweinernes. In der Bibel (3. Mose 11) gilt das Borstenvieh als »unrein« und im Koran (2. Sure, Vers 174) als »verboten«. Zur Begründung müssen gewöhnlich die Trichinen herhalten oder die angebliche Unsauberkeit des Tieres.

Beide Argumente sind ziemlich absurd. Erstens ist das Schwein sehr reinlich. Weil es keine Schweißdrüsen hat, muß es sich zur Kühlung im Schlamm suhlen. Fehlt es daran, wälzt es sich notgedrungen im eigenen Kot. Schweine sind nur dann »unrein«, wenn wir sie dazu zwingen. Zweitens übertragen auch andere Tiere gefährliche Krankheiten. Rind oder Schaf haben statt Trichinen Infektionen mit Tuberkulose oder Brucellose zu bieten. Zur Vermeidung genügt es, das Fleisch, egal ob vom Schaf, Schwein oder Rind, ausreichend zu erhitzen. Wäre es um die Gesundheit gegangen, hätten Jahwe und Allah zuvörderst den Verzehr allen *rohen* Fleisches verboten. Genau das taten sie nicht. Es ging also um etwas anderes.[322]

Der Grund ist nach Auffassung des amerikanischen Anthropologen Marvin Harris viel augenfälliger: Das Schwein braucht Wasser, Schatten und Wälder, in denen es Futter suchen kann. Überall dort, wo es trocken, unbewaldet und heiß ist, wird es zum Konkurrenten für den Menschen, der das wenige Wasser für sich und seine Bewässerungssysteme braucht.[322] Ausgrabungen im Nahen Osten zeigen, daß es dort 4000 bis 2000 vor Christi Geburt eine ausgiebige Schweinehaltung gab.[323] Damals stand der Wald noch. Auch das Neue Testament erwähnt eine große Schweineherde am See Genezareth. In Ägypten und Mesopotamien erfolgte das Verbot, Schweine zu mästen, nach der Abholzung der Wälder.[321]

Seine größten Erfolge erzielte der Islam in trockenen, unbe-waldeten Gebieten. Dort wo Schweine gedeihen, werden sie auch verspeist. »Wann immer der Islam in Gegenden vorge-drungen ist, in denen die Schweinezucht eine Hauptstütze des traditionellen landwirtschaftlichen Systems bildete, konnte er wesentliche Teile der Bevölkerung nicht für sich gewinnen«, urteilt Marvin Harris. Auf der anderen Seite wirkt ein typisches Nutzvieh des Islam ganz im Sinne der Religion: die Ziege. Wo sie weidet, stirbt der Wald.[322]

Während wir Europäer hinter dem Schweinefleischverbot noch ein gesundheitliches Geheimnis vermuten, gelten die vielen »Heiligen Kühe« Indiens als sprichwörtliches Beispiel für unsinnige Verbote. Der Glaube der Hindus, man dürfe Rinder weder schlachten noch essen, beruht oberflächlich be-trachtet auf der Vorstellung der Seelenwanderung. Die vor-letzte Stufe dieser Wanderung ist das Rind, die letzte der Mensch. Wer Rinder tötet, muß von vorn anfangen.

Ursprünglich sah alles ganz anders aus. Da lebten in Indien Nomaden, deren Lebenszweck die Rinderhaltung war. Ihre Priester widmeten sich dem Züchten, Schlachten und Verspei-sen von Rindern. Als die Bevölkerung im 6. Jahrhundert vor Christus stark anwuchs, reichten die Steaks aber offenbar nur noch für die wedischen Priester. Es kam zu sozialen Spannun-gen. Der Hunger erzwang den Übergang von der Weidewirt-schaft zum Ackerbau, zum Vegetarismus. Die Bevölkerung war nur noch zu ernähren, wenn sie statt Fleisch Bohnen oder Brot aß. Und sie akzeptierte nicht, wenn einzelne im Fleisch schwelgten. Der Hinduismus setzte sich in Indien erst durch, als er das Verbot, Rinder zu schlachten, zum Dogma erhob.[322]

Die »Heiligen Kühe« garantieren auch das wirtschaftliche Überleben. Denn zum Pflügen der Äcker braucht man Zugtiere. Auf den winzigen Feldern sind die zähen und anspruchslosen indischen Rinder erheblich wirtschaftlicher als Traktoren: Sie brauchen weder Benzin noch Ersatzteile, sie fungieren in den Straßen als Müllabfuhr und liefern zudem noch wertvolle Milch sowie Dung zum Feuern. Allein der Heizwert der getrockneten Kuhfladen erspart den indischen Haushalten jährlich etwa 30 Millionen Liter Heizöl.[322]

Die Wiederkäuer nähren sich von Abfällen, die der Mensch nicht verdauen kann: Häcksel, Stengel und Blätter, Schalen, ja sogar Papier und Karton. Mit Hilfe der ausgemergelten Rinder können auch die ärmsten Bauern existieren – und das sind in Indien die allermeisten. Gäbe es einen Rindfleischmarkt, würde der Preis der Tiere erheblich steigen, und die Bauern könnten sich keine Zugtiere mehr leisten. Die »Heiligen Kühe« der Hindus sind alles andere als eine religiöse Marotte. Sie garantieren wirtschaftliche und soziale Stabilität. Würden die Inder ihre »Heiligen Kühe« essen, würden die Armen verhungern.[322]

Ob Pferd, Schwein oder Rind, in allen drei Fällen haben die religiösen Machthaber dafür gesorgt, daß Bekanntes und Geliebtes dem Gaumen fremd wurde. Sie drohten mit mehr oder weniger ewiger Verdammnis für die unsterbliche Seele und erzeugten damit die erforderlichen Ängste. Nur so konnten sie die Gaumen ihrer Gläubigen der einst beliebten Speisen entwöhnen.

Alles, was ungewohnt schmeckt oder schmecken könnte, ist fremd und damit riskant. Nur wenn wir Vertrautes schmecken, ist die Welt in Ordnung. Unsere Riech- und Geschmacksnerven, mit denen wir den Geschmack unserer Nahrung beurteilen, sprechen zunächst das limbische System im Gehirn an (s. Seite 73). Dort, im Unterbewußtsein, werden die Instinkte und Triebe gesteuert. Dieser Mechanismus hat, auch wenn er uns auf den ersten Blick vielleicht absurd vorkommt, durchaus seinen Sinn: Er hat uns in grauer Vorzeit vor Vergiftungen geschützt. Und dies ist auch der Grund, weshalb Menschen manchmal eher hungern, als ihren Speiseplan umzustellen, wie das Beispiel der Kartoffel zeigt.

Was der Bauer nicht kennt...

Mögen Sie gerne Kartoffelsalat mit Würstchen? Oder doch lieber Pellkartoffeln mit frischem Kräuterquark? Heute genießt die südamerikanische Knolle bei uns fraglos Bürgerrecht. Eine »deutsche« Speisekarte wäre ohne Kartoffelsalat, Pommes (übrigens eine belgische Erfindung) und Bratkartoffeln unvorstellbar. Doch war es keine Liebe auf den ersten Blick, und es dauerte eine ganze Weile, bis die suspekte Kartoffel zur Grundlage unserer Landwirtschaft und unserer Ernährung wurde. Vor drei Jahrhunderten bereitete die südamerikanische Einwanderin unseren Vorfahren erhebliche Schwierigkeiten. Der Legende nach haben sich nicht wenige der neugierigen Erst-Importeure mit der Kartoffelpflanze ganz gehörig den Magen verdorben, da man weder die genießbaren Teile noch ihre Zubereitung kannte: Das Kraut der Kartoffel ist giftig, schließlich ist sie als Nachtschattengewächs mit Tollkirsche und Tabak verwandt. Nur die Knollen sind genießbar und diese wiederum nur in gekochtem Zustand.[133]

1699 bestaunten die Berliner erstmals Kartoffeln – allerdings als Zierpflanze im Botanischen Garten. Und obwohl um 1720 Pfälzer Einwanderer die nahrhafte Knolle nach Berlin mitbrachten und mit Genuß verzehrten, blickten die Preußen verächtlich auf die Erdäpfel herab. Trotz Hungersnot beschränkte sich ein echter Berliner zu dieser Zeit lieber auf seine geliebten Hülsenfrüchte, statt zu der als Viehfutter apostrophierten Kartoffel zu greifen. Wie dem auch sei, erst Friedrich dem Großen gelang es mit »Druck von oben«, die Kartoffel in die Töpfe seiner Untertanen zu verfrachten. Noch 1766 mußte das Gesinde unter Strafandrohung gezwungen werden, Kartoffeln zu essen.[133, 138]

Das Beispiel der Kartoffel zeigt, wie schwer es sein kann, den Speiseplan seiner Untertanen zu ändern. Wir wissen auch nicht, wie schnell das Gebot durchgesetzt wurde, Pferdefleisch zu verschmähen. Leider ist ebenfalls nicht überliefert, ob sich die Vorfahren der Berliner einst genauso gegen den Import der später so heiß geliebten Linsen, Erbsen und Bohnen aus den Mittelmeerländern gesträubt haben.

Grünzeug auf Reisen

Nicht nur die Kartoffel verschlug es in die Fremde: Weltweit beruht die Landwirtschaft auf »fremden Genen«. Es gibt praktisch keine Nutzpflanze, die zuvörderst dort angebaut wird, wo sie ursprünglich zu Hause war: Kam der Weizen aus Vorderasien, so wogen heute die größten Weizenfelder in Kanada und in den USA. Die riesigen Sonnenblumenfelder der Ukraine verdanken ihre Existenz den wilden Verwandten der nordamerikanischen Plains. Der Mais eroberte unsere Äcker von Südamerika aus. Die Sojabohne, heute vor allem in den USA und in Brasilien angebaut, stammt ursprünglich aus Südostasien. Der Kaffee ging den Weg von der Alten in die Neue Welt, der Kakao reiste umgekehrt.[332]

Weshalb diese Pflanzen in der Fremde einen solchen Erfolg

haben, ist kein Geheimnis. Dort, wo sie zu Hause sind, gibt es auch die auf sie spezialisierten Krankheiten und Schädlinge. Bringt man jedoch zum Beispiel die Kartoffel in ein für sie neues und ökologisch geeignetes Anbaugebiet, so kann sie dort erst einmal ohne ihre natürlichen Feinde wachsen und gedeihen. Nun greift zudem der Mensch ein: Im Laufe der Jahrhunderte werden neue Sorten gezüchtet, die genetische Ausstattung der Wildform verändert. Bei den Versuchen der Züchter, den Ertrag zu verbessern, bleiben fast immer die Gene für die Abwehr gegen Schädlinge auf der Strecke. Das macht die Pflanzen natürlich auch anfällig für Schädlinge ihrer neuen Heimat, die ständig auf der Suche nach neuen Futterquellen sind. Abhilfe schaffen dann nur noch Giftspritze, biologische Schädlingsbekämpfung oder Gentechnik.

Wenn dann noch versehentlich Schädlinge aus der früheren Heimat der Nutzpflanzen importiert werden (s. Karottenkraut in Indien), kann das fatale Folgen haben. So reisten in den 20er Jahren dieses Jahrhunderts ein paar amerikanische Kartoffelkäfer als blinde Passagiere nach Europa. Dort fanden sie schmackhafte und sehr giftarme Kartoffelpflanzen vor, die sie begierig verschlangen. Für die Käfer war es das Paradies auf Erden: Sie brauchten nicht einmal, wie in ihrer Heimat, mühsam Pflanze für Pflanze suchen, denn es gab ganze Felder davon. So verursachten die gestreiften Krabbeltiere und ihre Larven erhebliche Ertragseinbußen. Um die Plage wenigstens einzudämmen, wurden im Nachkriegsdeutschland mobile Einsatzkommandos aus Schulkindern zum Käfersammeln abkommandiert.[133]

Es hätte allerdings auch schlimmer kommen können. So wie 1845 in Irland, wo andere Schädlinge Mitursache einer Katastrophe geschichtlichen Ausmaßes waren. Das Grundnahrungsmittel der Iren war praktisch nur die Kartoffel. Hinzu kam, daß die englische Besatzungsmacht der irischen Bevölkerung untersagte, das gleichzeitig angebaute Getreide zu essen, da dieses ausschließlich für den Export bestimmt war. Doch in jenem Jahr fiel die gesamte irische Kartoffelernte der eingeschleppten Kraut- und Knollenfäule zum Opfer. Doch die Engländer gestatteten den Iren trotzdem nicht, daß Getreide verzehrt wurde. Eine der schrecklichsten Hungersnöte der jüngeren Geschichte und eine moderne Neuauflage der Völkerwanderung folgten. Viele Iren gingen nach Amerika, von wo – Ironie des Schicksals – die angefaulten, verpilzten Kartoffelknollen wahrscheinlich per Dampfschiff nach Europa gekommen waren.[364]

Daß das Einschleppen fremder Gene gleichermaßen fatal wie segensreich sein kann, mußten auch die Winzer erfahren. Als französische Forscher am 15. Juli 1868 in der Provence an den Wurzeln kranker Reben erstmals nordamerikanische Rebläuse erblickten, ahnten sie gewiß noch nicht, daß sich die Insekten in Windeseile über ganz Europa ausbreiten und schon 1881 den Kaukasus erreichen würden. Sie zerstörten in Frankreich innerhalb von 15 Jahren über 800 000 Hektar des einst blühenden Weinbaugebietes. Der europäische Weinbau stand praktisch vor dem Aus. Die von der französischen Regierung am 22. Juli 1879 ausgesetzte Prämie von sage und schreibe 300 000 Francs für die Erfindung eines wirksamen Bekämpfungsmittels wurde nie vergeben, denn bis heute erweisen sich alle gegen die Reblaus eingesetzten Chemikalien als nicht oder nicht ausreichend wirksam.[344]

Daß wir heute in Europa trotzdem noch Wein anbauen können, verdanken wir amerikanischen Wildreben, aus denen französische Züchter reblausfeste Unterlagssorten entwickelten. Denn dort, wo die Reblaus herkam, mußte es auch resistente Rebsorten geben. Der gesamte europäische Weinbau wurde auf »neuweltliche« Pfropfreben umgestellt. Im nachhinein kann man wohl festhalten, daß die Einschleppung nordamerikanischer »Fremdlinge« den klassischen Weinbau Europas zuerst fast vernichtet und dann schließlich vor dem Ruin bewahrt hat.[365]

Go west!

Der Mensch lebt aber nicht nur von Kartoffeln, Wein und Brot. Er will auch Fleisch, Fisch oder Muscheln verzehren. So haben wir allein bei den Rindern für ein erhebliches Bevölkerungswachstum gesorgt: Derzeit trampeln knapp 1,5 Milliarden davon über die Erde. »1 Rindvieh kommt auf 4 Menschen«, so drückt es süffisant der Münchner Botaniker und Mikrobiologe Professor Hubert Ziegler aus.[332] Schafe und Ziegen sorgen schon seit Jahrhunderten für eine starke Überweidung, vor allem in den Trockengebieten der Erde: in der Sahel- und Sudanzone in Afrika, in Teilen des Nahen Ostens, im Mittelmeergebiet und in Nordafrika. Die ökologischen Probleme der Massentierhaltung sind sattsam bekannt. Doch wie steht es mit »exotischen« Nutztieren? Die Fischereiwirtschaft hat hier einen reichen Erfahrungsschatz. Werfen wir einen Blick über den Großen Teich. Da Nordamerika hauptsächlich von Europäern »erobert« wurde, war es nur logisch, daß man auch Delikatessen aus der alten Heimat hinterherholte. So kam etwa um 1870 der europäische Karpfen in einige Seen in Baltimore und Washington. Die Zucht florierte und war ein voller wirtschaftlicher Erfolg.

Doch hie und da entschlüpfte die Fischbrut, und so breitete sich das Flossentier genauso schnell aus, wie die menschlichen Einwanderer es vor ihm schon getan hatten, frei nach

dem Motto »go west«. Nachdem allerdings der Karpfen billig
für jeden verfügbar war, sank er in der Gunst der Feinschmek-
ker. Weil ihn keiner mehr fing, verdrängte der anpassungsfä-
hige Europäer einheimische Fischarten aus ihrem Lebensraum.[317] Der Karpfen ist jedoch nicht der einzige Gen-Import
in die Neue Welt. Untersuchungen in den großen Seen im
Grenzgebiet zwischen Kanada und den USA ergaben, daß
seit dem vorigen Jahrhundert 136 Tier- und Pflanzenarten ein-
geschleppt wurden, ein Drittel davon allein in den letzten drei
Jahrzehnten.[345]

Wenden wir uns gen Süden. In Südamerika hat Professor
Wolfgang Villwock vom Zoologischen Institut der Universität
Hamburg eine haarsträubende Geschichte aufgetan. In den
40er Jahren wurden in die Gewässer der Altiplano Hoch-
ebene, deren bekanntestes der Titicacasee ist, europäische Fo-
rellenarten eingesetzt. Daraufhin starb der größte Teil der dort
heimischen Zahnkarpfenarten aus. Die Indios verloren damit
ihre Nahrungsgrundlage. Mit ihren vorväterlichen Fanggerät-
schaften hatten sie es schwer, die flinken Forellen zu erbeu-
ten. Zudem sind diese Raubfische für die Indios tabu: Forellen
fressen Frösche, die in den Mythen der Indios die Mutter Erde
verkörpern. Und deren Feinde darf man nicht als Speise auf
den Tisch bringen. Statt dem Fischfang widmen sich die Indios
nun dem Plündern von Reihernestern, um die Küken zu mästen. Vormals tauschten sie die Zahnkarpfen gegen Lama- und
Alpaca-Wolle. Jetzt stopfen sie einheimische Vögel aus, um
sie an die Touristen zu verkaufen.[316]

Wenn schon so harmlose Lebewesen wie Forellen in fremden
Ökosystemen derartiges Unheil anrichten, kann man dann
noch guten Gewissens mit Roger Mann argumentieren? Der
Wissenschaftler vom Virginia Institute of Marine Science
setzte japanische Austern zu Testzwecken an der amerikani-

schen Ostküste aus, um die von Krankheiten heimgesuchte Austernwirtschaft wiederzubeleben. Ein Problem sah er darin nicht: »Exotische Arten«, so Mann, »haben ihren Wert bewiesen. Die gesamte nordamerikanische Landwirtschaft beruht auf fremden Spezies. Falls wir wirklich dahin zurückwollen, Büffelzucht zu betreiben, ist das eine andere Sache.«[317]

Eine Seefahrt, die ist lustig

Aber bitte, es gibt doch umweltverträgliche Lösungsmöglichkeiten, die vor allem von Öko-Gruppen und Dritte-Welt-Läden favorisiert werden. Warum beschränken wir uns nicht auf das, was wir haben? Wäre es nicht viel sinnvoller, sich mit Hilfe des lokalen Angebotes saisongerecht zu ernähren? Keiner muß in Deutschland im Dezember israelische Erdbeeren essen oder italienischen Spargel im März. Brauchen wir wirklich das ganze Jahr über frische Tomaten? Wäre es nicht viel vernünftiger, Nutzpflanzen nur dort anzubauen und Tiere da zu halten, wo sie herkommen? Gut, bei ein paar Artikeln drücken wir ein Auge zu, sonst müßten wir auch ohne Kaffee, Kakao, Jutetaschen und kunstgewerbliche Güter aus dem Sortiment der Dritte-Welt-Läden auskommen. Schließlich wollen wir ja gleichzeitig den armen Bauern in den Erzeugerländern durch fairen Handel eine unabhängige Existenz verschaffen.

Einmal abgesehen davon, daß derart rigorose Importbeschränkungen für uns im Winter Kohleintopf, Steckrüben, Tiefkühl- und Dosenfutter bedeuten würde, bleibt die Frage, ob dieses Szenario wirklich eine Lösung bietet. Sehen wir uns doch einmal im Hafen um. Die internationale Schiffahrt verfrachtet nicht nur Schüttgut, Rohöl, Auswanderer und Reiselustige. Richtig interessant wird es erst weit unterhalb des Sonnendecks: Seit 1880 ist es gängige Praxis, bei Leerfahrten Ballastwasser zur Stabilisierung aufzunehmen. Werden im nächsten Hafen dann die Klappen zum Entlasten der Wassertanks geöffnet, strömt eine ganze Armada von Fremdlingen mit heraus: Meeresplankton, Algen, Krebse, Fische, Würmer, Weichtiere und Seesterne.

Amerikanische Wissenschaftler sprechen von einem »ökologischen Roulette«. Sie berichten, daß sich in den letzten 20 Jahren mindestens 45 fremde Organismen erfolgreich in den verschiedensten Küstenregionen der Erde angesiedelt haben. Die Dunkelziffer ist jedoch recht hoch, da man die Massenvermehrung von Kleinstlebewesen wie etwa Kieselalgen nicht so leicht registriert wie das Auftreten einer neuen Fischart.[338] Fern der Heimat, in Gewässern ohne natürliche Feinde, finden sie nur allzuoft ideale Bedingungen vor. So tauchen japanische Fische plötzlich im arabischen Golf auf, amerikanische Muscheln landen in deutschen Gewässern, und australische Krabben finden in Kalifornien eine neue Heimat.

Per Schiff reiste bei uns schon 1912 eine chinesische Touristin ein, die – ganz ohne Visum und zum Leidwesen unserer Wasserbauämter und Fischer – hier inzwischen heimisch geworden ist: Die Rede ist von der Wollhandkrabbe. Weder Wasserschutzanlagen, die sie fleißig unterwühlt, noch in Reusen gefangene Fische sind vor ihr sicher.[140] Die Dreikantmuschel, eine europäische Touristin, bevölkert seit 1986 die amerikanischen Flüsse Hudson, Mississippi und Susquehanna. Sie verstopft darüber hinaus durch ihr massenhaftes Auftreten die Rohrleitungen. Wie teuer solche Verschleppungen werden können, zeigte sich in Florida: Dort gibt man bereits über 11 Millionen Dollar jährlich zur Bekämpfung der exotischen Wasserhyazinthe und der Hydrilla aus, die die Schiffahrtswege zuwuchern.[317]

/172/

Sprung über die Gartengrenze

Daheim ist es immer noch am schönsten – und der Schrebergarten der Zufluchtsort aller, die fremder Schönheit nicht soviel abgewinnen können. Die Dahlien blühen in üppiger Pracht, und der Mehltau hat die Rosen verschont. Zufrieden lassen wir unseren Blick auf Fleißigen Lieschen, chinesischen Forsythien und dem amerikanischen Essigbaum ruhen. Die frischlackierten Gartenzwerge grüßen immer mit dem gleichen freundlichen Lächeln. Wem diese Aliens im eigenen Garten zu spießig sind, der erholt sich im Botanischen Garten: lauter Exoten im Freisetzungsexperiment. Niemand macht sich offenbar Gedanken über die Folgen, wenn beispielsweise der Kaukasische Bärenklau, auch Herkulesstaude genannt, die botanische Gartengrenze überspringt und sich bei uns ausbreitet.[546]

1890 brachten die beiden Botaniker Sommier und Levier den Kaukasischen Bärenklau in den Genfer Alpengarten. Von hier aus gelangte der attraktive Doldenblütler in zahlreiche Gärten Europas.[367] 1911 wurde das erste verwilderte Exemplar bei Dresden gesichtet, und seither gibt es für den Bärenklau kein Halten mehr. Als ursprüngliche Steppenpflanze ist er sehr genügsam und kommt auch auf kargen Flächen gut zurecht. Auf Schuttplätzen, Abraumhalden, Bahndämmen oder Wegesrändern ist er gerne zu Hause. Schon beim Berühren ist äußerste Vorsicht geboten: Der Saft der bis zu drei Meter hohen Pflanze verursacht schwerste Hautverbrennungen. Nur Nachtwanderer läßt die Staude unbehelligt, weil sich das wirksame Gift erst in Zusammenwirken mit der Sonneneinstrahlung bildet.[366, 544, 546]

Eine Forschungsstation dürfte eine der größten Umweltkatastrophen im Mittelmeer verursacht haben: Vor zehn Jahren hat man vor der französischen Mittelmeerküste in den Nähe von Monaco zum ersten Mal die grüne Wucheralge *Caulerpa taxifolia* bemerkt. Sie war vermutlich dem Ozeanographischen Museum in Monaco »entkommen«. Die Alge, eine wegen ihrer Farbe und Robustheit auch bei Aquarianern beliebte Zierpflanze, kann aber genausogut beim Reinigen der Fischbassins per Klospülung in die Freiheit gelangt sein. Im Mittelmeer scheint sie prächtig zu gedeihen, denn sie breitet sich schnell aus und wurde schon an vielen Stellen gesichtet.[356]

Mittlerweile bedeckt sie an die 1500 Hektar Meeresgrund entlang des Küstenstreifens zwischen Toulon in Frankreich und Imperia in Italien. Isolierte Bestände wurden bei den Balearen, Elba und Sizilien entdeckt. Im Mittelmeer scheint die Alge außerdem mutiert zu sein, denn sie wird doppelt so groß wie die tropische Stammform[545] und enthält mehr vom Giftstoff Caulerpicin. Wissenschaftler befürchten, daß ihr die mediterranen Seegraswiesen zum Opfer fallen könnten, die unzähligen Fischarten als Kinderstube dienen.[356] Unter dem dichten Caulerpa-Algenteppich gedeihen keine anderen Algen, keine Schalentiere und fast keine Fische mehr. Die alles überwuchernde »Grüne Pest« hat eine drastische Reduzierung der Fischbestände und der nahrungs- und sauerstoffspendenden Meerespflanzen zur Folge. Auch für den Menschen könnte sie noch zum Problem werden, dann nämlich, wenn sich Fische, Schalen- und Krustentiere davon ernähren und das Caulerpa-Gift in die Nahrungskette gelangt.[545]

Was »blinde Schiffspassagiere«, verwilderte Pflanzen, importierte Käfer und entfleuchte Fische an Umweltschäden anrichten, könnte man als Vorschau dessen ansehen, was uns mit den Freilassungsversuchen gentechnisch manipulierter Organismen bevorsteht. Aber Vorsicht, bevor Sie jetzt beinharte Handelsbeschränkungen fordern, denken Sie dran, daß man dann auch eine weitere Tätigkeit des Menschen verbieten müßte, die womöglich noch größere Gefahren für die Umwelt und unsere Gesundheit birgt: das Reisen.

Wenn einer eine Reise tut ...

Wie schön, daß die Welt kleiner geworden ist. Wo unsere Vorfahren noch bandscheibenschädigende Tagesreisen mit Postkutschen in Kauf nehmen mußten, fahren jetzt Hochgeschwindigkeitszüge, die uns in wenigen Stunden ans Ziel bringen. Statt wochenlang auf Viermastern bei trockenem Schiffszwieback und ranzigem Speck widrigen Winden zu trotzen, steigt man in Boston in einen vollklimatisierten Jumbo und kommt 6 Stunden später in London an, leichtes Bordmenü inbegriffen. Flugreisenden, die von Europa ins ferne Mexiko fliegen, bietet sich kurz vor der Landung ein befremdliches Schauspiel. Da geht das Personal mit Handspritzen durch das Flugzeug und versprüht Desinfektionsmittel. Auf Nachfragen hin erfahren wir, daß es sich um eine staatliche Anordnung handele. Sie soll die Einschleppung von Krankheitskeimen und Schädlingen verhindern. Eine erstaunliche Maßnahme, wenn man aus dem »sauberen« Europa kommt.

So ganz widersinnig ist dieses Vorgehen jedoch nicht. Nach einem Bericht des amerikanischen Instituts für Medizin (IOM) ist der Luftverkehr eine der Hauptursachen für das Einschleppen gefährlicher Erkrankungen in die USA: Bakterien, Viren und Parasiten reisten gemeinsam mit den Menschen und verbreiten unter anderem Malaria, Dengue-Fieber, HIV, Borreliose und Gelbfieber.[339] Das Risiko der Ansteckung, vor allem für Erreger, die über die Atemluft kommen, hat sich erhöht, denn die Fluggesellschaften haben die Frischluftzufuhr in den Maschinen seit 1980 drastisch reduziert. Wo früher die gesamte Atemluft alle drei Minuten gegen Frischluft ausgetauscht wurde, wird die Luft heute meist nur noch recyclet. Das spart teures Kerosin und schont die Umwelt, erhöht aber auch die Infektionsgefahr, zum Beispiel für Tuberkulose.[340]

Man muß übrigens gar nicht unbedingt in die Ferne schweifen, um in den Genuß tropischer Parasiten zu kommen: So diagnostizierte man bei einem Schweizer Bauern, der sein Lebtag nicht aus seiner Heimat herausgekommen war, eine tropische Malaria. Zwar gibt es auch in der Schweiz allerlei Stechmücken, jedoch keine, die Malaria übertragen. Des Rätsels Lösung lieferte der Wohnort des Patienten: die Einflugschneise des Flughafens Kloten. Die Mücke, die ihm die Malaria verpaßte, überquerte wahrscheinlich als blinder Passagier die Schweizer Alpen.

Der internationale Flugverkehr umfaßt jährlich etwa 500 Millionen Flüge. Völkerwanderungen wie diese lassen nicht nur die Anzahl der Urlaubsdias und Souvenirs exponentiell ansteigen, sondern auch die Ansteckungsgefahr. Und den Wortschatz: Das Lassa-, das Chikungunya- und das Krim-Kongo-Fieber sind für so manchen Deutschen keine exotischen Fremdwörter mehr. Und die Ärzte in den Tropenkliniken denken auch längst nicht mehr nur an Malaria oder Hepatitis, wenn sie einen kranken Fernreisenden vor sich haben.

Sollen wir also eine Bürgerinitiative zur Einstellung des Massentourismus gründen? Waren das noch Zeiten, als unsere Vorfahren als Jäger und Sammler dem Wild hinterherzogen oder als Nomaden bessere Weidegründe suchten! Damals war die Bevölkerungsdichte gering und Kontakte der verschiedenen Volksgruppen untereinander selten. Deshalb gab es auch keine nennenswerten Krankheitsepidemien. Das änderte sich drastisch, als es in Europa im 13. Jahrhundert zu einer Bevölkerungsexplosion kam und der Mensch lernte, schneller voranzukommen. So haben wir zum Beispiel die mittelalterliche Pest den flinken Steppenpferden der Mongolen und den windschnittigen Schiffen der Genueser zu verdanken.[359]

Latent gab es den Pesterreger bei afrikanischen und indischen Nagetieren seit undenklichen Zeiten, ebenso von Nordburma bis Yünnan. Die Menschen waren teilweise immun gegen ihn geworden. Da der Infektionsüberträger, der Pestfloh, nur unter bestimmten Bedingungen überlebt, verblieb die Pest, wo sie war. Die mongolischen Expreßreiter boten den Flöhen die Möglichkeit, weit entfernte Rattenvölker zu erreichen. 1330 brach die Pest in China aus, 1338 in Zentralasien entlang der Karawanenwege, 1346 kam sie nach Astrachan und traf 1347 erstmals auf eine europäische Bevölkerungsgruppe. Auf der Schwarzmeerhalbinsel Krim belagerte Khan Djam Bek die genuesische Handelsniederlassung Caffa. Sein Heer wurde von der Pest erfaßt und soweit dezimiert, daß er die Belagerung abbrechen mußte.[319] Doch bevor er das Feld räumte, ließ er noch einige Pestleichen über die Befestigungsmauern schleudern, um, wie er sagte, »die Christen zu verpesten«.[318] Nach dem Ende der Belagerung wurde der Hafen wieder geöffnet, und die infizierten Schiffsmannschaften verbreiteten die Seuche in ganz Europa. Innerhalb von drei bis vier Jahren verlor der Kontinent zwischen einem Drittel und der Hälfte seiner Bevölkerung. Die beiden Seuchenspezialisten Jaques Ruffié und Jean-Charles Sournia vergleichen »ihr Wüten mit einem weltweiten Atomkrieg«.[318]

Natürlich sind auch europäische Volksstämme nicht gerade keimfrei. Als sie sich den sieben Weltmeeren anvertrauten, stießen sie auf die Neue Welt. Sie trafen auf Menschen, die bisher keinen Kontakt mit europäischen Krankheitserregern hatten. So fielen die amerikanischen Ureinwohner Pocken, Masern, Typhus, Cholera, Diphterie und Grippe zum Opfer, um nur einige der »Mitbringsel« zu nennen. 1492 war die Bevölkerungsdichte auf dem amerikanischen Kontinent etwa vergleichbar mit der Eurasiens. Ein Jahrhundert nach der Entdeckung Amerikas durch Kolumbus waren von den zahlreichen Bewohnern des Azteken- und Inkareiches gerade noch zehn Prozent übriggeblieben.[320]

Ob Entdeckungsreisen, Eroberungszüge, Völkerwanderungen oder Ferntourismus: Das »konventionelle« Einschleppen fremder Gene ist von Katastrophen gesäumt. Ob die Gentechnik mit diesen Risiken jemals konkurrieren kann, sei dahingestellt. Unter diesem Gesichtspunkt wird Weltoffenheit zur tödlichen Gefahr, das Kennenlernen anderer Kulturen zum ökologischen Roulette. Ob uns Videokonferenzen, Internet, World Wide Web und Pseudo-Reisen in die sterile »Virtual Reality« das gleiche Verständnis für andere Kulturen vermitteln können wie die eigene Anschauung? Der moderne Tourismus, inklusive des Konferenztourismus, hat auch sein Gutes: Noch nie haben so viele Menschen andere Länder in friedlicher Absicht besucht.

Es nützt herzlich wenig, einfach zu Hause zu bleiben, um auf diese Weise wenigstens vor exotischen Seuchen verschont zu bleiben. Mikroben kennen keinen Stillstand in Sachen »Gentechnik«, sie interessieren sich nicht für Staatsgrenzen. Andauernd entwickeln sich neue, bisher unbekannte Erreger wie die Legionärskrankheit, die Lyme-Borreliose und nicht zuletzt das AIDS-Virus. Altbekannte Krankheitserreger wie die Tuberkulose-Bakterien legen mit ihren »gentechnischen« Tricks bewährte Waffen der Medizin wie Antibiotika lahm. Niemand wird in dieser Situation die Hände in den Schoß legen wollen. Es gibt sicher mehr und wahrscheinlich auch bessere Wege, diesen Keimen Paroli zu bieten als die Gentechnik. Aber sie ist einer von ihnen.

Vom »Sinn« der Erbkrankheiten

Es ist schon merkwürdig. Fragt man die Deutschen, was sie von der Gentechnik halten, so lehnen sie 70% ab. Fragt man dagegen nach dem Sinn oder Unsinn einer medizinischen Anwendung von Gentechnik, leben wir in einem anderen Land. Nun sind auf einmal 70% dafür. Plötzlich stehen nicht mehr die Gefahren im Vordergrund, sondern die Chancen. Hoffende Kinderaugen blicken uns aus dem Abendprogramm an, und sonore Stimmen erklären die Prinzipien des Heilverfahrens. Endlich sind sich alle einig: Die Gentechnik ermöglicht die Erlösung von Erbkrankheiten.

Eigentlich widersprechen Erbkrankheiten unserem darwinistischen Weltbild. Denn schwere Gen-Defekte hätte die Evolution beim »survival of the fittest« längst ausmerzen müssen. Zumindest solche, die häufig sind und zugleich tödlich für die Betroffenen. Sie haben sich aber bis heute hartnäckig halten können. Warum? Eine Antwort auf diese Frage wurde Ende der 40er Jahre von dem britischen Arzt James Neel gefunden. Er nahm die Fährte in Zentralafrika auf. In Nigeria trägt zum Beispiel etwa ein Drittel der Bevölkerung die Erbanlage für eine Sichelzellanämie. Ihren eigenartigen Namen verdankt diese Krankheit den sichelartig verformten roten Blutkörperchen.[134]

Neel fiel auf, daß Gegenden, in denen besonders viele Fälle leichter Sichelzellanämie auftraten, also der Gendefekt besonders verbreitet ist, auch stark von der Malaria heimgesucht werden. Und offenbar überlebten dort die Kranken überproportional häufig. Gab es etwa irgendeinen Zusammenhang zwischen den verformten roten Blutkörperchen und der Seuche? Neel überlegte: Da sich der Malariaerreger in den roten Blutkörperchen entwickelt, könnte hier eine Abwehrstrategie der Natur einsetzen. Er sollte recht behalten. Der Stoffwechsel von sichelzellförmigen Blutkörperchen ist so verändert, daß die Malariaerreger absterben, bevor sie größeren Schaden anrichten können.[325, 326]

Doch die Sache hat einen Haken: Was vielen Menschen das Leben rettet, ist für andere lebensgefährlich. Nicht alle Menschen mit Sichelzell-Gen erkranken tödlich. Kommt das Sichelzell-Gen nur von einem Elternteil, während der andere ein gesundes Gen beisteuert, dann erblickt ein mischerbiger Sichler das Licht der Welt. Er erkrankt nur leicht an der Anämie – und ist zugleich vor Malaria gefeit. Ganz anders, wenn beide Elternteile ein Sichelzell-Gen weitergeben. Diese Kinder sterben gewöhnlich schon vor Erreichen des Erwachsenenalters an Thrombosen, Infektionen, Herz- oder Nierenversagen.[325, 326, 358]

Die Biologie rechnet knallhart: Der Vorteil, den die mischerbigen Sichler gegenüber normalen Menschen ohne Sichelzell-Gen haben, hebt in Malariagebieten die Verluste auf, die durch den Tod der reinerbigen Sichler auftreten. Je größer die Gefährdung durch Malaria in einer Region ist, desto häufiger kommt das Sichelzell-Gen dort vor. Das kann fatal für den Einzelnen sein, ist aber überlebenswichtig für die Spezies Mensch.[135, 139]

/180/

Nun ist die Natur bei der Wahl ihrer Mittel erfinderisch, wenn es darum geht, das Überleben der Art zu sichern. Auch im südlichen Europa, wo die Malaria jahrtausendelang heimisch war, ist eine, allerdings weitaus harmlosere, Erbkrankheit noch heute vertreten: Der Mangel an einem Enzym, das die Blutkörperchen schützt. Es handelt sich um die »Glucose-6-Phosphat-Dehydrogenase«, kurz G6PD. Was so unaussprechlich klingt, beschreibt den häufigsten angeborenen Enzymdefekt überhaupt.[328] Daran vermag man auch die Bedeutung der Malaria in der Geschichte der Menschheit ermessen. Die volle Schutzwirkung entfaltet der Gendefekt jedoch nur mit dem richtigen Menü: Die rohe Ackerbohne, auch Saubohne oder Pferdebohne genannt, enthält zwei Wirkstoffe, die ins Blut gelangen und zusammen mit dem Enzymmangel den Parasiten den Garaus machen. In den betroffenen Ländern stellen rohe Bohnen ein wichtiges Nahrungsmittel dar. Der Nachteil: Wer zuviel rohe Bohnen verzehrt, erkrankt an einer Lebensmittelvergiftung, dem Favismus.[327]

Offenbar sind Gesellschaften, die von so gefährlichen Krankheiten wie Malaria bedroht sind, automatisch bestrebt – auch ohne Experten –, alle Möglichkeiten der Bekämpfung auszuschöpfen und seien es giftige Speisen. Dabei nehmen sie billigend Gesundheitsgefahren in Kauf, um das Überleben der Bevölkerung zu sichern. Für uns malariafreie Mitteleuropäer sind giftige Pflanzen ein vermeidbares Risiko. Wir kochen die Bohnen einfach so lange, bis sie ungiftig sind. Natürlich interessiert sich die Bohne nicht die Bohne für die Malariaprobleme der Gattung Mensch. Sie produziert die Stoffe zur Abwehr von Fraßfeinden und Pflanzenkrankheiten. Schließlich mag auch sie keine Parasiten.

Lebensmittelvergiftungen als Medizin

Neben dem Favismus dient auch der Lathyrismus dem Schutz vor Malaria. Diese Lebensmittelvergiftung wird gewöhnlich durch Saat-Platterbsen, aber auch durch Kichererbsen verursacht. Auch hier wirkt ein Inhaltsstoff zusammen mit einer »Erbkrankheit« als Schutz gegen die Malaria. Eine dritte Lebensmittelvergiftung dieser Couleur ist die Maniok-Vergiftung. Maniok enthält als Wolfsmilchgewächs das Gift Linamarin. Damit hält sich die Pflanze recht wirkungsvoll naschhafte Mäuler vom Leib. Bislang war nur die akute Vergiftung bekannt. Neuerdings wird eine weitere Krankheit auf chronischen Maniok-Verzehr zurückgeführt: Kwashiorkor, bei uns bekannt von den »Biafra-Kindern« mit den aufgetriebenen Bäuchen.[330] Lange wurde die Krankheit irrtümlicherweise als Folge einer Mangelernährung an Eiweiß und Kalorien angesehen.[360]

Überall dort, wo Maniok verzehrt wird, tritt auch Kwashiorkor auf.[329, 330] Kwashiorkor-Kinder erkranken auffallend selten an Malaria.[331] Bemerkenswert ist, daß in trockenen Regionen Afrikas – also dort wo Gewässer als Brutstätten für die Malariamücken fehlen –, der Maniok bei der Zubereitung gründlich ausgewaschen wird, um den Gehalt an Linamarin zu senken. Kwashiorkor ist entsprechend selten. In feuchten und sumpfigen Regionen hingegen, wo genug Wasser vorhanden wäre, aber die Infektionsgefahr besonders groß ist, betreibt man die Entgiftung der Cassava eher nachlässig. Und noch eine Beobachtung ergänzt das Bild: In Thailand verschwand die Malaria, als die Wälder gerodet und Maniok-Plantagen angelegt wurden. 1980, als der Maniok-Markt zusammenbrach, wurden die Felder durch Gummibaum- und Obstbaumplantagen ersetzt, und die Malaria brach wieder aus.[334]

Während in den Tropen die Malaria ihre Opfer fordert, bedrohte Europa, auch noch im 19. Jahrhundert, eine ganz andere Seuche: die Cholera. Ohne ärztliche Versorgung fallen ihr die Hälfte der Erkrankten zum Opfer. Viele Überlebende dürften ihre Gesundheit einer Erbkrankheit verdanken: der Cystischen Fibrose. Sie macht sich bei reinerbigen Betroffenen durch extreme Verschleimung der Atemwege und des Verdauungstraktes bemerkbar. Nur wenige Patienten erreichen das 20. Lebensjahr. Dennoch trägt auch heute noch etwa ein Viertel der nordeuropäischen Bevölkerung ein Fibrose-Gen in seinem Erbgut. Dieses Gen verschaffte also zu Zeiten der großen Epidemien seinen Trägern einen Vorteil: Sie überstanden damit die Cholera.[357]

Heute gewinnen Zivilisationskrankheiten, wie die Zuckerkrankheit, an Bedeutung. Die Gene, die ihre Entstehung (Typ II) begünstigen, sollen, wie wir heute wissen, vor Hungersnöten schützen. Diabetes Typ II hat, entgegen der landläufigen Meinung, nichts mit einem übermäßigen Verzehr von Zucker oder Weißmehl zu tun.[554, 555] Den Schlüssel für diesen Zusammenhang konnten die Forscher daher nur weitab von unserer übersättigten Wohlstandsgesellschaft finden: in Mikronesien, genauer gesagt auf der Nauru-Insel. Dort gab es ständig Hungersnöte. Seit ausreichend Nahrung verfügbar ist, leidet über die Hälfte der Erwachsenen an der Zuckerkrankheit. Die Diabetes-Gene helfen dem Körper, in mageren Zeiten Energie zu sparen. Deshalb sind Diabetiker auch häufig dick, da sie besonders gute »Futterverwerter« sind. Da Alterszucker besonders oft dort auftritt, wo die Bewohner häufig hungern mußten, ist Diabetes auf Nauru häufiger vertreten als in Mitteleuropa.[333]

So schwerwiegend die Folgen für den einzelnen Menschen sind, der daran erkrankt, so erkannten die Biowissenschaften nach und nach, daß selbst schlimme Erbkrankheiten wie die cystische Fibrose tatsächlich einen Nettonutzen für die Menschheit bedeuten. »Kranke« Gene halfen unseren Vorfahren, auch ungünstige Lebensräume zu besiedeln. Die Erbkrankheiten sind der Preis für eine effektive Krankheitsabwehr. Übrigens sitzen die vermeintlich defekten Gene für diese Krankheiten auf demselben Chromosom, das die MHC-Gene enthält (s. Seite 50). Nun wird deutlich, wozu die Natur die Paarung über Pheromone steuern mußte: Es ging ihr nicht nur um den optimalen Mix zur Abwehr von Parasiten, sondern wohl auch darum, »unpassende« Kombinationen von Genen zu vermeiden. Mischerbige »Defekte« schützen und sichern das Überleben. Reinerbige können den Tod der Betroffenen zur Folge haben.

So sehr wir uns das Ziel, die Erbkrankheiten mittels Gentechnik endlich »auszurotten«, herbeisehnen mögen, es ist vielleicht nicht gerade der Weisheit letzter Schluß. Vielleicht wäre es klüger zu lernen, damit zu leben, indem wir uns entweder auf unser Näschen, auf unsere Pheromone verlassen oder versuchen, bewußt die etwaige Gleichheit riskanter Erbanlagen zu erkennen. Da könnte die Gentechnik sogar hilfreich sein.

»Kein Patent auf Leben« . . .

. . . so lautet eine Initiative, die vor einem besonderen Problem der Gentechnik warnen möchte: Der Patentierung von Erbgut, insbesondere des Menschen. Damit werden unsere Gene Privateigentum von einzelnen Forschern oder Unternehmen. Dem einen eine Horrorvorstellung, ist dies anderen nur recht und billig: Schließlich muß jeder Mensch für Arbeit und Ware bezahlen, sei es Toilettenpapier oder eine Aktie. Auch die Gewinnung von Erkenntnis hat ihren Preis.

Wer sein Geld oder seinen Intellekt zur Erforschung unserer Gene investiert, möchte diese Arbeit bezahlt haben. Genauso, wie zahllose Medikamente, Diagnosegeräte oder die Sojawürstchen im Krankenhausessen patentiert sind.

Ein Patent bedeutet zweierlei. Erstens die Möglichkeit, Kapital aus seiner Nutzung zu schlagen. Und zweitens die Möglichkeit der Machtausübung. Der Patentinhaber entscheidet darüber, wer sein Patent zu welchen Bedingungen nutzen darf. Die Tücke: Er entscheidet auch darüber, ob es überhaupt genutzt wird. Es ist unter Erfindern ein offenes Geheimnis, daß mehr Geld investiert wird, um die Anwendung von Patenten zu verhindern, als zu deren Verwirklichung. Die entsprechenden Tricks dazu sind geeignet, ein eigenes Krimigenre zu begründen.

Für ein Industrieunternehmen stellen geniale Erfinder oder auch nur unermüdliche Bastler, die mit ihren Ideen zum Patentamt laufen, ein unberechenbares Risiko dar. Denn wirklich neue Erfindungen können florierende Märkte ruinieren. Man stelle sich vor, es entwickelt jemand einen preiswerten und abgasarmen Motor, der kaum Benzin braucht. Nicht nur die Mineralölanbieter bekämen Probleme – zuallererst doch die Automobilindustrie: Der Kunde möchte nun das bessere und billigere Fahrzeug. Wohin mit den vielen nagelneuen Pkw bei den Händlern? Was wird aus den teuren computergesteuerten Fertigungsanlagen? Auch der Gebrauchtwagenmarkt geriete aus den Fugen. Also läßt man lieber alles beim alten und forscht und forscht und forscht. Und kauft alle Patente zusammen, die bessere Ideen enthalten, als zur Zeit erwünscht sind.

Wie löst man das Problem? Indem man das Patentrecht ändert: Durch das Patent ist der Inhalt nicht nur öffentlich, sondern kann auch von jedem genutzt werden. Das Patentamt legt die Gebühr pro Nutzung fest. Kein Unternehmen kann ein Patent mehr im Panzerschrank verschwinden lassen. Die Erfindung wird damit Eigentum der Menschheit. Der Wissenschaftler bzw. der Patentinhaber bekommt für einen festgelegten Zeitraum von 20, 30 oder 50 Jahren seine Nutzungsgebühren. Und sonst nichts.

Dies würde einen enormen Innovationsschub in unserer Gesellschaft auslösen. Viele Probleme, die in der Öffentlichkeit heiß diskutiert werden, insbesondere ökologische, sind längst gelöst – im Patentamt. So könnte der Streit um die Gen-Patente doch noch helfen, ein wirkliches Problem der Menschheit zu lösen. Ein Patentrecht, das vor 100 Jahren sicherlich gut war, stranguliert heute die Erfinder und enthält der Gesellschaft den technischen Fortschritt vor.

Angst vor der eigenen Courage

Zugegeben: es ist verwirrend. Da führt uns die biologische Schädlingsbekämpfung die Risiken der Gentechnik anschaulich vor Augen. Und diese Risiken werden durch die zahllosen unkontrollierten »Freisetzungsexperimente« in Botanischen Gärten, durch Welthandel und Tourismus noch überboten. Folgen, die, wie wir gesehen haben, von Fachleuten schon mit einem Atomkrieg verglichen wurden. Und doch verdanken wir einen Großteil unserer Nutzpflanzen und -tiere, im Grunde unseren Wohlstand, eben diesen Praktiken. Vielleicht hilft uns die Gentechnik ja, das Schwarz-Weiß-Denken in ökologischen Fragen zu überwinden und Risiken in einem größeren Kontext zu sehen. Denn alles, was wir tun, hat Risiken. Auch das Nichtstun.

Ohne die beiden »Triebe« Angst und Neugier säßen wir wahrscheinlich noch ums Lagerfeuer in der Höhle. Die Neugier treibt uns um, läßt uns nach neuen Lösungen suchen, bessere Maschinen austüfteln und komplizierte Zusammenhänge erforschen, neue Planeten entdecken, auf andere Menschen zugehen, Freundschaften mit Fremden schließen, aber auch heimtückischere Waffen schmieden. Mit jeder neuen Unternehmung, mit jedem neuen Forschungsgebiet setzen wir uns und andere unbekannten Risiken aus. Die Angst hilft uns, zu verhindern, daß wir uns in allzu waghalsige Abenteuer stürzen oder an weit überlegenen Feinden vergreifen. Sie warnt uns, macht uns vorsichtig und läßt uns bisweilen das Heil in der Flucht suchen. Auch wenn man es den Helden im Kino nicht ansieht: Die Angst ist dem Menschen angeboren. Sie ist ein lebensnotwendiger Instinkt, der unser Verhalten steuert und uns schützt.

Wo verläuft die Grenze zwischen Neugier und Angst? An welchem Punkt sollte die Forschung aufhören? Der bewußte Umgang mit Neugier und Angst unterscheidet uns vom Tier. Angst vor neuen Ideen empfindet man meist dann, wenn altvertraute Weltbilder aufgegeben werden müssen. Unlustgefühle oder gar Scham entstehen beim Abschiednehmen von »eigenen« Ideen, deren Entwicklung einst so große Lustgefühle bereitet hatte. Die Scham hält uns davon ab, zuzugeben, daß wir uns geirrt haben. Und Schamgefühle sind ja nur eine Spielart der Angst.

Sie entscheiden, ob Sie dem hier willkürlich herausgegriffenen Beispiel Gentechnik in Zukunft mit mehr Skepsis oder Neugier begegnen. Und vielleicht dämmert ja den deutschen

Unternehmensführern in einer hellsichtigen Stunde, daß eine Technik nur dann erfolgreich sein kann, wenn sie von der Bevölkerung akzeptiert wird. Es mag sein, daß gebratene Vogelspinnen am Amazonas eine beliebte Delikatesse sind und daß diese Speise zudem aus ernährungswissenschaftlicher Sicht als hochwertig und empfehlenswert einzustufen wäre. Aber, Hand aufs Herz, welcher Gentechniker würde diesem Expertenrat gerne folgen wollen? Und vielleicht bedenken diejenigen, die den ungezügelten Wissensdrang ihrer Mitmenschen am liebsten verbieten möchten: Wissen können wir nicht zurücknehmen, und niemand kann andere Menschen daran hindern, vom Baum der Erkenntnis zu essen. Womöglich sind wir eines Tages froh, in einer Notlage auf dieses Wissen zurückgreifen zu können. Gute Forschung hat immer etwas Spielerisches, sie braucht Gedanken, die noch keiner vorher hatte, sie lebt vom »Undenkbaren«.

Hätten die Generationen vor uns nicht Risikobereitschaft und Neugier besessen, würden noch heute ängstliche Mütter ihren neugierigen Töchtern einschärfen: »Kind, geh nicht vor die Höhle, draußen frißt dich der Bär.« Aus der Sicht des Bären betrachtet, hätten wir besser in der Höhle bleiben sollen. So wurde er zwar um eine ausgewogene und vollwertige Mahlzeit gebracht, es wäre ihm aber erspart geblieben, daß heutzutage nur im Zoo Platz für ihn ist.

4 Licht und Schatten

Morgenstund' hat Blei im Schlund, so möchte man an kalten und düsteren Wintermorgen die althergebrachte »goldene« Volksweisheit von den Segnungen des frühen Aufstehens verspotten. Mal ehrlich: In dieser Finsternis kann uns doch alles Edelmetall der Erde gestohlen bleiben. Müde und mürrisch stehen wir mit der Zahnbürste in der Hand im Badezimmer und beneiden die Bären, die den Winter überschlafen dürfen. Die haben es gut, können sie sich doch vorher noch ungeniert eine ordentliche Speckschicht anfuttern. Und wer die triste Zeit in einer kuscheligen Höhle verträumen darf, hat sicher auch keine Probleme mit schlechter Winter-Laune. Oder haben Sie schon mal einen schwermütigen Bären gesehen?

Für uns hat Herr Edison wenigstens die Glühbirne erfunden. Ein Druck auf den Lichtschalter – und wir müssen heftig blinzeln. An einen strahlenden Sommermorgen können die kleinen Lichter der Technik natürlich nicht heranreichen. Irgendwie müssen wir jetzt aber wach werden und unseren Blutdruck wenigstens etwas in Wallung bringen. Wir schaffen es erst mit einer ausgiebigen Dusche und einer Tasse starken Kaffees.

Erreichen uns auf dem Weg ins Büro doch noch ein paar Sonnenstrahlen zwischen U-Bahn und Pforte, spüren wir förmlich, wie wir aufblühen – um unter den Neonröhren im Büro alsbald wieder vor uns hinzuwelken. Selbst die leicht lädierte Yuccapalme im Besucherzimmer weiß es besser und streckt sich mit aller Gewalt zum Fenster hin. Warum setzen wir uns nicht ins rechte Licht? Beim Fotografieren will doch auch niemand unterbelichtet sein.

Der Abend naht unbemerkt. Wenn wir unsere Diensträume verlassen, hat sich die Dunkelheit bereits über die Stadt gelegt. Statt eines Sonnenuntergangs bekommen wir in der U-Bahn nur die mürrischen Mienen unserer Mitmenschen zu Gesicht. Wenigstens können wir es uns jetzt zu Hause gemütlich machen. Eine Kerze wirft ihr lebendiges Licht und flakkernde Schatten in den Raum, und wir schlürfen dazu genüßlich eine Karaffe vom guten Bordeaux. Die Melancholie ist besiegt. Zumindest für heute.

Winter-Blues

Für den einen ist es nur miese Novemberlaune, für andere Menschen der Beginn massiver Depressionen, die sich erst im Frühjahr wieder verabschieden: In der dunklen Jahreszeit werden sie traurig und müde. Länger ausschlafen nützt überhaupt nichts, im Gegenteil, es verstärkt die Müdigkeit und die Unlustgefühle noch. Der Appetit auf Süßigkeiten gerät zur ständigen Herausforderung an die Selbstbeherrschung und läßt zu allem Überdruß den Zeiger der Badezimmerwaage nach oben klettern.[388, 390] Wer es sich leisten kann, flieht in den sonnigen Süden.

Der Winter macht uns depressiv, die kurzen Tage und der graue Himmel drücken auf die Stimmung. »In der Depression erscheint alles hoffnungslos, fremdartig, grau und farblos«, schrieb der Psychiater Eugen Bleuler um die Jahrhundertwende.[543] »Oft erleben Depressive ›grau und farblos‹ nicht nur im übertragenen Sinne, sondern selbst in der unmittelbaren Wahrnehmung: der Himmel hat seine strahlende Bläue verloren, das rosige Gesichtchen ihres Kindes erscheint ihnen fahl.« Nirgends ist der unmittelbare Zusammenhang zwischen

Dunkelheit und Trübsal so naheliegend wie bei der winterlichen Depression. Der Mensch braucht augenscheinlich ein gewisses Quantum Licht, um bei Laune zu bleiben. Die Depressionen nehmen nicht nur im Winter, sondern auch mit dem Breitengrad zu:[390] Während in Florida nur 4 Prozent der Menschen darunter leiden, sind es in New York schon 17 und in Alaska 28 Prozent.[410] Nordpol-Expeditionen sind ebenfalls kein Vergnügen, zumindest in der Polarnacht nicht: Während ihrer oft monatelangen Missionen klagen Polarforscher über Stimmungsschwankungen, Niedergeschlagenheit, Müdigkeit, Gewichtszunahmen und sexuelles Desinteresse.[449, 451, 498]

Es sollte allerdings bis 1980 dauern, bis ein Psychiater endlich praktische Konsequenzen daraus zog. Alfred Lewy aus Oregon setzte einen seiner leidgeplagten Winter-Patienten einfach morgens und abends mehrere Stunden vor eine starke, dem Tageslicht angeglichene Lampe. Schon nach vier Tagen ging es dem Mann besser. Nicht jede Depression reagiert auf Licht, aber dank Lewys Pragmatismus lassen sich heute saisonal auftretende, lichtabhängige Depressionen (SAD, Seasonal Affective Disorder) leicht erkennen und wirksam behandeln.[410]

Nun ist die Psychiatrie nicht gerade von durchschlagenden Therapieerfolgen verwöhnt. Lewys einleuchtende und billige Behandlungsmethode klang vielversprechend. Schnell waren weitere Patienten gefunden, die nur im Winter depressiv wurden. Diese Menschen haben einen ausgeprägten »Lichthunger« und reagieren auf die winterlich-kurzen Tage deutlich empfindlicher als andere.[390, 518] Die meisten SAD-Kranken holt helles, weißes Licht innerhalb von wenigen Tagen aus ihrer Depression.[410] Die Stimmung steigt, der Hunger auf Süßes läßt nach, und das Schlafbedürfnis normalisiert sich wieder. Die Lichtbehandlung ist, so die Wiener Neurologin Professor Margot Dietzel, »die Methode der ersten Wahl bei der Be-

handlung saisonal depressiver Patienten«:[494] einfach durch-
zuführen, sehr erfolgreich und nebenwirkungsarm.

Doch das ist noch längst nicht alles, denn mit dem richtigen
Licht gelingt auch die Entwöhnung von Suchtpatienten leichter. Chronisch Alkoholkranke werden auf Entzug häufig depressiv und antriebsschwach. Die üblicherweise angewen-
deten euphorisierenden Psychopharmaka machen genauso
abhängig wie der Alkohol, von dem die Patienten loskommen
wollen. Bei der belebenden, aufmunternden Wirkung des
Lichts besteht diese Gefahr nicht. Dietzel konnte in einem
Versuch mit schwer Alkoholkranken die Entzugssymptome
durch helles Licht deutlich vermindern: Die Teilnehmer kamen fast ohne Medikamente aus.[494] Wundert es Sie jetzt noch,
daß die erfolgreichsten Entzugskliniken der USA im sonnigen
Florida liegen und daß viele Drogenabhängige im hellen Spanien deutlich weniger »Stoff« benötigen als zu Hause?[429]

Und trotzdem etabliert sich die Lichttherapie nur im Schnek-
kentempo. Zwar setzen sie gut die Hälfte der psychiatrischen
Unikliniken ein, bei den Fachkliniken sind es jedoch erst 13
Prozent.[430] Das heißt, daß rund neun von zehn Spezialklini-
ken eine der sichersten und wirksamsten Therapien der SAD
nicht anwenden. Bei Suchtpatienten sind die Möglichkeiten
der Lichttherapie bis heute kaum untersucht. Offenbar ziehen
die Therapeuten Psychopharmaka mit all ihren unvermeidlichen Nebenwirkungen vor. Oder sie vertrauen auf fragwür-
dige psychologische Theorien, die keiner Erfolgskontrolle
unterliegen. Vielleicht übersteigt es aber einfach nur ihr Vor-
stellungsvermögen, daß einmal nicht die gestörte Mutter-
Kind-Beziehung schuld ist und daß sich viele hochbezahlte
Psycho-Voyeure durch ein paar Leuchtstoffröhren oder Wan-
dertage ersetzen ließen. Eine erfolgreiche Behandlung von Al-
koholikern, Drogenabhängigen und Menschen mit Eßstörun-

gen würde einen Großteil der Branche überflüssig machen, die von ihren Mißerfolgen gut leben kann: Nicht geheilte Patienten müssen schließlich immer wiederkommen.

Die Mißerfolge sind hausgemacht. Winterdepression und Lichtmangel sind den Psychotherapeuten zu einfache Tatbestände, sie müssen umgedeutet werden. Mit welcher stilistischen Eleganz sich die Zunft ein Brett vor den Kopf nagelt, zeigt der Blick in ein Lehrbuch der psychosomatischen Medizin:[521] »Ein neunjähriger Junge mit einer gewissen Bereitschaft zur depressiven Erlebnisverarbeitung erzählte einmal, wenn er so im Winter auf seinem Bett liege, dann denke er oft an ›früher‹, wo er in der warmen Sonne so gemütlich in die Schule gegangen sei, und dann werde er traurig. – Hier gibt es in dem Kinde offenbar Erinnerungen, Phantasien von einem ›früher‹, das verloren gegangen ist, das es heute nicht mehr gibt. Nicht zufällig schließt sich das Erleben dieses Kindes an die Jahreszeiten an, an den wärmenden Sommer und an den kalten Winter, in dem die Sonne verloren gegangen ist. (In den Mythen vieler Völker spielt die verlorengegangene Sonne, die auf so tröstliche Weise am nächsten Morgen, im nächsten Frühling wiederkehrt, eine wichtige Rolle.)«

Die Sonne geht auf und die Therapeuten lassen die Rolläden herunter. Mit fest zugekniffenen Augen kramen sie im Formelkasten ihres Berufsstandes: »Der Depressive trägt in sich Vorstellungen von etwas, was früher gut war und jetzt schlecht ist. Er hat einen Verlust erlitten. Oft meint er, diesen Verlust durch eigene Schuld verursacht zu haben, als Strafe dafür, daß er so schlecht ist.« Sie lassen keine Möglichkeit unversucht, das Problem des Kindes mißzuverstehen: »Bei einem bestimmten Typ depressiver Störungen müssen wir von realen Verlusten des Kindes ausgehen. Aus der Deprivationsforschung wissen wir, daß in der Anamnese bestimmter depressiver Erkrankungen reale Entbehrungen an mütterlicher Zuwendung in der frühen Entwicklung stattfinden. In diesen Fällen ist die Phantasie vom Verlust eine Erinnerung an etwas, was man nicht oder zu wenig gehabt hat, das schmerzliche Wahrnehmen, daß einem etwas Grundlegendes fehlt.«[521] Wie lautet Ihre Diagnose, geneigter Leser? Wie wär's mit »grundlegendem Mangel an gesundem Menschenverstand«?

Die sexuelle Entladung der Pariser

Wo sie vor Augen liegt, wird die Wirkung des Lichts ausgeblendet. Bricht jedoch die Dunkelheit herein, werden plötzlich tiefenpsychologische Interpretationen des Zusammenwirkens von Lampen und Lebenslust bemüht. So in einem kulturgeschichtlichen Werk über die künstliche Helligkeit. Schauplatz ist Paris im späten 18. Jahrhundert, kurz vor Ausbruch der Revolution. In den Straßen sorgen 1500 uniformierte Polizisten für Ruhe und Ordnung – tagsüber. Nachts erfüllen 3500 Laternen diese Aufgabe, die als Symbole des Polizeistaates »von Anfang an die Angriffslust von unten provozierten. Trunkenbolde und Wüstlinge, die nächtens durch die Straßen schwärmten, machten sich einen Spaß, sie mit ihren Stöcken kaputtzuschlagen«.[495]

Dem erfahrenen Sozialpsychologen bieten die vorrevolutionären Ereignisse eine wahre Fundgrube an Erkenntnissen: »Die Laternenzerstörung war eine offenbar mit großer Lust verknüpfte Handlung, deren tiefenpsychologische Bedeutung hier nur kurz skizziert werden kann. Das Licht zum Verlöschen zu bringen war der Hauptanreiz. Zum Gefühl der Omnipotenz, das im Akt des Feuer-Auslöschens erlebt wird (das psychoanalytische Urbild ist das Ins-Feuer-Urinieren), . . . kam noch die nicht weniger lustvolle akustische

> Erfahrung von Omnipotenz. Berstendes Glas ist wie eine
> Explosion.... Die Lust, Urheber einer solchen Vernichtung
> zu sein, und im lauten Klirren der zerberstenden Laterne
> auch noch eine symbolische sexuelle Entladung zu erleben,
> wird man als die tieferen Triebkräfte hinter der Laternenzer-
> störung vermuten dürfen.«[495] Ja, die tieferen Triebkräfte...

Doch zurück zum Licht und zur Depression. Eine Lampe
macht freilich noch keinen Sommer. Die Professoren Thomas
Elbert und Brigitte Rockstroh stellen bei der Auswertung von
Studien über die Lichttherapie der Winterdepression etwas irritiert fest, daß »nur die Wirkung vermehrter künstlicher, nicht
aber natürlicher Beleuchtung untersucht wurde«.[518] Offenbar
hat bis heute niemand darüber nachgedacht, ob nicht das
Sonnenlicht als Maßstab dienen sollte. Und ob Depressionen
und Antriebslosigkeit nicht auch damit zusammenhängen
könnten, daß wir die meiste Zeit des Tages hinter verschlosse-
nen Türen und in fensterlosen Gebäuden verbringen. Nach
Ansicht von Elbert und Rockstroh sollte das »Anlaß geben,
über unser Therapieverständnis nachzudenken«. Sie empfehlen, »die Patienten einfach für eine Stunde ins Freie zu
schicken, wo sie selbst in den Wintermonaten ... noch einem
Vielfachen der künstlichen Beleuchtungsstärke ausgesetzt
wären«. Schließlich »ist es nicht unwahrscheinlich, daß sich
die meisten von uns wohler fühlen würden, wenn sie sich wie
unsere Vorfahren mehr im Freien aufhalten würden. Und vielleicht könnten ja – zumindest in den vom Polarkreis entfernten Breitengraden – negative Auswirkungen jahreszeitlicher
Stimmungsschwankungen durch diese einfache Maßnahme
reduziert werden.«[518]

Statt an der frischen Luft fristet der moderne Mensch seine
Tage in Bürotürmen, Fabrikhallen und Geschäften unter

Kunstlicht. Aus der Sicht unseres Körpers sind das dunkle Höhlen. Selbst im hellsten Büro herrscht im Vergleich zu draußen Schummerlicht. Der helle Tag bringt es im Sommer auf mehr als 100 000 lux, und selbst ein grauer, verhangener Dezembertag hat noch gut 3000 lux zu bieten. Die übliche Innenraumbeleuchtung nimmt sich dagegen mickrig aus: Selten erreicht sie 1000 lux, vor dem Bildschirm eines Computers sind es gerade mal 100 lux.[523, 535] Wer's nicht glaubt, möge an einem düsteren Wintertag beobachten, wie sich selbsttönende Brillengläser beim Eintritt in ein hell beleuchtetes Zimmer verhalten: Da sie sich beim Betreten des »finsteren« Zimmers aufhellen, muß es drinnen erheblich dunkler sein als draußen, im trüben Wintertag. Wir empfinden die Unterschiede nur nicht so kraß, weil unsere Augen extrem anpassungsfähig sind und die geringe Lichtmenge zum Sehen völlig ausreicht.

Welle oder Teilchen – was ist Licht?

Über die Natur des Lichts gab es schon eine Menge Streit unter den Wissenschaftlern, ausgelöst von seiner verrückten Eigenschaft, sich mal wie ein faßbares Teilchen und dann wieder wie eine unfaßbare Energiewelle zu benehmen. Die Idee von der Welle ist übrigens schon ziemlich alt, sie wurde erstmals 1690 im »Traité de la lumière« des Holländers Christian Huygens (1629–1695) veröffentlicht.[418] Fortan stritten sich gelehrte Leute von Isaac Newton und Johann Wolfgang von Goethe bis Max Planck und Albert Einstein über die wahre Natur des Lichts. Das Ergebnis hängt jedoch entscheidend von den Versuchsbedingungen ab: Je nach Experiment zeigte sich einmal nur die Teilchennatur und ein andermal nur die Wellennatur des Lichts. Diese beiden Vorstellungen schließen sich eigentlich aus. Und doch spiegeln beide einen Teil der Wahrheit

---

> wider – auch wenn wir damit an die Grenze unseres Vor-
> stellungsvermögens und an die Grenzen der Beweisbarkeit
> stoßen.

Licht mit ein paar hundert lux kann aber weder Depressionen
verhindern noch eine miese Stimmung aufhellen. Dafür sind
2500 lux nötig.[410, 446] Das Tageslicht genügt also selbst an
grauen Wintertagen – sofern man hinausgeht. Die Innenraumbeleuchtung führt unseren Körper an der Nase oder vielmehr
an den Augen herum: Neonröhren, Glühbirnen und Halogenlampen gaukeln ihm vor, es sei taghell, während ihre Leucht-
kraft dem Zwielicht entspricht. Wir verbringen fast 9 von 10
Tagen in diesem Dämmerzustand.[387, 522] Ist es da ein Wunder,
daß so viele Menschen müde und antriebslos sind und daß in
den Büroetagen der Süßhunger grassiert?

Der Hunger nach Süßem erwies sich als Schlüssel zum
Verständnis der Lichtwirkung. Er verschwindet meist als aller-
erstes, wenn Winterdepressive Licht tanken.[410] Licht und Zucker wirken ähnlich auf unseren Gehirnstoffwechsel: Beide
sorgen für mehr Serotonin, einen Botenstoff, der – vereinfacht
gesprochen – für die Übermittlung der guten Nachrichten
zuständig ist.[429] Bei vielen Depressiven ist der Serotoninstoff-
wechsel gestört.[390, 410, 518, 524] Vor allem am späten Nachmittag, wenn das Licht abnimmt, gieren sie nach Süßigkeiten.
Das Naschen vermittelt ihnen Wohlgefühl und Entspannung[510] – wären da nur nicht das schlechte Gewissen und der
kneifende Hosenbund. Während Licht den Abbau von Serotonin blockiert, sorgt Zucker für Nachschub: Essen wir Süßes,
stellt die Bauchspeicheldrüse Insulin bereit. Mit dessen Hilfe
gelangt der Eiweißbaustein Tryptophan aus dem Blut ins
Gehirn und kann zu Serotonin umgewandelt werden.[385, 386]
Ist genügend Serotonin vorhanden, fühlen wir uns wohl.

Diese Ersatzfunktion des Zuckers macht sich nicht nur bei echten Winterdepressionen bemerkbar, sie erklärt auch unser steigendes Interesse an Plätzchen in der dunklen Jahreszeit und den Pralinenverbrauch bei Liebeskummer. Da kein Mensch gerne »schlecht drauf« ist, versuchen wir bei Lichtmangel und sinkender Stimmung instinktiv, das Serotonin zu puschen. Mit zucker- und stärkereichen Lebensmitteln wie Schokolade, Kartoffeln oder Nudeln geht das besonders gut.[428, 449] Selbst Genußmittel wie Alkohol und Kaffee dienen dazu, den Lichtmangel auszugleichen. Während Koffein wie Zucker den Serotoninspiegel ansteigen läßt, blockiert Alkohol seinen Abbau. Daher mögen wir zum Frühstück Marmeladenbrötchen und dampfenden Kaffee und gießen uns erst am Abend einen Whisky ein.[429] Der Tag geht und »Johnny Walker« kommt – so lebensecht kann Werbung sein.

Die »Ersatzdrogen« bescheren den nordischen Staaten üppige Steuereinkünfte, denn wo das Licht fehlt, wird automatisch mehr gepichelt. Und weil die Erde eine Kugel ist, kommt am Äquator viel und im hohen Norden weniger Licht an: Es muß einen wesentlich längeren Weg durch die Atmosphäre zurücklegen, seine Intensität und sein UV-Gehalt nehmen ab.[369, 371, 401] Nicht zu vergessen die extrem kurzen Wintertage bis hin zur monatelangen Polarnacht. Deshalb sind Kaffee, Süßigkeiten und Alkohol bei den Skandinaviern besonders beliebt.

Die Schattenseiten des Kunstlichts

Wir brauchen also Licht, helles Licht, mindestens 2500 lux. Die Hersteller von Glühbirnen und Neonröhren werden sich die Hände reiben. Aber: »Helles, weißes Kunstlicht von 3500 lux für rund 14 Tage (löst) eine Streßreaktion aus, während Tageslicht gleicher Intensität einen wohltuenden, vitalisierenden Effekt hat.«[420] Zu dieser Erkenntnis kam der Augenarzt Professor Fritz Hollwich, nachdem er Studenten zwei Wochen lang tagsüber hellem Neonlicht ausgesetzt hatte: Er fand einen markanten Anstieg der Streßhormone im Blut, der sich erst nach zwei Wochen Sonnenlicht wieder normalisierte.[557, 558]

Dieser Qualitätsunterschied zwischen dem Sonnenlicht und Lampenstrahlen kam weder Lichtingenieuren noch Architekten gelegen, wurde doch in den 70er Jahren mit Vorliebe fensterlos gebaut.[558] Unliebsame wissenschaftliche Erkenntnisse werden gewöhnlich mit Hilfe »seriöser Gutachten« unter den Teppich gekehrt. In diesem Fall bat man die Lichttechnische Gesellschaft in Karlsruhe um eine »Gutachterliche Denkschrift« über den Bau fensterloser Schulen: »Die ausführlichen Diskussionen in der von der Kultusministerkonferenz eingesetzten Schulbaukommission haben gezeigt, daß keine Anhaltspunkte für eine unterschiedliche Wirkung von Tageslicht und Kunstlicht gegeben sind, wenn die Beleuchtungsstärken der beiden Lichtarten annähernd gleich sind und wenn der Aufenthalt in den Räumen nicht über jeweils 12 Stunden hinausgeht.«[522, 556] Licht aus, Spot an – so wurden Schülern wie Lehrern per Kultusministerkonferenzbeschluß Betonwände und Neonlicht verordnet. Und das alles nur, um zu verhindern, daß sie zwischendurch mal aus dem Fenster spicken.[522]

Derartige Blauäugigkeiten mußten unangenehme Konsequenzen haben. Es dauerte auch nicht lange, bis sich gesundheitliche Beschwerden häuften und die Leistungsfähigkeit der Bunkerinsassen zu wünschen übrig ließ.[522, 558] Zum Sehen mag das Röhrenlicht genügen, die umfassenden Wirkungen des Tageslichts auf unser Innenleben können Lampen allerdings nicht imitieren.[392] Dieses Licht ist inzwischen auch

Arbeitsmedizinern und Schulplanern aufgegangen, und so wurden in den Vorschriften für »Arbeitsstätten, in denen sich ständig Personen aufhalten, Sichtverbindung nach außen« vorgesehen.[535] Natürlich gibt es reichlich Ausnahmen von dieser Regel – aus betriebstechnischen Gründen. Zudem hat eine »genauere Analyse« der Bedeutung des richtigen Lichts für den arbeitenden Menschen noch gar nicht stattgefunden.[535]

Und das, obwohl Augenärzte wie Hollwich seit dreißig Jahren davor warnen, Büro- und Schulräume mit gleißendem Kunstlicht zu durchfluten. Das grelle, schattenlose, stets von oben einfallende Hell derartiger »Lichtkäfige« läßt nicht nur die Haut fahl und ungesund erscheinen: Es putscht auf, erzeugt stundenlangen Dauerstreß und beeinträchtigt das räumliche Sehen. Flimmernde Leuchtstoffröhren bieten dem Auge keine Möglichkeit, sich zu entspannen. Und nach Feierabend geht es ununterbrochen weiter mit dem starren Blick in die Flimmerkiste. All das fördert Augenleiden und Schlafstörungen und vermindert die Konzentrationsfähigkeit.[390, 420, 558] Kein Wunder, wenn es unter solchem Licht zu Kopfschmerzen, Augenjucken, Aggressivität und vorzeitiger Ermüdung kommt. Anders das Tageslicht: Es flimmert nicht, es fällt meist schräg ein, Wolken und Schatten variieren es, und es verändert sich allmählich vom Morgenrot bis zum Sonnenuntergang in seiner Intensität und Farbe.[420, 557]

Also doch kein helles Licht? Der Widerspruch löst sich schnell auf, wenn wir bedenken, daß die Therapie der Depression mit Speziallampen erfolgt, die dem Tageslicht viel näher kommen als übliche Leuchtstoffröhren.[410] Licht und Licht ist eben nicht das gleiche, und es kommt bei der Qualität der Beleuchtung bei weitem nicht nur auf die Helligkeit an. Erkennbar zum Beispiel an der schlechten Farbwiedergabe mancher Kaufhausbeleuchtung. Soll die Farbe der neuen Bluse hundertprozentig zum Rock passen, gehen wir mit dem guten Stück sicherheitshalber vor die Tür ans Tageslicht, bevor wir sie kaufen. In manchen Räumen fühlt man sich einfach nicht wohl, obwohl die Lampen hell genug sind. Kein Mensch würde sich freiwillig unter kaltes, hartes Röhrenlicht setzen, um gemütlich ein Buch zu lesen. Andererseits genügt das samtene, gelbe Licht einer Kerze, um im Restaurant sowohl die Stimmung der Gäste als auch den Umsatz des Wirtes zu heben. Es hat also keinen Sinn, einfach mehr Lampen zu installieren oder eine stärkere Glühbirne in die Fassung zu schrauben: Das Licht hat neben seiner Helligkeit noch andere Qualitäten.

Zum Beispiel die Farbzusammensetzung. Die schillernde Pracht eines Regenbogens zeigt, daß »weißes« Sonnenlicht aus verschiedenfarbigen Anteilen besteht. Goethe hatte für diese Vorstellung noch wenig übrig. Das Licht sei keineswegs eine Zusammensetzung verschiedener Farbe; auch könne das Licht allein keine Farben hervorbringen, vielmehr gehöre dazu immer eine gewisse Modifikation und Mischung von Licht und Schatten: »Mit eurer Idee des farbigen Lichts gehört ihr in das 14. Jahrhundert«, schleuderte Goethe Isaac Newton entgegen, der mit Hilfe eines Prismas das Licht in seine Farben zerlegt hatte.[527] Zumindest was die Physik angeht, ist der alte Streit inzwischen geklärt.

Weißes Licht ist eine Komposition verschiedener Farben. Das, was als sichtbares Licht auf unsere Augen trifft, sind Energiewellen, die im unvorstellbar winzigen Abstand von 400 bis 800 Milliardstel Meter (Nanometer) schwingen. Einzelne Wellenlängen empfinden wir als Farben: Grünes Licht beispielsweise hat eine Wellenlänge von etwa 550, Rotlicht um die 700 Nanometer. Dazwischen liegen Orange und Gelb. Unterhalb des grünen Lichts finden sich das kürzerwellige

Blau und Violett.[418, 419, 463] Morgens und abends enthält das »weiße« Tageslicht viel Rot, mittags überwiegt das Blau.[469] Mit dieser Farbzusammensetzung und dem charakteristischen Wechsel im Tagesverlauf ist unser Auge seit jeher vertraut, sie vermitteln unserem Körper wichtige Informationen. Lampenlicht verändert sich nicht, und seine Farbkomposition stimmt nicht mit dem Tageslicht überein: Glühbirnen strahlen nur wenig blaues Licht ab, dafür mehr gelb-grünes und viel rotes. Leuchtstoffröhren unterscheiden sich noch viel stärker vom Tageslicht, denn sie liefern nur Ausschnitte aus dem gesamten Farbspektrum.[403] Etwa so, wie künstliche Aromastoffe der Nase einen Eindruck von »Erdbeere« vortäuschen, narren Neonröhren unsere Augen: Durch die Mischung einiger weniger Farbausschnitte läßt sich »Tageslicht« vortäuschen.

Und genau das schadet der Gesundheit, protestierte empört der amerikanische Ingenieur Luke Thorington anläßlich eines Kongresses der New Yorker Akademie der Wissenschaften. Für die Lampenhersteller zähle beim Licht nicht Qualität, sondern Quantität. Die üblichen Standards beziehen sich ausschließlich auf die Helligkeit – eine farbenblinde Größe. Es gehe immer nur darum, »die Arbeit zu beleuchten und nicht die Menschen«.[469, 463] Die Folge sind Lampen mit völlig verzerrten Spektren, denen wichtige Farbanteile und damit auch deren biologische Wirkungen fehlen. Ein besonderes Problem stellen Energiesparlampen dar: »Die einfachste Möglichkeit ist es, das Spektrum zu beschneiden, d.h. möglichst viel Energie aus dem gelbgrünen Anteil des Spektrums herauszuholen.«[469] In diesem Bereich sind unsere Augen am empfindlichsten, so daß mit diesen Farben am ökonomischsten Helligkeit erzeugt werden kann. Die blauen und roten Anteile läßt man weg: Sie fressen mehr Strom, sind damit teurer und unökologisch. Je »umweltfreundlicher« die Lampen werden, desto schlechter für unseren Körper.

Beispiele für verschiedene Farbspektren [463, 562]

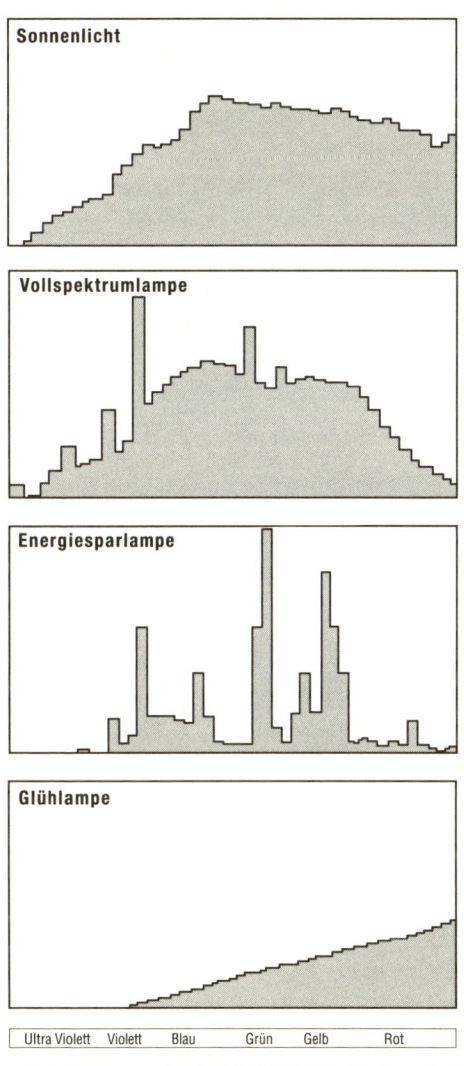

Sonnenlicht

Vollspektrumlampe

Energiesparlampe

Glühlampe

| Ultra Violett | Violett | Blau | Grün | Gelb | Rot |

300 340 380 420 460 500 540 580 620 660 700 740

Wellenlänge in Nanometer

Das Energiesparen sorgt auch im trauten Heim für so manchen Frust. Denn während dem einen eine kleine Funzel zum
Arbeiten genügt, brauchen andere »Festbeleuchtung«, um
sich wohlzufühlen. Dieser Wunsch nach Licht muß ebenso
befriedigt werden wie Durst – auch wenn wir natürlich Wasser sparen müssen. Seinen Mitmenschen ständig das Licht
auszuknipsen, ist nicht nur eine wundervolle Möglichkeit, sie
zu piesacken und ihr Öko-Gewissen schwer zu belasten, es
verdirbt ihnen tatsächlich die Laune und setzt sie auf eine un-
bekömmmliche »Licht-Diät«. Respektieren wir lieber, daß der
Lichthunger verschieden groß ist. Je weniger Zeit ein Mensch
im Freien verbringt, desto wichtiger ist die Innenraumbeleuchtung. Die Lichtmenge läßt sich leicht regeln, doch ist es
gar nicht so einfach, die richtige Lichtqualität zu finden. Eine
erste Verbesserung bei Leuchtstofffröhren an der Decke bietet
eine zusätzliche Glühbirne direkt am Arbeitsplatz.[420, 522] Damit können die gröbsten Schnitzer im Farbspektrum etwas
ausgeglichen werden, der seitliche Lichteinfall ist angenehmer fürs Auge, und die Farbwiedergabe ist besser.

Die nächste Möglichkeit sind sogenannte »Tageslichtlampen«, wobei die Sache dadurch erschwert wird, daß jeder
Hersteller etwas anderes unter Tageslicht versteht, und man
heftig darüber streitet, ob die Lampen auch unsichtbare UV-
Strahlen aussenden sollen oder nicht. Die ersten Tageslichtlampen verdanken wir übrigens der Erfindung atomgetriebe-
ner Unterseeboote. Sie haben den Vorteil, daß sie monatelang
auf Tauchstation bleiben können – mit dem Nachteil, daß die
Matrosen ebenso lange keine Sonne zu Gesicht bekommen.
US-Marineärzte hatten in der Folge eine lange Liste von Beschwerden zu behandeln: Schlafstörungen, Depressionen
und schwellende »Rettungsringe«, Zuckerkrankheit, Abwehr-
schwäche und Bluthochdruck.[412, 479]

Für Abhilfe sorgte die amerikanische Raumfahrtbehörde NASA, indem sie die ersten Leuchtstoffröhren mit tageslichtähnlichem Farbspektrum und UV-Anteilen entwickelte. Die neuen Lampen wurden 1983 sogar vom US-Gesundheitsministerium als Heilmittel zugelassen.[522] Inzwischen bieten auch deutsche Lampenhersteller Tageslichtröhren an, zu saftigen Preisen versteht sich. Ein Firmenprospekt lobt sie als »eine vorteilhafte Investition« für bessere Arbeitsleistungen und niedrigere Fehlzeiten im Büro. Hausintern scheint sich das jedoch noch nicht herumgesprochen zu haben, denn in den eigenen Büros hat sich das »Wohlfühl-Licht für Mitarbeiter, Besucher und Kunden« noch nicht durchgesetzt.[531]

Obwohl es offenkundig ist, daß wir tagsüber (!) und zumindest dort, wo wir uns viele Stunden täglich aufhalten, nicht nur helles, sondern auch das richtige Licht brauchen, fehlt es im Grunde bis heute an verläßlichen und systematischen Studien über die biologischen Wirkungen der üblichen Beleuchtungskörper. Bei Lichte besehen bleibt uns vorerst wohl nichts anderes übrig, als unserer Intuition zu folgen und Lampen, unter denen wir uns nicht wohlfühlen, schnellstmöglich zu entsorgen.

Junge oder Mädchen: Die Lampe machts

Wie sieht das ideale Licht aus? Welche Lampen gehören ins Büro, welche auf den Nachttisch? »Die richtige Anwendung von Kunstlichtregimen ist von größter Bedeutung. Licht kann dabei produktionssteigernd wirken, bei falschem Einsatz aber ebenso Leistungsdepression und krankhafte Zustände... auslösen.« Gemeint sind nicht die Vorzimmerdamen der Chefetage, sondern Hühner in Legebatterien. Das Zitat ist einem einschlägigen Lehrbuch von 1979 entnommen.[498] Für Nutzvieh und Nutzpflanzen aller Art sind die Licht-Effekte seit Jahrzehnten bis ins Detail erforscht: »Zuwenig Licht verursacht während des Wachstums Kümmern und bei legenden Hennen Leistungsrückgang. Zu viel Licht löst nervöse Störungen sowie Kannibalismus aus und führt zum Zerfall der sozialen Ordnung einer Herde.«[498]

Die Detailkenntnisse erstaunen: »Von besonderer Bedeutung ist, daß verschiedene Rassen, Hühnerlinien und Nutzungsrichtungen sehr differenzierte Anforderungen an das Lichtregime ... stellen, um optimale ... Leistungen zu zeigen.«[498] In Ställen, bei denen das Kunstlicht eine zusätzliche Beleuchtung darstellt – etwa vergleichbar unseren Büros – ist eine neutralweiße Lichtfarbe zu verwenden, während bei fensterlosen Ställen – etwa vergleichbar mit üblichen Rundfunkstudios – warmweiße Lichtfarben vorzuziehen sind. Werden neue Ställe eingerichtet, müssen Parameter wie Beleuchtungsstärke, Schattigkeit, örtliche und zeitliche Gleichmäßigkeit, Blendungsbegrenzung, Lichtfarbe und Farbwiedergabe beachtet werden. Erst diese Faktoren würden das optimale Zusammenwirken der »tierphysiologisch-optischen, der arbeitsphysiologischen und psychologischen Einflüsse« ermöglichen.[498]

Für jede Tierart gibt es eigene Regeln. Die richtige Lichtmenge sorgt für gesündere Ferkel, zuwenig Licht wirkt sich negativ auf den Mineralstoffwechsel aus. Violettes und blaues Licht bringen den besten Masterfolg, Rotlicht macht die Speckschicht dicker, fördert aber gleichzeitig Aggressionen und Kannibalismus.[498] Um gezielt weibliche oder männliche Tiere zu produzieren, bestrahlt man die Käfige – lachen Sie nicht – mit blauem oder rosa Licht. Allerdings genau entgegengesetzt zu unseren Kleidungskonventionen: Bei Chinchillas verhilft eine blaue Lampe zu mehr weiblichen Tieren, bei Nerzen sorgen rosa Lampen für mehr Männchen.[451] Man kann den Eindruck gewinnen, daß Licht einen stärkeren Einfluß auf die Gesundheit ausübt als die Ernährung. Dennoch kommt niemand auf die Idee, diese Befunde einmal systematisch am Menschen zu überprüfen. Weniger im Hinblick auf potentielle »Wunschkinder«, sondern aus Gründen der Volksgesundheit. Wäre es nicht angebracht, dem menschlichen Arbeitsplatz zumindest in Sachen Licht die gleiche Sorgfalt angedeihen zu lassen, wie sie für ein Batterie-Huhn selbstverständlich ist?

Kopfsalat

In der Pflanzenproduktion herrscht längst ein differenziertes Lampen-Weltbild: Weil das richtige Licht über den wirtschaftlichen Erfolg entscheidet, bieten Hochglanzprospekte für den kommerziellen Blumen- und Gemüsebau das perfekt abgestimmte Beleuchtungsprogramm. Das Kunstlicht wird gezielt zur Ergänzung des Tageslichts, zur Verlängerung des Tages oder als Tageslichtersatz verwendet. Den unterschiedlichen Bedürfnissen von Langtag- und Kurztagpflanzen wird dabei ebenso Rechnung getragen wie den Erntewünschen der Gärtner. UV-Strahlen fördern die Blütenbildung, Blaulicht macht die Pflanzen gedrungener, während Rotlicht sie hoch aufschießen läßt. Ob junge Bäume um ihre winterliche Ruhezeit gebracht werden sollen, ob die Blütezeit von Gladiolen vorverlegt oder der Anbau von Kopfsalat beschleunigt werden soll, die richtige Lampe, Bestrahlungsdauer und Jahreszeit läßt sich bequem einer Tabelle entnehmen.[384]

Beim Menschen gibt es gerade mal eine einzige Anwendung von farbigem Licht, die Eingang in die klassische Medizin fand – und ihre Entdeckung verdanken wir dem Zufall. Blaues Licht wird therapeutisch auf vielen Säuglingsstationen genutzt, denn es heilt die Babies von der gefährlichen Neugeborenengelbsucht. Zwei von drei Neugeborenen entwickeln in den ersten 14 Tagen ihres Lebens eine Gelbsucht, die zu Hirnschäden führen und schlimmstenfalls sogar tödlich enden kann. In den 50er Jahren war aufgefallen, daß Kinder, deren Bettchen nahe am Fenster standen, seltener gelb wurden als die anderen. Offensichtlich sorgte das einfallende Tageslicht dafür, daß weniger gelbfärbendes Bilirubin im Blut der Kinder kreiste. Bilirubin ist ein Zwischenprodukt aus dem Abbau des roten Blutfarbstoffes, den die Gelbsuchtbabies nur unzureichend ausscheiden können. Das Licht dringt in die Haut ein und wandelt giftiges Bilirubin in ungiftige und leicht ausscheidbare Substanzen um.[415, 448] Blaues Licht entgiftet die Kinder am effektivsten, weiße Lampen mit einem hohen Blauanteil erfüllen den gleichen Zweck. Da zuviel blaues Licht die Augen schädigt, müssen die Babies während der Behandlung Augenklappen tragen. Gewöhnlich wird die mangelnde Ausscheidungsfähigkeit der Kinder mit einer unreifen Leber erklärt. Offenbar fehlt ihnen aber einfach nur das Sonnenlicht.

Rotlicht: die angenehme Variante der Dunkelheit

Zu Beginn unseres Jahrhunderts gab es bereits vielversprechende Forschungsansätze und klinische Anwendungen von Sonnen- und speziellem Lampenlicht. Die »Heliotherapie«, sprich Sonnenbäder an der Adria oder im Gebirge waren eine zeitlang sehr *en vogue*, wenn es galt, Hauterkrankungen zu lindern, schlecht heilende Wunden zu schließen oder die Rekonvaleszenz nach Infektionskrankheiten zu unterstützen. Alexander Flemings Entdeckung

---

des Penizillins im Jahr 1928 stellte das profane Licht jedoch weit in den Schatten, und es geriet zunehmend in Vergessenheit.[401]

Ihre ersten Erfolge verdankte die Lichttherapie dem dänischen Arzt Niels Ryberg Finsen (1860–1904), der im Jahr 1903 den Nobelpreis für die Einführung der Lichtbehandlung bei Lupus vulgaris erhielt.[533] Die hartnäckige Hauttuberkulose führt unbehandelt zu schweren Entstellungen. Seit 1877 war bekannt, daß die UV-Strahlen der Sonne Bakterien töten. Finsen setzte konzentriertes Sonnenlicht oder das Licht von UV-Bogenlampen ein und konnte damit 50 Prozent der Lupusfälle heilen und die Krankheit beim Rest der Patienten zumindest lindern. Der Arzt hatte zunächst aus ganz eigennützigen Gründen nach den Wirkungen des Lichts geforscht. Er schrieb: »Meine Krankheit hat in meiner ganzen Entwicklung eine sehr große Rolle gespielt… Ihretwegen begann ich mit meinen Untersuchungen über das Licht: Ich litt an einer Anämie und an Müdigkeit, und da ich in einem Haus wohnte, das gegen Norden gerichtet war, hielt ich es für meine Gesundheit für besser, mehr Sonne zu bekommen. … Seither sammelte ich alle möglichen Beobachtungen über Tiere, die der Sonne nachgingen, und gelangte dabei immer mehr zur Überzeugung, daß die Sonne eine nützliche und wesentliche Wirkung auf den Organismus… hatte.«[533]

Manchmal ist es aber auch die Dunkelheit, die heilt. Finsen überprüfte Berichte, wonach die Narbenbildung bei Pockenkranken ausblieb, wenn sie in dunklen Zimmern lagen.[401, 533] Da der Aufenthalt in völlig dunklen Räumen für Patienten wie Pflegepersonal unangenehm ist, suchte er nach einem Licht, das die Vorteile der »Dunkelkammer«

mit der Möglichkeit, im Krankenzimmer noch genug zu sehen und lesen zu können, verband. Es gelang mit rotem Licht: Die Fenster mußten mit speziellem rotem Glas, Papier oder Tuch abgedeckt werden, es gab nur rote Lampen, und es durfte absolut kein andersfarbiges oder gar UV-Licht in die Räume fallen. Damit unterblieb das eitrige Aufbrechen der Pockenpusteln ebenso wie das mit dem Eitern verbundene »Suppurationsfieber«. Es gab kaum Narben und weniger Todesfälle. »Auf Grundlage dieser Erfahrungen«, so der Kopenhagener Arzt Würtzen in einem 1927 erschienen Handbuch der Lichttherapie, »wurde die Finsen-Behandlung von Anfang an hier im Norden die Standardbehandlung (der Pocken), und man betrachtet es sicherlich hier als undenkbar, sie nicht anzuwenden.«[401] Angenehmer Nebeneffekt: Es gab weniger Fliegen in den Krankenzimmern, denn die lästigen Brummer mieden das Rotlicht-Milieu.

Wenn es um die Wirkungen von Farben auf den Menschen geht, tappt die moderne Wissenschaft weitgehend im dunkeln – von der Werbepsychologie einmal abgesehen (siehe Seite 111). Zwar wird eine bunte Vielfalt an psychologischen Interpretationen gehandelt und die kosmetische Farbberatung erfreut sich großer Beliebtheit, doch verhält es sich hier ähnlich wie bei der Aromatherapie: Man sucht vergeblich nach handfesten, überprüfbaren Studienergebnissen über die gesundheitlichen Auswirkungen von Farben.[399, 517] Dabei ist unser Alltag, ist unsere Sprache voller Farbsymbole. Sind wir traurig, haben wir den »Blues«, und wenn einer »blau macht«, so tut er das oft, weil er am Vorabend »blau« war. Der Begriff Blaumachen stammt aus dem Mittelalter, als die Indigo-Färberei mit Waid, der Färberpflanze, Hochkonjunktur hatte. Um den Farbstoff aus den Blättern zu lösen, brauchte es dreierlei: zwei Wochen Sonnenschein, frischen Urin und Alkohol. War es warm genug, leiteten die Färbergesellen Bier und Schnaps zunächst durch ihre durstigen Kehlen, um auf den notwendigen Harndrang zu warten, damit sie mit der Arbeit beginnen konnten. Und wenn sie betrunken in der Sonne lagen, wußte jeder: Heute wurde wieder »blau« gemacht.[525]

Farben sind Energie, sie besitzen Kraft, also müssen sie auch eine Wirkung haben. Ein Handbuch der Arbeitsmedizin bemerkt dazu etwas hilflos: »Die psychische Wirkung von Farbeffekten ist ein in der Kunst bekanntes Phänomen.«[535] Nicht nur dort. Auch der Volksmund hat, wie ein Schlager aus den 50er Jahren zeigt, recht klare Vorstellungen:

»Statt weiß: trag rot, das ist die Farbe der Liebe,
so weiß der Mann gleich Bescheid.
Trag blau statt grün, das ist die Farbe der Treue,
dann spricht für dich dein Kleid.
Wenn du eifersüchtig bist,
trage gelb wenn er dich küßt,
oder zieh mal lila an,
daß er nichts erraten kann.«[383]

Das heißt nun nicht, daß in Feuerwehrautos nur verliebte, in Fahrzeugen des Technischen Hilfswerks grundsätzlich treue und in Postautos vorzugsweise eifersüchtige Fahrer säßen. Wenn Sie eine der vielen Farbfibeln aufschlagen, werden Sie beliebig viele Interpretationen der symbolischen und psychologischen Wirkungen einer Farbe finden, bis hin zu verstiegenen Formulierungen wie: »Darum repräsentiert Blau die Bindung um sich herum.« Solche Bindungen »äußern sich entweder als Anklammerung bei betonter Bevorzugung von Blau oder als Bindungsverlust und depressive Isoliertheit bei Ablehnung von Blau«.[382]

Wieviel konkreter ist da die Zuordnung am Wasserhahn: Rot als warme, aggressive Farbe symbolisiert das heiße Wasser, blau als kalte, beruhigende Farbe das kühle Naß. Das scheint plausibel, schließlich bekommen wir rote Backen, wenn uns heiß ist, und unsere Hände werden in der Kälte blau. Auch empfinden wir einen rotgestrichenen Raum wärmer, in einem blaugestrichenen fangen wir eher an zu frieren.[382] Zur Eindämmung der Heizkosten taugt diese Erkenntnis freilich nicht; auf Dauer würden wir uns in einem gänzlich roten Salon wohl doch deplaziert vorkommen.

Farbe lebt vom Licht, denn nachts sind nicht nur Katzen grau. Reines, monochromes Farblicht bekommen wir normalerweise nicht zu Gesicht, es sind immer Farbkompositionen, die auf unser Auge treffen. Ändern sich die Lichtverhältnisse, wandeln sich auch die Farben – in der Malerei genauso wie beim Tageslicht. Jede Komposition ruft andere Empfindungen hervor und sprengt damit die schematische Interpretation der Farbwirkungen.

Farben beeinflussen unser Wohlbefinden, wozu sonst haben wir Lieblingsfarben und andere, die uns mißfallen? Solche Abneigungen und Vorlieben könnten ganz handfeste biologische Gründe haben. Sie könnten ein Zeichen dafür sein, daß unser Körper gerade diese speziellen Lichtinformationen, genau diese Wellenlängen braucht. Bei psychisch Kranken fand die Wiener Neurologin Margot Dietzel ein gehäuftes Auftreten von Störungen der Farbwahrnehmung.[494] Möglicherweise bahnt die fehlende Lichtinformation der Sucht oder der Neurose den Weg oder begünstigt die Entstehung solcher Störungen. Lampenlicht und Sonnenlicht unterscheiden sich vor allem durch die Farbzusammensetzung, Auswirkungen auf Körper und Psyche liegen daher nahe. War es nicht bezeichnend für die Depressiven, daß sie die Welt als grau und farb-

los empfinden? Erst die länger und sonniger werdenden Früh-
jahrstage oder Lampenlicht mit einem breiten Farbspektrum
erlösen sie von ihrer Tristesse.

Optische Täuschungen

Der Mensch ist ein »Augentier«: Etwa 60 Prozent aller Informationen aus der Umwelt vermitteln uns die Augen. Auf
deren Netzhaut befinden sich hochspezialisierte Sehzellen,
die Photorezeptoren: Abends und nachts sorgen rund 120
Millionen »farbenblinde« Stäbchen für das Schwarz-Weiß-
Sehen in der Dämmerung. Tagsüber sind etwa 6 Millionen
Zapfen für das Farbsehen zuständig. Einige davon haben sich
auf grünes, andere auf rotes oder blaues Licht spezialisiert.
Die Fähigkeit, tagsüber Farben zu sehen, ermöglichte es unseren Vorfahren und anderen früchtevertilgenden tagaktiven
Säugetieren mit schlechtem Geruchssinn, reifes Obst von
Blättern zu unterscheiden.[536] Unser Auge kann 7 Millionen
Farbnuancen unterscheiden, auch wenn wir es gar nicht mit-
bekommen. Und trotzdem sehen wir alles andere als objek-
tive Bilder.[417]

Damit aus den vom Auge empfangenen Lichtsignalen überhaupt Bilder und Sinneseindrücke werden, müssen sie über
Nervenbahnen ins Gehirn gelangen. Erst dort werden die eingehenden Impulse interpretiert, wird ein Bild daraus zusammengesetzt. Unser Gehirn entscheidet darüber, was wir sehen. Und dabei mogelt es manchmal ganz schön. Das kennt
jeder, der schon einmal auf eine optische Täuschung herein-
gefallen ist: Da erscheinen Linien unterschiedlich lang, obwohl sie gleich sind, aus einer antiken Blumenvase werden
zwei Gesichter, und kleine Muster beginnen scheinbar, sich
zu bewegen.

Unser eigenwilliges Gehirn macht sich öfter selbständig, als wir denken. Meist sieht es nur das, was es sehen will, was es aufgrund seiner Erfahrungen erwartet und nicht unbedingt das, was vom Auge übermittelt wurde. Wenn Sie bei Ihrem nächsten Spaziergang eine Blumenwiese bewundern, unterliegen Sie bereits einer Illusion. Denn eigentlich dürften Sie nur im Zentrum des Bildes eine bunte Wiese sehen. Da die Zapfen für das Farbsehen nicht gleichmäßig über die Netzhaut verteilt sind, liefern die Augen ein am Rand farbloses und zudem besonders unscharfes Bild. Doch unser Gehirn traut seinen Augen nicht: Schließlich hat eine Frühlingswiese gleichmäßig bunt und scharf konturiert zu sein. Folglich »denkt« es sich die fehlende Farbe und die Schärfe am Bildrand einfach dazu. Ohne unser Wissen zieht unser Gehirn logische Schlüsse und berechnet fehlende Bildflächen.[417] Ein Teil der Bildverarbeitung läuft an unserem Bewußtsein vorbei. Das, was wir für objektive Sinneseindrücke halten, wurde von unserem Unterbewußtsein bereits vorgefiltert, bearbeitet und ergänzt. Aber glauben Sie ruhig weiter nur das, was Sie sehen. Denn womöglich »sehen« Sie viel mehr, als Sie glauben.

Wenn Blinde sehen

Wir schreiben das Jahr 1886. Fasziniert von den Funktionen des Gehirns, versucht der schottische Neurologe David Ferrier herauszufinden, wie Lichtreize zu einem Bild geformt werden.[432] Er vermutete, daß nur eine intakte Sehrinde »richtiges« Sehen erlaubt. Deshalb entfernte Ferrier – ganz im Experimentierstil seiner Zeit – Affen diesen Teil des Gehirns. Trotz intakter Augen würden die Tiere dadurch völlig blind sein. Zu Ferriers größten Verblüffung lief jedoch eines der operierten Tiere »frei herum, vermied Hindernisse und war fähig, so kleine Objekte wie Rosinen ohne das geringste Zögern aufzuheben«.[432] Erst gut ein halbes Jahrhundert später wandte sich erneut ein Forscher diesem unerklärlichen Phänomen zu. Diesmal operierte der Psychologe Heinrich Klüver von der Universität Chicago Affen das Sehzentrum weg. Richtete er dann Lichtstrahlen auf ihre Augen, so wandte sich der Blick der Tiere stets exakt der Lichtquelle zu – obwohl sie ja eigentlich nichts sehen konnten.[432] Gab es etwas vergleichbares auch beim Menschen?

Diese Frage klärte 1973 der Psychologe Ernst Pöppel zusammen mit seinen Kollegen vom Massachusetts Institute of Technology. Er testete Kriegsveteranen, die ihr Sehvermögen durch Schußverletzungen verloren hatten, deren Augäpfel jedoch intakt geblieben waren. Er bat sie, zu Lichtimpulsen zu blikken – ein delikates Experiment, denn wie kann man einen Blinden davon überzeugen, irgendwo hinzusehen? Pöppel hatte offenbar genug diplomatisches Geschick und erhielt ein bemerkenswertes Ergebnis: »Obwohl der Patient nicht weiß, wohin er schauen soll, schaut er dorthin, wo der Lichtpunkt ist.«[416] Das bedeutet, daß die Augenbewegung erstens unbewußt und zweitens in anderen Hirnteilen gesteuert wird als das bewußte Sehen.[435] Aber wie kommt das Licht dorthin?

Licht auf Schleichwegen

Das Prinzip der unbewußten Lichtverarbeitung war kurioserweise schon lange bekannt. Entschlüsselt hatte es ein deutscher Augenarzt in den 40er Jahren, der aus ganz anderen Motiven den Weg des Lichts ins Gehirn nachzeichnete.[559, 560] Wie schon zahlreichen Ärzten vor ihm war Professor Fritz Hollwich aufgefallen, daß Kinder, die aufgrund eines Augenleidens blind sind, in ihrer geistigen Entwicklung hinterherhinken, schlecht wachsen und unter deformierten Knochen leiden. Je früher die Blindheit eintritt, desto schwerwiegender sind die Folgen. Konnte solchen Kindern durch eine Operation das Augenlicht wiedergegeben werden, folgte ein enormer Wachstums- und Entwicklungsschub.[420] Beides steuert der Körper gewöhnlich mit Hilfe von Hormonen.

Wenn also das Licht auf den Hormonhaushalt wirkt, dann mußte es über die Augen auch in die Hirnregionen gelangen, in denen Hormone fabriziert werden. Hollwich überprüfte seine Idee auch bei Erwachsenen. Er entnahm Patienten mit Linsentrübung vor und nach ihrer Operation Blutproben. Die Unterschiede waren verblüffend: Fällt wieder Licht in die Augen, normalisieren sich nicht nur die Gehalte an Wachstumshormon, Insulin und Kortisol, sondern auch der Gehalt an Blutkörperchen sowie die Blutzuckerwerte.[420, 561] Das Licht gelangt also tatsächlich vom Auge auf bis dahin unbekannten Bahnen zu den hormonproduzierenden Drüsen. Auch hier hatte Goethe unrecht, als er behauptete: »Licht dringt in der Menschen Auge, nicht in das Gehirn hinein.«[526]

Inzwischen ist dieser Schleichpfad des Lichts enttarnt: Spezielle Nervenleitungen verbinden die Augen direkt mit der Steuerzentrale unseres Körpers, dem Hypothalamus.[407, 466, 492] Von hier aus werden die hormonproduzierenden Drüsen gesteuert, so daß das Licht auf deren Funktion einwirken kann, zum Beispiel die Hirnanhangdrüse, die Sexualdrüsen, die Zirbeldrüse, die Nebennieren, die Schilddrüse oder die Bauchspeicheldrüse. Hollwich nannte die Leitungen vom Auge ins Unbewußte »energetische Sehbahnen« im Unterschied zu den »optischen Sehbahnen«, die in die Sehrinde führen.[420, 560]

Mit den Augen ist es ein wenig so wie mit der Nase: Einen Teil der Informationen erhalten wir bewußt, etwa wenn wir an einem Münsterkäse riechen. Einen anderen Teil nimmt nur unser Unterbewußtsein auf, genau wie beim VNO in unserer Nase (s. Seite 47), das auf geruchsneutrale Pheromone anspricht, ohne daß wir es merken.[404, 431–438] Im Falle der Augen laufen die unbewußten Informationen über die energetischen Sehbahnen. Die durch sie übermittelten Lichtinfos sehen wir genauso wenig, wie wir Pheromone riechen – und trotzdem beeinflussen sie uns, vom Seelenleben bis hin zu den hormonellen Kreisläufen.

Eigentlich hätten die Forscher schon viel früher darauf kommen können, daß Licht nicht nur zum Sehen da ist. Denn entwicklungsgeschichtlich alte Tiere wie Molche und Echsen besitzen ein »drittes Auge«, mit dem sie ihren Tag-Nacht-Rhythmus steuern.[394, 420, 464] Dieses sogenannte Stirn- oder Scheitelauge wird direkt vom Licht stimuliert. Daß wir kein drittes Auge mehr auf der Stirn sitzen haben, verdanken wir der eigenartigen Wandlung dieses Organs im Laufe der Evolution: Es zog sich ins Innere des Schädels zurück, gab seine Fähigkeit, Licht zu empfangen, an die Augen ab und verlegte sich statt dessen darauf, Hormone zu produzieren. Aus dem »dritten Auge« wurde die Zirbeldrüse.[112] Beim Menschen erhält sie ihre Lichtinformationen über die Augen: Sobald von dort ein Lichtreiz im Hypothalamus eintrifft, wird er sofort zur Zirbeldrüse weitergeleitet. Sie übersetzt eingehende Lichtsignale, zum Beispiel den Wechsel von Tag und Nacht, in Hormon-Botschaften für den Körper.[469]

Das wollte man lange Zeit nicht wahrhaben: Noch zu Anfang des Jahrhunderts belästerten die Experten dieses etwa erbsengroße Organ als »Wurmfortsatz« des Hirns. Gerade so wie das Vomeronasalorgan sollte auch die Zirbeldrüse nur ein unnützes Relikt aus grauer Vorzeit sein. Da sie noch dazu kleine Bläschen mit Kalk, den sogenannten »Hirnsand«, enthält, war der Beweis ihrer Nutzlosigkeit augenscheinlich. Die Funktion des Hirnsandes ist übrigens bis heute ungeklärt. Aber es gab zu allen Zeiten helle Köpfe: René Descartes, der große französische Mathematiker und Philosoph des 17. Jahrhunderts, hielt die Zirbeldrüse für den Sitz der Seele und spekulierte, daß sie über die Augen mit der Außenwelt in Verbindung stehen müsse – was sich über 300 Jahre später dann auch bestätigen sollte.[424, 470]

Die Zirbeldrüse ist keineswegs »evolutionärer Abfall«, sondern ein äußerst aktives Organ. Sie produziert eine ganze Reihe biologisch aktiver Substanzen, die den Forschern nach wie vor Rätsel aufgeben.[470] Von allen Hirnregionen enthält die Zirbeldrüse das meiste Serotonin. Abends beginnt sie, das Serotonin zu Melatonin umzubauen. Nachts läuft die Melatoninproduktion auf Hochtouren, gegen Morgen fällt sie wieder ab und kommt mit dem Tagesanbruch zum Erliegen. Helles Licht, mitten in der Nacht eingeschaltet, stoppt die Melatoninbildung binnen Minuten. In der Dämmerung genügt aber schon wenig Licht, um die Melatoninbildung zu stören.[440, 499] Melatonin ist der Vermittler der Dunkelheit, es steuert den Tag-Nacht-Rhythmus bei allen bisher untersuchten Wirbeltieren. Mit dem Blut gelangt es in den ganzen Körper: Kommt *viel* Melatonin an, wissen die Organe, daß es »draußen« finster ist und schalten auf ihr jeweiliges Nachtprogramm um. Dauert das Signal *lange*, dann wissen sie, daß es »draußen« Winter ist.[447]

Immer schön im Rhythmus bleiben

Fast alle Kreaturen auf dieser Erde haben von Mutter Natur einen Tag-Nacht-Rhythmus mitbekommen. Auch wir richten unser Handeln danach aus, ob es hell oder dunkel ist. Was bleibt uns auch anderes übrig: Tag und Nacht lassen sich nun mal nicht abschaffen. Wer in dieser rhythmischen Welt einigermaßen sinnvoll überleben will, muß seine Aktivitäten wohl oder übel an den Lauf der Dinge anpassen. Es gibt eine Unzahl von Rhythmen: Manche »schwingen« in einer Sekunde tausendmal, wie zum Beispiel Nervensignale, andere, wie der Herzschlag oder das Atmen, verlaufen im Sekundentakt, wieder andere kehren nur einmal im Jahr wieder, wie die Brutzeit vieler Tiere, der Winterschlaf oder der Vogelzug. Die meisten Stoffwechselprozesse folgen biologischen Rhythmen, jede einzelne Körperzelle unterliegt diesen Schwingungen. Damit es kein Chaos gibt, müssen sie alle koordiniert und aufeinander abgestimmt werden.[381, 470, 528]

Unser Körper braucht diese automatisch ablaufenden rhythmischen Aktivitäten, um die Selbstverständlichkeiten des Lebens zu regeln, ohne daß wir groß darüber nachdenken müssen. Morgens, wenn wir aufstehen, sind wir längst »auf Betriebstemperatur« angewärmt, Herzschlag und Atmung sind soweit erhöht, daß wir mit den Tagesaktivitäten beginnen können. Bei Nachteulen kommt alles ein bißchen später und langsamer in Gang als bei Frühaufstehern, die morgens tatsächlich leistungsfähiger und wacher sind als Morgenmuffel.[444, 528] Energiezehrende Dinge wie das Wachsen verlegt der Körper auf die ruhigeren Abend- und Nachtstunden. Und bis wir dem Windelalter entwachsen sind, hat er auch gelernt, die Wasserausscheidung während der Nacht zu senken, was er fortan tut, um den Schläfer nicht unnötig zu wecken. Unser gesamter Hormonhaushalt verläuft wellenförmig – für Frauen eine leicht nachvollziehbare Tatsache. Ja selbst wenn wir schlafen, tun wir das rhythmisch, mit den besonders erholsamen Phasen des Tiefschlafs und den leichteren Traumschlafphasen, in denen wir am Tage Erlebtes und Erlerntes verarbeiten.[416, 420, 528]

Geburt, Krankheit und Tod – alles hat »seine Zeit«. So treten die meisten Herzinfarkte vormittags und die meisten Asthmaanfälle nachts auf. Die meisten Menschen sterben in der Nacht, dann, wenn ihr Stoffwechsel ohnehin auf Sparflamme brennt. Die Wehen setzen häufig um Mitternacht ein, so daß viele Kinder in den frühen Morgenstunden das Licht der Welt erblicken. Bei am Tage eingeleiteten Wehen wird darauf keine Rücksicht genommen. Physiologen erwägen diese mutwillige »Rhythmusstörung« als Mitursache dafür, daß es tagsüber zu mehr Totgeburten kommt.[528] Wie alle Körpervorgänge verlaufen auch die Entgiftungsprozesse rhythmisch, so daß Arzneimittel je nach Tageszeit unterschiedlich schnell wirken: Das bewährte Herzmittel Digitalis ist nachts 40 mal so wirksam wie tagsüber.[528] Nur langsam setzt sich dieses Wissen durch, so daß die Chronopharmakologen ihre liebe Not haben, Klinikärzte davon zu überzeugen, die nicht selten lebenswichtigen Erkenntnisse in der Praxis zu berücksichtigen.[538]

Aber wo bitte kommen alle diese Rhythmen her, wer gibt den Takt vor? Zwar »tickt« in jeder unserer Körperzellen eine kleine »Uhr«, es muß aber darüber hinaus eine übergeordnete Uhr geben, eine Art Schrittmacher, der alles synchronisiert. Im bayerischen Andechs machten sich Rütger Wever und Jürgen Aschoff vom Max-Planck-Institut für Verhaltensphysiologie daran, diesem Schrittmacher auf die Schliche zu kommen. Nun ist die Andechser Gegend ausgesprochen idyllisch und bietet nicht nur dem Auge allerlei Abwechslung und Ablenkung. Daher wurden die freiwilligen Versuchspersonen wochenlang in Wohnbunkern einquartiert, um alle äußeren Einflüsse abzustellen: keine Sonne, kein Sonnenuntergang, keine Uhr, kein Besuch. In diesen Isolationskammern zeichneten die Forscher die inneren Rhythmen ihrer »Häftlinge« auf: Körpertemperatur, Schlafen und Wachen, Aktivitäts- und

Ruhephasen. So konnten sie zeigen, daß wir über einen voll-
automatisch laufenden inneren Schrittmacher verfügen, der
sich nicht abschalten läßt: Er produziert immer Rhythmen,
egal, ob es dunkel oder hell, kalt oder warm ist.[446]

Brauchen wir dann überhaupt noch das Licht? Wir brauchen
es sogar dringend, denn erst das Licht synchronisiert die vom
Körper in Eigenregie erzeugten Rhythmen miteinander und
bringt sie mit Tag und Nacht in Einklang.[387, 393, 394, 405, 414]
Ohne Licht laufen sie frei und unabhängig voneinander –
und dauern zwischen 22 und 30, meistens knapp 25 Stunden.[394, 446] Gäbe es keinen Abgleich mit dem 24-stündigen
Erdentag, wären wir ständig mehr oder weniger »daneben«.
Ein Fehler von einer Stunde täglich genügt, um 12 Tage später
mitten in der Nacht voller Tatendrang aufzuwachen und tagsüber trotz der wichtigen Sitzung ein Nickerchen machen zu
müssen. So staunten auch die Bunkerbewohner in Andechs
nicht schlecht, als ihnen nach gut drei Wochen ein ganzer
Tag »fehlte«. Sie hatten nicht bemerkt, daß ihre Tage sich
klammheimlich verlängert hatten, und erst als man ihnen die
Zeitung von »morgen« gab, glaubten sie, daß ihre inneren
Uhren nachgegegangen waren.[529] Das heißt: Unsere inneren
Uhren müssen jeden Tag neu gestellt werden. Genau das geschieht mit Hilfe des Lichts, es synchronisiert uns mit dem Erdentag. Und deshalb sitzt der ominöse Schrittmacher unserer
inneren Uhren auch mitten im Hypothalamus, also genau
dort, wo die Impulse der energetischen Sehbahnen vom
Auge eintreffen.[464]

Die Andechser Forscher haben auch ein bißchen an der Uhr
»gedreht«. Mit Hilfe sogenannter Zeitgeber testeten sie, inwieweit sich die inneren Rhythmen verschieben lassen. Es
klappte: Man konnte sie voneinander lösen, gegeneinander
verschieben und auch wieder in Einklang mit der äußeren

/221/

Welt bringen. Zum Beispiel ließ sich der Verlauf der Körpertemperatur vom Wach-Schlaf-Rhythmus trennen. Am besten gelang das »Verdrehen« der inneren Uhren mit sehr hellem Licht. Normale Innenraumbeleuchtung, soziale Kontakte und Gewohnheiten wie Dienstpläne oder Essenszeiten helfen zwar auch, unsere Körperrhythmen zu koordinieren, ihr Einfluß ist jedoch geringer.[446, 499, 500] Schwache elektromagnetische Felder lassen einige Rhythmen abflachen und bremsen die Hormonausschüttung der Zirbeldrüse.[446, 448, 502, 514] Das bedeutet, daß Radiowecker, Fernseher und Computer ebenfalls auf unsere biologischen Rhythmen einwirken können. Doch die Zusammenhänge sind komplex: Nicht jeder ist gleichermaßen empfindlich, nicht alle Felder wirken zu allen Zeiten, und wer genug Tageslicht abbekommt, scheint den elektrischen Einflüssen gegenüber besser gewappnet zu sein.[502] Wir brauchen zur Synchronisation das Licht, am besten Tageslicht. Es ist der stärkste Zeitgeber des Menschen und »dreht« am stärksten am Rädchen unserer inneren Uhren.[393, 394]

In unserer technisierten Welt, die Arbeitsplätze und Freizeitvergnügen vom Tageslicht unabhängig macht, mag einem die Existenz und Bedeutung von inneren Uhren etwas antiquiert vorkommen. Wer steht schon mit den ersten Sonnenstrahlen auf und geht, wenn's dunkel wird, mit den sprichwörtlichen Hühnern ins Bett? Doch spätestens bei einer Flugreise nach Südostasien oder Nordamerika schlägt den Ungläubigen ihr Stündlein: Sie leiden unter dem berüchtigten Jet-lag. Hundemüde oder völlig überdreht finden sie nicht mehr in ihren gewohnten Tagesrhythmus. Nachts liegen sie hellwach im Bett, tagsüber könnten sie dafür im Stehen schlafen, sie sind unkonzentriert und gereizt. Sie wollen am anderen Ende der Welt normal funktionieren, während ihre inneren Uhren dem Körper noch die Tageszeit des Abreiseortes anzeigen und sich außerdem noch unterschiedlich schnell auf die neue Ortszeit einstellen. Glücklicherweise ist das ganze Durcheinander nach wenigen Tagen überstanden. Am besten gelingt die Umstellung, wenn man sich an den Lichtverhältnissen des Ankunftsortes orientiert: Also tagsüber lieber spazierengehen, anstatt sich erst mal auszuschlafen.[503]

Ähnlich wie den Jet-lag-Geplagten ergeht es Schichtarbeitern, wozu etwa jeder 5. Arbeitnehmer gehört. Viele Schichtler leiden unter Schlafstörungen, Neurosen und Depressionen, sie sind desynchronisiert. Magengeschwüre sind bei ihnen achtmal häufiger.[419, 420, 443, 528] Kein Wunder, denn unsere Leistungsfähigkeit ist nachts vermindert. Die Unfallhäufigkeit steigt, weil unser Körper auf Ausruhen programmiert ist. Und obwohl viele Schichtarbeiter die Frühschicht als die härteste Schicht empfinden, werden in der Nacht die meisten Fehler gemacht.[537] Dann sind die Reaktionszeiten verlängert, das Zeitempfinden ist verzögert: Mitten in der Nacht erscheinen uns 10 Sekunden länger als am Tage, so daß Geschwindigkeiten falsch eingeschätzt werden. Dazu kommt, daß unser Sehvermögen nachts zwischen 2 und 4 Uhr am schlechtesten ist.[416, 440] Das erklärt zwanglos die häufigen nächtlichen Verkehrsunfälle. Auch die Reaktorkatastrophen von Tschernobyl und Three Miles Island sind während der Nachtschicht passiert.[440]

Sonne, Mond und Sterne

Wir brauchen das Licht, wir brauchen aber auch die Dunkelheit. Erst der Wechsel, der Rhythmus schafft den nötigen Abgleich zwischen Aktivität und Passivität, zwischen Anspannung und Entspannung. Licht und Dunkel greifen mit Hilfe des Schrittmachers im Hypothalamus, der Hirnanhangdrüse und der Zirbeldrüse in alle unsere Körpervorgänge ein. Es ist wie in einem großen Orchester: Tag und Nacht geben den Takt vor, der Hypothalamus dirigiert, die Hirnanhang- und die Zirbeldrüse spielen die ersten Geigen. Die Töne sind die zahlreichen Hormone, Botenstoffe und Nervensignale, mit denen der Körper bei Laune, leistungsfähig und gesund gehalten wird. Zwei wichtige Töne in diesem Tag-Nacht-Konzert sind die beiden Botenstoffe Serotonin und Melatonin.[405] Egal ob Schilddrüse, Sexualdrüsen, Bauchspeicheldrüse oder Hirnanhangdrüse, sie alle hören auf die »Musik«, die vom Hypothalamus und der Zirbeldrüse zu ihnen dringt.

Sobald es Dissonanzen gibt, der Körper aus dem Takt gerät, bei hormonellen und psychischen Störungen muß daher auch an das Licht gedacht werden. Zum Beispiel beim sogenannten prämenstruellen Syndrom (PMS). Frauen, die darunter leiden, bekommen einige Tage vor der Regelblutung Depressionen und Heißhungerattacken, sie werden launisch, weinerlich und ängstlich. Schon eine zweistündige Lichttherapie während der kritischen Tage sorgt dafür, daß es ihnen deutlich besser geht.[465]

Das Naheliegende ist aber oft zu weit entfernt. Lieber verfolgt man bei Krankheit und Leistungsminderung Umweltchemikalien bis in den Ultraspurenbereich hinein und analysiert in jahrelangen Sitzungen minutiös Urgroßmutters Lebenswandel. Dabei liegen von den wenigen Ärzten und Therapeuten, die sich für die massiven Einflüsse des Lichts interessieren, vielversprechende Einzelfallberichte vor. Mit Lampen, die das Tageslicht mehr oder weniger gut nachempfinden, konnten außer PMS noch zahlreiche andere Beschwerden gebessert werden: So half das Licht bei Neurodermitis und Haarausfall, es normalisierte sprunghafte Blutzuckerwerte von Diabetikern, verminderte Wassereinlagerungen, senkte hohe Blutdruckwerte, verhinderte Karies und besserte Sehschwächen.[389, 467, 519, 520] Mit Sicherheit ließen sich durch die gezielte Anwendung von Tageslicht ähnliche Resultate erzielen.

Dabei kann der Einfluß des Lichts durchaus subtiler sein, als die bisherigen Ausführungen vermuten lassen – je nachdem, *wann* es eingesetzt wird. Bereits 1967 hatte der amerikanische Gynäkologe Edmund Dewan die Idee, Frauen, deren Monatszyklus zu lange war, nachts mit Licht zu behandeln: Vom 14. bis 17. Tag des Zyklus brannte auf den Nachttischen eine gewöhnliche 100-Watt-Glühbirne. Eine halbe Stunde nach dem Zubettgehen sollten die Frauen noch lesen, dann durften sie schlafen.[423] Die Ergebnisse waren frappierend: Die Zyklen der Frauen verkürzten sich beträchtlich. Dewan spekulierte, daß die Nachttischlampe den Einfluß des Mondlichts simulierte.

Das ist gar so kein abwegiger Gedanke, schließlich stimmen die Mondphasen in etwa mit der durchschnittlichen Zykluslänge von Frauen überein, und seit alters her gilt der rhythmisch ab- und zunehmende Mond als Symbol des weiblichen Zyklus. Immerhin hat der sonnenlichtreflektierende Erdumkreiser in Vollmondnächten genügend Kraft, um uns den Schlaf zu rauben. Der wissenschaftlichen Gemeinde war Dewans Erklärung allerdings zu suspekt, und so wurden seine Versuchsergebnisse nicht weiter beachtet.[423] Schließlich hatte man eindeutig bewiesen, daß es sehr heller Lampen bedarf, um in die Körperrhythmen des Menschen einzugreifen. Und jetzt soll eine schummrige Nachttischlampe den Hormonhaushalt regulieren? Für einen vernünftigen Wissenschaftler ein klarer Fall von Hokuspokus.

Vor wenigen Jahren machten sich Forscher aus San Diego in Kalifornien aber doch daran, die Versuche von Dewan zu wiederholen. Und simsalabim, die Monatszyklen der Patientinnen verkürzten sich wieder: von durchschnittlich 45 auf 33 Tage. Der Effekt hielt sogar einen weiteren Monat an. Bei den Frauen der Vergleichsgruppe, die man mit gedimmtem Rotlicht im Schlafraum versorgt hatte, änderte sich dagegen nichts, ebenso bei Frauen mit normaler Zykluslänge.[423] Das kuriose Versuchsergebnis muß nicht zwangsläufig auf dem Inhalt der Bettlektüre beruhen, der sich die Teilnehmerinnen vor dem Schlafen noch hingeben durften. Vermutlich lag es doch am Licht, denn unsere Lichtempfindlichkeit ändert sich: Tagsüber, wenn die Forscher forschen, hat eine 100-Watt-Birne keinen Einfluß.[407, 413] In dieser Zeit sind wir auf sehr helles Licht geeicht. Am Abend kann das schon ganz anders aussehen, dann reagieren wir wesentlich empfindlicher auf Lichtreize, schließlich beginnt mit der Dämmerung die Ruhephase des Tages, und es folgt normalerweise die dunkle Nacht.

Wer weiß, vielleicht findet sich ja doch noch eine biologische Erklärung für die stimmungsvolle Wirkung eines Spaziergangs mit dem Herzallerliebsten im hellen Mondschein? In der Nacht genügt das Leuchten eines Glühwürmchens oder das entfernte Funkeln der Sterne, um uns romantisch zu stimmen. Für Tierphysiologen haben die Ergebnisse der Nachttischlampen-Versuche wenig Geheimnisvolles: Aus der Tierproduktion ist bekannt, daß »dazwischen geschaltete Dämmerungszeiten eine stärkere Zeitgeberfunktion ausüben« als ein schlagartiges Umschalten von hell auf dunkel.[498]

Die Menschheit hat sich unter der Sonne im 24-Stunden-Takt entwickelt, und dieses Erbe tragen wir noch immer in uns.[185] Der rhythmische Wechsel von Tag und Nacht, Sommer und Winter bestimmt unsere Leistungsfähigkeit und beeinflußt unsere Gesundheit. Dauernde Taktlosigkeiten wie zuwenig Schlaf, grelles Lampenlicht zu nachtschlafener Zeit, zuviel Kunstlicht und zuwenig Sonne *müssen* gesundheitliche Folgen haben.[405, 419, 450, 498] Seit etwa zwei Generationen leben wir unter solchen Bedingungen und wissen nichts über die Folgen. Wie sollen unsere Körperrhythmen richtig synchronisiert werden und unser Hormonhaushalt reibungslos funktionieren, wie sollen unsere inneren Uhren richtig gestellt werden, wenn wir ständig über- oder unterbelichtet sind? Kunstlicht imitiert nur die Helligkeit des Sonnenlichts, und auch die nur scheinbar. Am Abend verlängern wir mit Lampenlicht den Tag und stören die nächtliche Melatoninbildung. Das gilt auch für Tageslichtlampen, auch sie wirken anregend und stimulierend. Zwar genügen Büro- und Wohnzimmerlampen nicht, um die Melatoninbildung zu unterbrechen, aber sie vermindern sie.[392, 407, 450, 499]

Und damit sind wir beim vielleicht wichtigsten Effekt des natürlichen Licht- und Dunkelrhythmus: Entscheidend sind die Unterschiede! Es ist wie bei einer Schaukel: Damit sie in schönen großen Schwüngen pendelt, muß sie regelmäßig angestoßen werden. Anderenfalls flachen die Bögen langsam ab und kommen schließlich völlig zum Erliegen. Ausgeprägte, stabile Rhythmen stehen für Gesundheit und Fitneß. Und genau dafür sorgt das Sonnenlicht, es schubst unsere »Schaukeln« tüchtig an.

Fehlt das Schaukeln, können die Körperrhythmen durcheinandergeraten, und wir sind nicht mehr synchronisiert. Sowohl im Alter als auch bei einer Reihe von Krankheiten flachen die Rhythmen ab, zum Beispiel bei der Produktion verschiedener Hormone.[406, 442, 459] Wie viele Fälle von Übergewicht, Zuckerkrankheit, Brust- und Darmkrebs lassen sich wohl auf einen Mangel an natürlichem Sonnenlicht und auf zuviel Kunstlicht zurückzuführen? Richtiges Licht könnte vorbeugen und heilen, und die Menschen wären »besser drauf«. Schon Hippokrates (460 v. Chr.) empfahl in seiner Schrift »Über die Lebensweise« den Fettleibigen, möglichst häufig nackt in der

Sonne umherzulaufen.[401] Und heute? Nicht, daß sich kein Wissenschaftler für die Körperrhythmik interessieren würde – nur eben nicht fürs Licht. Mit dem Tip, unangenehme Lampen rauszuwerfen, für genügend Schlaf zu sorgen und häufiger hinaus ins Tageslicht zu gehen, läßt sich nun mal nicht viel Geld verdienen. Da wendet man sich doch lieber greifbareren und vor allem lohnenderen Dingen zu, am besten solchen, die sich zu Pillen verarbeiten lassen. Zum Beispiel dem Melatonin.

Melatonin: böses Erwachen statt erotischer Träume

In den USA, so spotten die Kritiker, grassiere bereits die »Melatonin-Madness«. Die Nachfrage nach den Pillen sei so groß, daß angeblich gar eine Melatoninknappheit drohe. In Kalifornien wurden nach einem Bericht des Wissenschaftsmagazins *New Scientist* im Jahr 1995 mehr Dollar für Melatonin ausgegeben als für Aspirin – eine wahrhaft steile Karriere für einen Stoff, dessen Wirkungen und vor allem Nebenwirkungen noch ziemlich im dunkeln liegen.[424, 427, 461]

Während die Amerikaner Melatonin ganz legal und zudem spottbillig als »Nahrungsergänzungsmittel« kaufen können, gilt es nach deutschem Recht als Arzneimittel.[421, 476] Im Oktober 1995 wurde sein Verkauf verboten, weil weder seine Wirksamkeit noch seine Unbedenklichkeit nachgewiesen sind.[475] Dennoch dürfte es nicht besonders schwierig sein, an den »Stoff« heranzukommen; Melatonin ist derzeit nicht nur ein beliebtes Mitbringsel von USA-Reisen, per Computer und Internet kann jedermann direkt beim Hersteller ordern. Abgesehen davon schuf das Verwaltungsgericht Schleswig-Holstein kürzlich eine Lücke, indem es den Verkauf eines melatoninhaltigen Präparates erlaubte.[476]

Melatonin: das Froschhormon aus dem Rinderhirn

Zu Beginn der Melatoninforschung, im Jahr 1955, hatten der amerikanische Hautarzt und Biochemiker Aaron Lerner von der Yale Universität und sein japanischer Kollege Yoshiyata Takahashi nur einen einzigen Hinweis: Eine Studie aus dem Jahr 1917 erwähnte die Wirksamkeit eines Rinder-Zirbeldrüsenextraktes bei der Farbveränderung von Froschhaut (*Rana pipiens*). Dieser Eigenschaft – dem Aufhellen von Froschhaut – verdankt das Melatonin übrigens seinen Namen: Die Farbzellen in der Haut heißen *Melano*zyten, und -*tonin* bedeutet soviel wie zusammenziehen, da der Farbumschlag durch das Zusammenziehen der Pigmentzellen erfolgt.

Der Weg bis zur Melatoninpille war aber noch mühsam und lang. Nach drei Jahren schien der große Augenblick gekommen: Endlich hatte das Forscherteam mit viel Mühe eine Substanz aus Abertausenden von Rinder-Zirbeldrüsen isoliert. Sie erwies sich jedoch als völlig unwirksam – das Zeug war einfach nicht zu fassen. Kein Wunder, denn der gesuchte Stoff ist so wirksam, daß er nur in Ultraspuren vorkommt. Als klar wurde, »daß über eine Million Zirbeldrüsen gesammelt und aufbereitet werden müßten, um gerade mal 1 Milligramm Melatonin zu isolieren, wurde«, so Professor Lerner, »die Arbeit sehr entmutigend.«[439]

Doch kurz bevor er die Flinte ins Korn warf, um auf empfindlichere Labormethoden zu warten, half der Zufall dem Fortschritt auf die Sprünge: Als Lerner mit einem Kollegen

den Stoffwechsel des Serotonins diskutierte, ging ihm ur-
plötzlich ein Licht auf, und er »wußte«, wie das Melatonin
aussieht. Es mußte sich um einen dem Serotonin nahe verwandten Stoff handeln. Lerner kehrte in sein Labor zurück,
und innerhalb einer Woche konnten er und seine Mitarbeiter den so lange gesuchten Stoff herstellen.[439]

Der neuen Zauberpille für gestreßte Zivilisationsmenschen
werden geradezu märchenhafte Wirkungen nachgesagt. Die
Liste der Leiden, gegen die Melatonin helfen soll, erinnert an
die Elixiere mittelalterlicher Bader: Als ewiger Jungbrunnen
stoppt es das Älterwerden, die Kundschaft bleibe gar bis zum
»hundertsten Geburtstag oder länger gesund und aktiv«.[425]
Es bekämpft Krebs, Schnupfen und AIDS ebenso wie Schizo-
phrenie und die Alzheimer-Demenz. Es schützt vor Schlag-
anfall, Verkalkung, Herzinfarkt, plötzlichem Kindstod und
Gedächtnis- wie Libidoverlust. Es lindert prämenstruelle Beschwerden, macht schlank, fängt böse Radikale und versetzt
den Pillen-Schlucker in einen tiefen Schlaf. Wobei er dann
auch noch erotisch träumen darf.[425, 426, 460, 478] Gäbe es nicht
Fußpilz und böse Schwiegermütter, Ärzte und Psychologen
wären in kurzer Zeit arbeitslos, und unsere Krankenversicherung könnte aus der Portokasse der Bundesärztekammer finan-
ziert werden. Um so mehr, als bei einem Wundermittel diesen
Kalibers natürlich keine Rede von Nebenwirkungen ist.

Wissenschaftlich solide Belege für diese Behauptungen fehlen. Gewöhnlich handelt es sich um Spekulationen aufgrund
von Experimenten mit Ratten und Mäusen. Die in diesem Fall
als Versuchstiere denkbar ungeeignet sind: Als Vermittler des
Tag-Nacht-Rhythmus[497] hat das Melatonin bei nachtaktiven
Nagetieren natürlich andere Auswirkungen als bei tagaktiven
Exemplaren der Spezies *Homo sapiens*. Auch die Menge des

gebildeten Melatonins unterscheidet sich. Sie variiert bei den verschiedenen Tierarten genauso wie von Mensch zu Mensch, im Laufe des Jahres und des Lebens. Jeder von uns hat einen eigenen, für ihn typischen Tagesrhythmus in puncto Melatonin.[407, 419, 420, 445, 458] Dennoch beteiligen sich – offenbar aus kommerziellen Interessen – zunehmend mehr Wissenschaftler an einer verantwortungslosen Melatonin-Propaganda.[426, 427]

Melatonin ist ein Hormonpräparat, das, genau wie die Sexualhormone der Pille, in winzigsten Spuren nachhaltige Wirkungen entfaltet: Schon Pillen mit einem zehntel Milligramm erhöhen den Melatoninspiegel im Blut so stark, als sei es mitten in der Nacht.[476] Manche Präparate enthalten das Fünfzigfache und mehr. Ähnliche Hormonrückstände im Kalbsschnitzel würden sicher – und zu Recht – zu erheblichen Protesten führen. Was würden Sie sagen, wenn Experten empfehlen würden, täglich eine Handvoll Antibabypillen zu schlucken, nur weil die Hormone unserem Körper unentbehrlich seien und unser Wohlbefinden beeinflussen? Und was sagen Sie dazu, daß Melatonin nicht nur synthetisch und aus Pflanzen, sondern auch aus Hirngewebe gewonnen wird? Die Möglichkeit einer Übertragung des Rinderwahnsinns bzw. der Creutzfeld-Jakob-Krankheit ist »nicht untersucht, muß aber«, so das Bundesinstitut für Arzneimittel und Medizinprodukte in Berlin, »in Betracht gezogen werden«.[475]

Impotent durch Melatonin

Am besten untersucht ist die Wirkung des Hormons als Schlafmittel: Selbst »niedrig« dosierte Melatoninpillen machen müde, verkürzen die Einschlafzeit und schränken die Fahrtüchtigkeit ein.[476] Im Gegensatz zu anderen Schlafmitteln wacht man am Morgen allerdings ohne »hangover« auf.[477]

Von erotischen Träumen oder gar sexueller Erregtheit kann dagegen keine Rede sein. Im Gegenteil: Viele Tiere, so der Neurobiologe Fred Turek von der Nordwest Universität im US-Bundesstaat Illinois, »zeigen bei einer Behandlung mit Melatonin eine Rückbildung der Geschlechtsdrüsen«.[426] Da es die Holländer gerade als Verhütungsmittel testen, dürfen wir wohl davon ausgehen, daß zuviel Melatonin impotent und unfruchtbar macht.[477]

Verhüten soll Melatonin auch das Altwerden. Nach Ansicht des Chronobiologen Steven Reppert von der Harvard Medical School basiert diese Behauptung »ausschließlich auf Spekulationen«, ausgehend von den »Ergebnissen einer äußerst fehlerhaften Studie«.[427] Angesprochen ist der Altersforscher Walter Pierpaoli. Er hatte senilen Mäusen während der Nacht Melatonin ins Trinkwasser geträufelt – mit dem Resultat, daß sie länger lebten.[409] Grund genug, Melatonin als Jungbrunnen anzupreisen.

Die Versuche hatten allerdings einen kleinen Schönheitsfehler: Die Mäuse waren – wie die meisten Labormäusestämme – aufgrund eines genetischen Defekts überhaupt nicht in der Lage, in ihrer Zirbeldrüse eigenes Melatonin zu bilden.[408, 409, 426, 427] Kein Wunder, daß die Hormongaben positive Auswirkungen hatten. Reppert ergänzt, daß Melatonin normalerweise genau das Gegenteil bewirkt: Verabreicht man das Hormon Mäusen mit intakter Zirbeldrüse, so verkürzt es die Lebenserwartung, weil die Tiere vermehrt an Krebs sterben.[409, 427] Selbst Russel Reiter, ein Pionier der Erforschung der Zirbeldrüse und ein bekannter Melatonin-Befürworter, übt sich in Zurückhaltung: »Menschen, die derzeit Melatonin nehmen, setzen sich vielen Ungewißheiten aus.«[426]

Zum Beispiel könnten sie ihre Augen schädigen. Biologen von

der Universität Virginia fanden vor wenigen Monaten einen zweiten inneren Schrittmacher in der Netzhaut. Er steuert die Sehfähigkeit der Augen mit Hilfe eines eigenständigen Melatoninrhythmus. Das Augen-Melatonin sorgt für die tägliche Erneuerung der Lichtrezeptoren. Die großen Hormonmengen der Pillen könnten diesen Vorgang stören.[466, 490, 491] Der Melatonin-Spezialist Al Lewy von der Universität Portland befürchtet »unvorhergesehene Konsequenzen für die Funktion der Netzhaut«.[490]

Melatoninpillen sind weder wirkunglos noch harmlos.[440, 501, 515, 539] Zudem kommt es darauf an, zu welcher Tageszeit die Pillen eingenommen werden und wieviel Licht man vorher abbekommen hat. Schließlich entfaltet Melatonin seine Wirkungen in Abhängigkeit vom Tag-Nacht-Zyklus. Eine neue Studie weist darauf hin, daß zwei »innere Uhren« an unserer Schlafregulation beteiligt sind, deren Zusammenspiel von Melatoninpillen gestört werden kann: Bei manchen Menschen »zerreißt« Melatonin den Schlaf.[530] Da hohe Dosen die Stimmung und die Leistungsfähigkeit beeinträchtigen können und niedrige Dosen schläfrig machen, rät das *Arznei-Telegramm* von einer Einnahme während des Tages ab.[477] Melatonin ist ein krasses Beispiel dafür, wie durch geschicktes Marketing das schnelle Geld gemacht wird. Es ist ein Geschäft mit der Hoffnung der Menschen und mit ihrer Urangst vor Alter, Krankheit und Tod.

Der Begeisterung tut dies jedoch offensichtlich keinen Abbruch. Viele »Melatonin-User« schwören auf ihr Präparat. Sie schlafen nachts besser und fühlen sich tagsüber fit. Kann das sein? Es kann sein. Erfunden sind diese Berichte kaum, und das »Gut-drauf-sein« muß nicht nur am besseren Schlaf liegen. Die Erklärung dafür ist alles andere als beruhigend. Denn Melatonin gehört zur Stoffklasse der Indole, der auch Drogen wie LSD angehören. Speziell die Gruppe der ß-Carboline spielt als Halluzinogene in vielen Kulturen eine wichtige Rolle. Und ein solches ß-Carbolin bildet sich im Gehirn aus Melatonin von ganz allein, vor allem bei massiven Überdosierungen.[474] So gesehen dürften Melatoninpräparate nicht anders als Ecstasy oder Marihuana behandelt werden.

Für die Unverzagten, die mit allen Mitteln bis zum »hundertsten Geburtstag oder länger gesund und aktiv« bleiben wollen, vielleicht ein Tip, der eine solidere wissenschaftliche Basis hat als das Schlucken von Melatoninpillen – selbstverständlich ohne Gewähr: Tierversuche haben gezeigt, daß neben Hunger vor allem Unterkühlung das Leben verlängert. Diäten gibt es ja wie Sand am Meer, aber mit der Kälte müßte sich doch etwas machen lassen. Wie wär´s mit einem kleinen Ferien-Iglu am Nordpol? Vielleicht kann man darin sogar doppelt so alt werden wie die Werbe-Opas auf den Knoblauchpillenpackungen – gesund und aktiv versteht sich. Aber lassen wir die Späße, denn im hohen Norden ist das Leben doch eher rauh. Ob unsere Vorfahren auch dann den Weg von den Tropen in die kühleren Zonen dieser Erde eingeschlagen hätten, wenn sie geahnt hätten, wie sehr uns die Sonne fehlen würde? Ihr Pioniergeist fordert bis heute seinen Tribut: Er machte uns zu Milchbubis und Bleichgesichtern.

Wozu Milchgesichter ihre Rotbäckchen brauchen

Je weiter wir vom Äquator nach Norden reisen, desto hellhäutiger sind die Menschen. Helle Haut bekommt jedoch leichter einen Sonnenbrand und ist anfälliger für Hautkrebs. Wäre Mutter Natur nicht gut beraten gewesen, den Nordlichtern die kaffeebraune Haut ihrer Vorfahren zu belassen, um jegliche Hautkrebsgefahr auszuschließen? Schließlich wollen auch Schweden und Finnen im Urlaub in den Süden fahren und ein bißchen Sonne tanken. Natürlich interessiert sich die Natur nicht für unsere Urlaubspläne. Sie hat dafür zu sorgen, daß wir in unserem Lebensraum zurechtkommen, dort wo wir uns täglich aufhalten. Und genau deshalb konnte sich im hohen Norden ein »Erbdefekt« durchsetzen: die »unnatürlich« helle Haut, die sich unsere Ahnen vermutlich vor 10 000 Jahren zugelegt haben.[322]

Nordeuropäer brauchen ihre helle Haut, um einen lebenswichtigen Stoff zu bilden: Scheint die Sonne, dann entsteht in der Haut das Hormon »Vitamin D«. Der Name ist irreführend, denn dieses Vitamin ist gar keins. »Echte« Vitamine kann der Körper nicht selber bilden. Vitamin D stellt er dagegen in ausreichender Menge selbst her, es ist ein Hormon, so wie die Sexualhormone, mit denen es nahe verwandt ist.[411] Damit befreit uns das Sonnenlicht davon, täglich Lebertran essen zu müssen: Das einzige Nahrungsmittel, das von Natur aus viel Vitamin D enthält, ist Fischleber. Wie bedeutungslos die Ernährung im Vergleich zur Sonne ist, zeigten Versuche mit U-Boot-Matrosen und Freiwilligen in sonnenlosen Wohnbunkern: Trotz normaler Kost sanken die Vitamin-D-Vorräte im Blut der Probanden innerhalb von 5 Wochen auf die Hälfte. Vom Vitamin D aus der Nahrung war nichts zu entdecken.[412, 456, 479]

Das Vitamin D arbeitet als Spediteur: Es transportiert das Kalzium aus der Nahrung durch die Darmwand und stellt es für den Aufbau der Knochen zur Verfügung. Fehlt uns das Licht, dann verschlechtert sich die Vitamin-D-Versorgung, und in der Folge fehlt es auch an Kalzium für die Knochenhärte. Bei Kindern kommt es zur Rachitis, das heißt zu einem weichen, mißgebildeten Skelett. Bei Erwachsenen nennt man die Krankheit Osteomalazie. Vor allem zu Beginn der Industrialisierung, als das Proletariat in düsteren Mietskasernen hausen mußte, in die kaum je ein Sonnenstrahl gelangte, war die Rachitis gefürchtet und verbreitet.[411, 455]

Sein Vitamin D stellt der Körper aus dem vielgescholtenen Cholesterin her. In der Haut setzt er das Cholesterin den UV-Strahlen der Sonne aus, die es zu Vitamin D umwandeln. Je heller die Haut, desto mehr UV kommt durch und desto leichter entsteht Vitamin D. Damit wäre klar, warum die Menschen im hohen Norden so hellhäutig sind: Je weniger die Sonne scheint, desto wichtiger ist die helle Haut, um das bißchen Licht optimal zu nutzen. Da es in Richtung Norden zudem immer kälter wird, müssen sich die Menschen auch dicker anziehen. Die wenigen Fleckchen Haut, die noch herausgukken, sollten daher besonders gute Vitamin-D-Bildner sein. Das erklärt, warum rote Bäckchen bei Kindern als Zeichen blühender Gesundheit gelten: Durch diese stark durchbluteten »Fenster« zur Sonne fangen sie viel UV-Strahlung ein und können mehr Vitamin D bilden.[322]

Die Hautfarbe des Menschen entstand als Kompromiß zwischen Hautkrebs- und Rachitisgefahr: größtmöglicher UV-Schutz einerseits, optimale Vitamin-D- und Kalziumversorgung andererseits. In unseren gemäßigten Breiten wechseln die Risiken übers Jahr, und deshalb wechseln auch die Menschen wie ein Chamäleon die Farbe: Im strahlenarmen Winter sind wir käseweiß, im Sommer dunkeln wir nach. Bei extrem hellhäutigen, rothaarigen Menschen, die sogar unter südlicher Sonne blaß bleiben, funktioniert dieser Kompromiß nicht mehr: Ihre sonnenhungrige Haut hat die Gene zur Bildung von Pigmenten als Schutz gegen UV-Strahlen »aufgegeben«.[322, 358]

Und trotzdem kann die Vitamin-D-Versorgung im hohen Norden knapp werden. Damit die Menschheit dort überleben konnte, mußte sie nicht nur erbleichen, sondern sich auch nach einem zusätzlichen Kalziumtransporteur umsehen. Den verschaffte ihr ein zweiter »Erbdefekt«:[322, 473] Der Körper lernte, auch im Erwachsenenalter Milch zu vertragen, denn der darin enthaltene Milchzucker (Lactose) transportiert Kalzium ebenso gut wie Vitamin D. Dunkelhäutige Menschen vertragen gewöhnlich keine Milch: Bei ihnen geht die Fähigkeit, Lactose zu verdauen, nach dem Abstillen verloren, denn dort, wo sie leben, gibt es Sonnenschein im Überfluß.

Daß Vitamin D und Milchzucker sich ersetzen können, machen uns die Flossenfüßler vor: Walrösser und Seelöwen, die Vitamin-D-reiche Fischnahrung zu sich nehmen, verzichten völlig auf Lactose in ihrer Milch.[380] Bei anderen Säugetieren gilt: Je weniger Vitamin D die Milch enthält, desto höher sind die Gehalte an Milchzucker. Das heißt auch: Je weiter wir nach Norden kommen, desto wichtiger ist die Milch zum Überleben. Sie hilft den »Bleichgesichtern«, die Folgen des Lichtmangels auszugleichen. Deswegen floriert in Nordeuropa die Milchwirtschaft, deswegen mögen und vertragen die meisten Hellhäutigen das umstrittene Kuhprodukt.

Der Schein trügt

Es gibt scheinbar Ausnahmen von dieser Regel, wie die Eskimos in Grönland, die weder bleich sind, noch Schafe und Rinder züchten oder Eisbärenmilch trinken. Ihre Haut ist braun, und sie kannten dennoch bis vor kurzem keine Rachitis. Es liegt daran, daß sie trotz des Lichtmangels und der dicken Kleidung keinen Milchzucker brauchen: Ihre Fisch-Nahrung liefert reichlich Vitamin D. Für ein gesundes Skelett waren sie nie auf weiße Haut angewiesen, und so behielten sie die Hautfarbe ihrer Vorfahren. Für diese Menschen – und nur für sie – ist Vitamin D tatsächlich ein Vitamin: Es muß über die Nahrung zugeführt werden.[358]

Der Zusammenhang zwischen Hautfarbe und Breitengrad ist also nicht ganz perfekt, er folgt aber exakt den genannten Regeln. Die Bantu in Südafrika beispielsweise sind für den Breitengrad zu dunkel. Allerdings siedelten sie erst vor nicht allzu langer Zeit aus ihrer Heimat in der Nähe des Äquators ans Kap der Stürme um, wie das Kap der guten Hoffnung ursprünglich und treffender hieß.[358]

Eine andere Wanderungsbewegung bescherte den Umsiedlern eine Zunahme der Hautkrebshäufigkeit. Die Rede ist von einer Strafkolonie, von den weißhäutigen Europäern, die vor zweihundert Jahren aus dem regnerischen britischen Königreich ins sonnige Australien verfrachtet wurden. Ihre Blässe ist die Ursache für das häufige Auftreten von Hautkrebs auf dem fünften Kontinent. Die dunkelhäutigen Eingeborenen ereilt die Krankheit selten, und wenn, dann an den wenig pigmentierten Händen und Lippen.[322, 473]

Auch umgekehrt gibt es Probleme: Dunkelhäutige Menschen können im sonnenarmen Norden oft nicht ausreichend Vitamin D bilden. Ihre starke Pigmentierung verhindert, daß genügend UV-Licht in die Haut dringt. Deshalb kommt es im Nordwesten der USA vor allem bei schwarzen Kindern zu Rachitis.[455] Der in den USA übliche Zusatz von Vitamin D zur Milch nützt allerdings wenig, da dunkelhäutige Menschen meist keine Milch vertragen.

In anderen Regionen dieser Erde zwangen ökologische Gegebenheiten zu Weidewirtschaft und Nomadentum. Die

Massai in Ostafrika beispielsweise leben hauptsächlich von Milch, Blut und gelegentlich etwas Fleisch. Daher vertragen auch erwachsene Nomaden Milchzucker. Das gleiche Bild in Indien. Die Landwirtschaft ist vom Rind als Zugtier abhängig (s. Seite 163), und die Menschen sind an Milch gewöhnt. So vertragen erheblich mehr Inder Milch, als aufgrund der hohen Sonneneinstrahlung zu erwarten wäre.[322]

Chinesen waren dagegen nie auf Milch angewiesen: Sie essen viel kalziumhaltiges Blattgemüse und Sojaprodukte, haben ausreichend Sonnenschein, und ihre Landwirtschaft nutzt statt der Rinder Schweine. Und die lassen sich nun mal schlecht melken. Kein Wunder, daß Chinesen unter diesen Umständen keinerlei Milchzucker vertragen und sich vor Milch ekeln. Für sie ist es ein widerwärtiges Drüsensekret, das zu trinken ihnen ebensolche Gänsehaut bereitet wie uns die Vorstellung von einem großen Glas frischen, kalten Kuhspeichels.[322]

Dunkelhäutige Menschen vertragen also deswegen keine Milch, weil sie auf den Milchzucker als Kalziumtransporteur nicht angewiesen sind. Trinken sie trotzdem davon, bekommen sie Blähungen und Durchfälle. Vielleicht ahnen Sie jetzt die Folgen europäischer Nahrungsmittelspenden an die Dritte Welt. »Gesundes« Milchpulver gehörte einfach dazu, obwohl zum Beispiel in Zambia nur 4 Prozent der Erwachsenen Milch(zucker) tolerieren. In Italien sind es dagegen schon 50 Prozent, in Österreich 82 Prozent, in Deutschland 88 Prozent und in Skandinavien 99 Prozent.[375, 358] Bliebe die Frage, wie es den 12 Prozent, also fast 10 Millionen Menschen ergeht, die im »Milchland« Deutschland keinen Milchzucker vertragen? Viele Betroffene wissen es nicht einmal und quälen sich ihr Leben lang mit Bauchschmerzen, Stuhlproblemen und Blähungen herum. Kinder, die deshalb an Gedeihstörungen leiden, werden nicht selten mit Milch traktiert. Das Problem scheint vielen Ärzten unbekannt. Sie diagnostizieren statt dessen Candidaverpilzungen, Nabelkoliken und Schulprobleme. Dabei gibt es ganz einfache Testverfahren: Bei Verdacht auf »Lactoseintoleranz«, wie der Fachausdruck heißt, trinkt der Patient ein Glas Wasser, in dem Milchzucker gelöst ist – und wartet, ob er Bauchgrimmen bekommt. An seinem Atem läßt sich dann messen, wie empfindlich er tatsächlich ist.[380] Manche vertragen Kaffeesahne, Joghurt, Käse oder Kakao, andere müssen alle Produkte, die Milchzucker enthalten, meiden.

Bei ihnen löst Milchzucker nicht nur Blähungen und Durchfälle aus, er blockiert sogar die Kalziumaufnahme aus dem Speisebrei![379] Kein Wunder, wenn diese Menschen später an Osteoporose, der gefürchteten Knochenentkalkung, leiden. Nötigt man sie, den »wertvollen Kalziumspender« Milch zu trinken, wird die Sache nur noch schlimmer. So erklärt sich auch die paradox anmutende Beobachtung praktizierender Ärzte, wonach es bei Osteoporose-Patienten nicht selten zu einer Besserung kommt, wenn die Milch weggelassen wird. Fazit: Für die meisten Menschen auf dieser Erde ist Milch ziemlich ungesund. In unserem Kulturkreis sicherte sie allerdings das Überleben: 90 Prozent der Menschen brauchen sie. Und weil uns das Milchtrinken alleine offenbar nicht reicht, lieben wir den Sommer und die Sonne.

Vitamin D – nicht immer eitel Sonnenschein

Vitamin-D-Pillen können die Sonne nicht ersetzen. Den Unterschied macht ein ganz besonderes Einsatzgebiet deutlich:

Vitamin D ist ein bewährtes Rattengift.[376-378] Mit dem in der Sonne selbstgemachten Vitamin D ist es dagegen unmöglich, sich zu vergiften. Dank einer Reihe von Schutzmaßnahmen stimmt der Körper die Vitamin-D-Bildung genau auf seine Bedürfnisse ab: Sobald ein gewisses Quantum erreicht ist, stellt er aus dem Cholesterin einfach kein Vitamin D mehr her, sondern zwei harmlose Vorratsformen. Sollte doch einmal zuviel Vitamin D in der Haut entstanden sein, wird es gleich an Ort und Stelle durch das Sonnenlicht wieder zerstört.[448] Ganz anders ergeht es uns, wenn zuviel Vitamin D über Tabletten oder die Nahrung ins Blut gelangt. Dagegen gibt es keinen Schutz. Offenbar hatten wir es nie nötig, uns dagegen zu wehren: Während unserer Evolution stand stets ausreichend Sonne zur Verfügung, und die Nahrung spielt als Vitamin-D-Lieferant, wie das Beispiel der U-Boot-Besatzungen zeigte, gewöhnlich keine Rolle.

Betrachtet man die vielfältigen Funktionen dieses Hormons, dann wird schnell klar, daß eine exakte Kontrolle des »richtigen« Vitamin-D-Gehaltes im Körper auch dringend erforderlich ist. Denn Vitamin D kann mehr als nur die Knochen stärken. Rezeptoren für das Vitamin-D-Hormon finden sich in vielen Körpergeweben: zum Beispiel in Gehirn und Rückenmark, in Muskeln, Haut und Geschlechtsorganen, in der Bauchspeicheldrüse und der Schilddrüse, ja sogar in Krebszellen.[411, 441, 472] Mit Hilfe des Vitamin D moduliert das Sonnenlicht unsere Krankheitsabwehr und die Zellteilung, es beeinflußt die Insulinausschüttung und damit den Zuckerstoffwechsel. Studien in Schweden und Nordamerika ergaben, daß die Sonnenscheindauer eines Landes die Häufigkeit von Brust-, Gebärmutter- und Dickdarmkrebs sowie Diabetes bei Jugendlichen beeinflußt.[422, 468, 507-512]

Todesfälle durch Vitamin D

Auch gutgemeinte Vorsorgemaßnahmen können tödlich enden. Als eines schönen Tages in einer kleinen amerikanischen Molkerei der Vitamin-D-Zusatz nicht richtig verrührt worden war, mußten einige Milchtrinker diese Panne mit dem Leben bezahlen.[532] In einem anderen Fall enthielten Milchtüten das 500fache der behördlich vorgeschriebenen Vitamin-D-Menge. Das führte zu erhöhten Vitamin-D-Gehalten im Blut und in der Folge zu Vergiftungen mit Gewichtsverlust, Knochenschmerzen, Wachstumsstörungen, psychischen Veränderungen und Nierenschäden.[444, 462] Auch in England und Australien gab es schon Probleme mit der Vorsorge: Durch Vitamin-D-angereicherte Säuglingsnahrung nahmen zahlreiche Kinder bis zum 25fachen der empfohlenen Vitamin-D-Menge auf und zogen sich Vergiftungen zu.[472, 480]

Bei einer Vitamin-D-Vergiftung ist die Kalzium-Aufnahme stark erhöht, der Gehalt im Blut steigt gefährlich an. In seiner Not lagert der Körper Kalzium in die weichen Gewebe ein, besonders in Nieren und Blutgefäße, die förmlich verkalken. Es kommt unter anderem zu Krämpfen, Muskelschwäche, Bluthochdruck und Störungen der Nierenfunktion. Das Fatale daran ist, daß sich die Symptome von Vitamin-D-Vergiftung und -Mangel so sehr ähneln, daß es leicht zu Fehldiagnosen kommen kann.[472] Kinder bleiben außerdem in ihrer geistigen Entwicklung zurück, da die weichen Stellen ihrer Schädel zu schnell verknöchern und ihr Gehirn nicht mehr wachsen kann. Professor Ernst Lindner von der Universität Gießen befürchtet auch schon bei leichten Überdosierungen durch Nahrungsmittel irreversible Intelligenzdefekte.[480]

Unter diesen Gesichtspunkten muß die gängige Praxis, allen Säuglingen unterschiedslos Vitamin D zu verabreichen und es zusätzlich auch noch der Säuglingsnahrung zuzusetzen, durchaus kritisch gesehen werden. Weil die Kalziumüberschwemmung des Körpers so gefährlich ist, warnte der Münsteraner Kinderarzt Professor H. Mai schon in den 60er Jahren vor einer leichtsinnigen Vitamin-D-Gabe an Babies: »Ich selbst werde beim Säugling lieber eine leichte Unter- als eine Überdosierung riskieren, lieber eine leichte Rachitis als eine leichte Kalzinose. Die Rachitis kann ich nämlich – soweit sie nicht ohnehin höchst harmlos ist – *sicher* beseitigen. Von der Verkalkung weiß ich es nicht. Wir Kinderärzte können nicht vorsichtig genug mit Vitamin D umgehen.«[472] Für die Praxis heißt das: Säuglinge gehören täglich an die frische Luft. Aber nicht in die pralle Sonne, denn ihre Haut ist sehr empfindlich! Selbst bei bedecktem Himmel oder unter dem Sonnenschirm reicht eine halbe Stunde Tageslicht aus, um genügend Vitamin D zu bilden – Überdosierungen ausgeschlossen.[504, 505]

Da Vitamin D den Kalziumstoffwechsel beeinflußt, wurde schon vor Jahren auf die Gefahr einer Arterienverkalkung durch Vitamin-D-Gaben hingewiesen.[472, 506] Inzwischen ist klar, daß erhöhte Vitamin-D-Gehalte die Blutgefäße schädigen können. Wie ist das möglich? Schauen wir das nahe verwandte Cholesterin an: Mit »normalem« Cholesterin lassen sich im Tierversuch keinerlei Veränderungen an den Arterien auslösen.[429] Dies gelingt jedoch sehr leicht mit oxidiertem Cholesterin. Es entsteht zum Beispiel bei der Sprühtrocknung von Eipulver, das von der Lebensmittelindustrie für Kekse, Kuchen und Fertigprodukte verwendet wird.[374] Vitamin D ist im Grunde nichts anderes als ein oxidierter Verwandter des Cholesterins. Oxycholesterin und Vitamin D sind sich chemisch

sehr ähnlich. Daher liegt es nahe, daß sie beide gleichermaßen zur »Verkalkung« der Arterien führen können.[486]

Für die USA wäre dieses Szenario durchaus realistisch. Als
man 1992 die Vitamin-D-Gehalte von Säuglingsnahrung und
Milch untersuchte, schockierten die Ergebnisse die Fachwelt:
Die meisten Säuglingsnahrungen enthielten mehr als das
Doppelte der deklarierten Menge.[462] Darüber hinaus ist es in
den Vereinigten Staaten seit den 30er Jahren gängige Praxis,
Milch mit Vitamin D anzureichern. Auch hier war der
Untersuchungsbefund kein Ruhmesblatt für die Lebensmittelwirtschaft: Vor allem die fettarme Milch enthielt meist viel
weniger Vitamin D als ausgewiesen.[462, 472] Die mögliche Ur-
sache ist kaum zu glauben: Die Vitamin-Zugabe erfolgt *vor*
dem Entrahmen, so daß das fettlösliche Vitamin mit dem
Rahm wieder aus der Milch entfernt wird.[462] Dadurch müssen
beachtliche Vitamin-D-Mengen in die US-Butter gelangen.
Das würde zwanglos erklären, warum in USA die Butter als
Auslöser der Arteriosklerose gilt. Somit hätten die Molkereien
der Margarineindustrie die Kundschaft »besorgt«. Jedenfalls
wäre es lohnend, in entsprechenden Arteriosklerose- und
Herzinfarkt-Studien auch die Vitamin-D-Gehalte der Nahrung
zu erfassen. Bei Versuchen mit Schweinen führten bereits
solche Vitamin-D-Mengen zu Arterienschäden, die denen
des »average Joe«, des Durchschnitts-Amerikaners, entspra-
chen.[486] Mit Sonnenlicht wäre das nicht passiert.

Angst vor der Sonne: eingecremt und angeschmiert

Während die Wissenschaft allmählich die positiven Seiten der
Sonne erkennt, werden wir durch drastische Schlagzeilen vor

der Bedrohung durch ihre Strahlen gewarnt. Sie kennen die Argumentation: Treibgase wie FCKW verflüchtigen sich in die Atmosphäre und durchlöchern den Ozonschild. Fehlt das Ozon, kann das UV-Licht ungehindert auf die Erde niederbrennen. Und genau das soll die Ursache der steigenden Hautkrebszahlen sein. Die Werbung empfiehlt, kräftig zu »schmieren«: Sonnenschutzmittel mit UV-Filtersubstanzen sorgen für ein reines Gewissen; ja sogar gewöhnliche Tagescremes werden teilweise mit hohen Lichtschutzfaktoren ausgestattet.[454] So, als wäre schon der Weg vom Parkplatz ins Büro riskant.

Die Sonnencreme-Werbung erweckt den Eindruck, man sei mit dem entsprechenden Präparat des Hauses nicht nur vor Sonnenbrand, sondern auch vor Krebs geschützt. Ob die Sonnenschutzmittel dazu überhaupt in der Lage sind, ist zumindest fraglich.[489, 541, 542] Der Einfachheit halber gehen die Experten davon aus, daß schon nichts passieren wird, ist die Sonnenbrandgefahr erst mal gebannt.[541] Professor Hellmut Ippen aus Göttingen zweifelt dagegen am Nutzen von Lichtschutzfiltern in Sonnencremes. Zunächst einmal: UV ist nicht gleich UV. Die Sonne sendet uns das UV-A und das UV-B. Um Vitamin D zu bilden, brauchen wir das UV-B. Allerdings verursacht es auch den Sonnenbrand, es kann die Erbsubstanz schädigen und galt deshalb lange Zeit als Hauptschuldiger bei der Hautkrebsentstehung. Vom UV-A nahm man hingegen an, daß es lediglich für die Sonnenbräune sorgt.

Deswegen enthielten die ersten Sonnenschutzmittel nur Filter gegen das schädliche UV-B. So konnte man länger in der Sonne bleiben und vom UV-A schön braun werden. Inzwischen weiß man es besser: Auch das UV-A verbrennt die Haut, wenn auch sehr viel langsamer, und vor allem schädigt es durch sein tiefes Eindringen die pigmentbildenden Zellen und das Bindegewebe. Damit sind die »harmlosen« UV-A-Strahlen nicht nur für die Hautalterung verantwortlich, sondern auch für den Hautkrebs![372, 398, 488] »Es besteht heute kein Zweifel mehr«, so Rüdiger Matthes vom Bundesinstitut für Strahlenhygiene in Oberschleißheim, »daß durch UV-Strahlung in allen Wellenlängenbändern, auch durch UV-A, Krebs ausgelöst werden kann.«[372]

Immerhin zog die Kosmetikindustrie daraus ihre Konsequenzen: Sie begann ohne viel Aufhebens, allmählich auch UV-A-Filter in die Sonnenschutzmittel zu mischen. Die Sache hat allerdings einen Haken: Sein Anteil im Sonnenlicht ist 100 bis 1000 mal größer als der des UV-B, so daß Professor Ippen die bislang üblichen Schutzfaktoren als »kümmerlich« bezeichnet.[452] Erst seit 1995 gibt es in einigen handelsüblichen Sonnenschutzmitteln Filtersubstanzen, die 90 Prozent der UV-A-Strahlen an der Hautoberfläche abfangen und in Wärme umwandeln.[513] Stimmt diese Angabe der Hersteller, dann dürfte man damit aber kaum noch braun werden.

Zanderfilet in Sonnenmilch

Falls Sie auf Lichtschutzfilter allergisch sind, sollten sie erwägen, Fisch von der Speisekarte zu streichen. Von den knapp 1000 Tonnen Filtersubstanzen, die im Jahr 1993 allein in Deutschland hergestellt wurden, landet ein Teil irgendwann wieder auf unseren Tellern: Eingecremte »Wasserratten« verunreinigen Schwimmbäder, Seen und Flüsse damit. Von dort gelangt der »Schutzfaktor« in alles, was im Wasser kreucht und fleucht. Zwei Substanzen wurden bereits in Fischen aus rheinland-pfälzischen Seen nachgewiesen, und nicht zu knapp: Die Mengen lagen in der gleichen Größenordnung wie bei anderen bedeutenden Umwelt-

---

schadstoffen (Chlorkohlenwasserstoffen).[453] Ein interessanter Chemie-Cocktail entsteht, wenn sich sonnenmilchgesättigte Badelustige in gechlortes Schwimmbadwasser begeben. Das Chlor reagiert mit den Bestandteilen der Cremes zu allerlei fragwürdigen Umweltgiften.[452]

Damit aber nicht genug, denn die Filtersubstanzen reichern sich in der Nahrungskette und im Körperfett des Menschen an. Schließlich landen sie dort, wo sie keiner haben will: in der Muttermilch. Als man in Rheinland-Pfalz Muttermilch auf das Vorhandensein von UV-Filtern untersuchte, waren fünf der sechs Proben belastet.[453]

Im Klartext heißt das: Sonnenschutzmittel haben entgegen der öffentlichen Meinung Krebs gefördert und nicht verhindert.[542] Eingecremt halten wir es länger in der Sonne aus und muten unserer Haut zuviel Strahlung zu. Die meisten UV-Filter zögern nur den Sonnenbrand hinaus. Und genau hier liegt die Crux, denn ein Sonnenbrand würde uns warnen. Er ist ein natürlicher Schutz vor Hautkrebs. Je länger der Sonnenbrand mit Sonnencremes hinausgezögert wird, desto mehr schädliches UV kann auf die Haut einwirken. Professor Ippen bleibt da nur noch Zynismus: »Noch ist nur vage bekannt, was das UV-A alles bei der Hautalterung und dem Lichtkrebs anrichtet oder vorbereitet. Doch gibt es in den Solarien ein Massenexperiment mit unnatürlich großen UV-A-Dosen. Allerdings wird dessen Ergebnis erst in zwanzig bis dreißig Jahren vorliegen.«[452]

Schönheit aus dem Sonnenstudio:
die Seemannshaut

»Unabhängigkeit vom Wetter«, »keine weiten Reisen nötig« und »natürliche Bräune«, mit diesen Argumenten locken die Sonnenstudios ihre Kundschaft. Und für viele bietet die Sonnenbank die Erlösung von winterlicher Blässe, die nun wirklich nicht unserem modernen Schönheitsideal entspricht. Da loben wir uns doch die früh gealterte, faltige Seemannshaut der Solarienfetischisten.

Weil UV-B-Strahlen weniger zur Bräunung beitragen, schnell Sonnenbrände auslösen und aufgrund der Krebsgefahr ins Gerede gekommen sind, hat man ihren Anteil im UV-Licht der Sonnenbänke auf etwa 1 Prozent reduziert. Die heute üblichen Strahler senden fast ausschließlich UV-A aus.[516] Trotz des Krebsrisikos durch UV-A wird der Eindruck erweckt, »moderne« Solarien seien sicher. Wenn schon der UV-Anteil des Sonnenlichts ausreicht, um die Haut anzugreifen, was richten dann erst die Kunstsonnen an? Ihre UV-A-Strahlen können ein Vielfaches der Sonne erreichen, und zusätzlich fehlt ein wichtiges Warnsignal, weil der sonnenbrandauslösende UV-B-Anteil auf ein Minimum reduziert ist.[373, 516]

Manchen reicht aber selbst die »normale« Bräunung auf der Sonnenbank noch nicht. Für diesen Fall halten Kosmetikfirmen spezielle Bräunungsbeschleuniger bereit, die als Wirkstoff den Eiweißbaustein Tyrosin enthalten.[484] Der Körper stellt daraus die bräunenden Melaninpigmente her. Offensichtlich funktioniert auch das Tyrosin aus den Lotionen. Allerdings hat dieser Chemiebaukasten auf der Haut so seine Tücken: Nicht nur, daß die Farbstoffproduktion an ganz anderen Stellen stattfindet als bei der gewöhnlichen Sonnenbräune, es weiß auch kein Mensch, welche schädlichen

Nebenprodukte dabei entstehen.[485] Da die einzelnen Haut-
partien jedoch unterschiedlich schnell abschilfern, hinterlassen die »Beschleuniger«, sobald sie abgesetzt werden, einen
scheckigen Teint.

Auch Urlauber gehen vor der Reise in den Süden gerne
schnell mal auf die Sonnenbank. Das erspart ihnen zum einen
die hämischen Blicke, die bereits gebräunte Zeitgenossen kä-
seweißen Neuankömmlingen gerne zuwerfen. Zum anderen
soll die künstlich vorgebräunte Haut bei der Ankunft am Feri-
enort vor dem lästigen Sonnenbrand schützen. Pech für die
Gutgläubigen, denn unter der Röhre entsteht nicht die gleiche
Bräune wie draußen in der Sonne: Für die sogenannte verzö-
gerte, langanhaltende Bräune sind vor allem UV-B-Strahlen
nötig. Sie sorgen außerdem dafür, daß sich die Haut zum
Schutz vor zuviel Strahlung verdickt.[371, 372, 540] Wer also
glaubt, daß er sich im Urlaub gefahrlos der Sonne aussetzen
kann, nur weil er sonnenbankbraun ist, unterliegt einer optischen Täuschung.

Während sich die »harmlosen« UV-A-Strahlen als eigentliche
Hautkrebsgefahr entpuppen, entdeckt man allmählich die positiven Seiten der bisher als »gefährlich« gebrandmarkten UV-
B-Strahlen:[371, 488, 540] Ihr schlechter Ruf ist ganz schön übertrieben, denn die schädlichen Wirkungen überwiegen erst,
wenn die »Pelle« rot ist: Dann unterdrückt es die Immunant-
wort, aktiviert Viren und beschert dem, der es mit der Sonne
übertrieben hat, blühende Herpesbläschen auf der Lippe. Solange die Dosis »erythemunterschwellig« ist, überwiegen die
positiven Wirkungen der UV-B-Strahlen: Außer der Bildung
von Vitamin D stimulieren sie unser Abwehrsystem, schützen
vor Infektionen, optimieren den Blutdruck und erhöhen die
körperliche Leistungsfähigkeit.[371, 372] Und genau dieses UV-B
fehlt weitgehend bei der Kunstsonne.

Daß das UV-B für eine Reihe von positiven Reaktionen des Körpers auf ein Sonnenbad verantwortlich ist, müssen auch die Betreiber von Sonnenstudios bemerkt haben: Der neueste Trend geht dahin, wieder Röhren mit etwas mehr UV-B-Strahlen herzustellen.[485] Vielleicht blieb ja die Kundschaft aus, weil die Stimmung nicht mehr so gut wie früher war: So mancher Kunstsonnenanbeter fühlt sich nach dem Besuch im Solarium einfach wohl in seiner Haut. Auch für diese wonnigen Gefühle scheint das UV-B zuständig zu sein, indem es die Bildung körpereigener Opiate anregt und den Serotoninspiegel im Gehirn erhöht.[441]

So wohlformuliert die Sonnenstudios für ihre hochwertigen Strahler und das angeblich so gut geschulte Personal werben – harmlos ist auch die modernste Sonnenbank nicht. Sie stellt immer eine zusätzliche UV-Strahlenbelastung dar, die noch dazu völlig anders als das natürliche Sonnenspektrum zusammengesetzt ist. Das Bundesamt für Strahlenschutz rät jedenfalls vom Solarium ab: »Grundsätzlich ist der Gebrauch von UV-Bestrahlungsgeräten zu kosmetischen Zwecken nicht zu empfehlen.«[372]

Risiko Sonne

Also zurück in die freie Natur? Mit dem Schwinden des schützenden Ozons und dem daraus errechneten Anstieg der UV-Strahlung auf der Erde sollen zumindest auf die Bewohner Nordeuropas und Australiens wahre Epidemien des tödlichen Hautkrebses zukommen. Wenn´s doch so einfach wäre.[369,] [391] Einigkeit herrscht unter den Experten darüber, daß die Sonne »ein wesentlicher Faktor bei der Entstehung von Hautkrebs« ist.[400, 402] Das ist erstens nichts Neues und zweitens auch schon alles. Der Zusammenhang zwischen Hautkrebs und UV-Belastung ist keineswegs eindeutig. Sonst müßten die meisten Krebsfälle in Äquatornähe auftreten. Aber selbst bei der weißhäutigen Bevölkerung Australiens, die immer als Paradebeispiel für die Ozon-UV-Krebs-Theorie herhalten muß, trifft das nicht zu. In den Landesteilen, die dem Äquator am nächsten liegen, sind die Krebszahlen am niedrigsten.[487, 489]

Und außerdem: Nicht alle Hautkrebse sind gleich gefährlich. Je nachdem, welche Hautschicht betroffen ist, unterscheiden die Ärzte zwei weniger gefährliche Krebsformen (Spinaliome und Basaliome) vom bösartigen Melanom, das die pigmentbildenden Zellen befällt. Die beiden erstgenannten machen über 80 Prozent aller Hautkrebsfälle aus. Sie treten meist im höheren Lebensalter auf, überwiegend im Gesicht und bei Menschen, die im Freien arbeiten und daher ihr Leben lang viel Sonne abbekamen. Diese Hautkrebse waren früher typisch für Matrosen und Landarbeiter.[372] Doch auch bei ihrer Entstehung müssen außer der Sonne noch andere Faktoren eine Rolle spielen, zum Beispiel die erbliche Veranlagung und hautreizende Chemikalien. In den zwanziger Jahren, als die Lichttherapie eine vorübergehende Blütezeit erlebte, wandte der Chirurg Oskar Bernhard aus St. Moritz ein, er habe bei den »zahlreichen Wegmachern, Postillionen und Postkondukteuren auf den Alpenpässen, die allen Unbilden der Witterung und nebenbei der intensivsten Sonnenbestrahlung ausgesetzt sind, nie ein Hautkarzinom des Gesichtes oder der Hände gesehen«.[401] Den Hautkrebs der Seeleute führt er hauptsächlich auf die ständigen Reizungen durch die salzige Gischt und den Teer zurück.

Außer diesen beiden Krebsformen gibt es noch den sehr viel gefährlicheren sogenannten schwarzen Hautkrebs: Das maligne Melanom macht zwar nur einen kleinen Teil der Hautkrebse aus, ist aber für drei Viertel der Todesfälle verantwortlich. Es befällt meist Menschen im mittleren Lebensalter, und zwar unabhängig von der lebenslang aufgenommenen Strahlenmenge! Außerdem korreliert das Melanom nicht eindeutig mit dem Breitengrad. Dafür kommt es in manchen Familien gehäuft vor, ein Hinweis auf eine erbliche Veranlagung.[371, 372] Bis heute gibt es nur einen einzigen »Sonnenfaktor« bei der Entstehung des bösartigen Melanoms: Schwere Sonnenbrände während der Kindheit. Allerdings, so Professor Robin Marks, Dermatologe an der Universität von Melbourne, ist die dadurch verursachte »Erhöhung des Risikos moderat«.[397, 457]

Daß die Gene eine ganz entscheidende Rolle spielen, zeigt eine kurios anmutende Beobachtung an afrikanischen Albinos, also »weißen Schwarzen«: Obwohl ihre Haut extrem empfindlich gegenüber UV-Strahlung ist und Basaliome und Spinaliome häufig sind, leiden sie genau wie ihre dunkel pigmentierten Landsleute selten an Melanomen.[398, 482] Und das, obwohl sie dauernd Sonnenbrände haben – ein totaler Widerspruch. Man kann ihn damit erklären, daß die pigmentbildenden Hautzellen von Weißen und Schwarzen unterschiedlich anfällig für den bösartigen Hautkrebs sind – sogar unabhängig davon, ob Pigmente gebildet werden oder nicht.[482]

Den UV-Strahlenschäden am Erbgut sind unsere Hautzellen nicht hilflos ausgeliefert, schließlich leben wir schon immer mit dieser Gefahr. Neben dem Bräunen und dem Dickerwerden der oberen Hautschicht schützen mindestens zwei Reparaturmechanismen vor Dauerschäden: Da gibt es einmal die sogenannte Dunkelreparatur, bei der spezielle »Putzkolonnen« (s. Seite 143) während der Nacht beschädigte DNS-Stucke ausschneiden und durch intakte ersetzen. Wie entscheidend die Dunkelreparatur als Waffe gegen den Hautkrebs ist, zeigen Menschen, die an der seltenen tödlichen Erbkrankheit *Xeroderma pigmentosum* leiden: Ihre Haut ist extrem lichtempfindlich, da ihr die Fähigkeit zur nächtlichen Reparatur fehlt. Für den zweiten Reparaturmechanismus ist Licht notwendig. Das langwellige UV-A sowie blaues und violettes sichtbares Licht aktivieren Enzyme, die »zusammengeklebte« DNS-Stücke wieder voneinander lösen.[371, 372, 400] Gerade die Farb- und Strahlenkomposition des Sonnenlichts hilft also, eingetretene Schäden wieder in Ordnung zu bringen; es enthält im Gegensatz zu Lampenlicht alle notwendigen Bestandteile.

UV-Licht als Mastmittel

Im Ostblock wurden die für die Tierproduktion gesundheitlich nutzbaren Wirkungen von UV-Strahlen systematisch erforscht. So konnten gezielt eingesetzte, künstliche UV-Lampen die Widerstandskraft der Tiere stärken. Die Wirkung ist so ausgeprägt, daß sich damit der Antibiotika-Einsatz in der Mast deutlich eindämmen ließe. Mit etwas UV-Licht gedeihen Ferkel, Kälber und Lämmer besser und nehmen bis zu 20 Prozent mehr an Körpergewicht zu. Das entspricht dem, was Mastantibiotika und Hormone zu »leisten« vermögen. Bei Hennen steigern UV-Strahlen die Legeleistung, und in bestrahlten Bruteiern sterben weniger Embryonen ab, so daß mehr Küken schlüpfen.[396]

Bei Rindern steigt neben der Milchleistung vor allem der Milchfettgehalt, bei Altsauen erhöht UV die Fruchtbarkeit. UV-Licht wurde »als umweltstabilisierender Faktor« betrachtet, der den Gesundheitsstatus der Tiere verbessert und ihre Anpassungsfähigkeit an andere Umwelteinflüsse erhöht. Das alles zeigt, daß der UV-Anteil des Lichts stimulierend wirkt und eine beachtliche biologische Wirksamkeit besitzt – im Guten wie im Bösen: Genau dieselbe Strahlung bewirkt bei kranken Tieren zusätzlichen Streß.[498]

Um die Jahrhundertwende machte man sich die bakterientötende Wirkung des UV-Lichts bei der Bekämpfung der Hauttuberkulose zunutze. Damals begann man, die Wirkungen des UV-Lichts beim Menschen zu erforschen: bei chirurgischen Erkrankungen und der Wundheilung, in der Kinderheilkunde und der Gynäkologie, gegen Tuberkulose, Haut- und Geschlechtskrankheiten.[401] Etabliert hat sich die Sonnen- und UV-Therapie allerdings nur bei Hauterkrankungen wie Schuppenflechte und Akne.[371]

Die UV-Strahlen der Sonne können also nicht die einzige Ursache des bösartigen Melanoms sein.[398] Wenn dem so wäre, müßten die bösartigen Geschwülste an den Körperstellen auftreten, die am meisten der Sonne ausgesetzt waren. Das Gegenteil ist der Fall: Sie befallen gerade solche Hautstellen, die von Kleidung bedeckt werden. Zum Beispiel die Oberkörper von Piloten der US-Luftwaffe. Da beim Fliegen die Belastung mit Röntgen- und radioaktiver Strahlung steigt, könnten auch diese Strahlen für das häufige Auftreten von Melanomen bei den Piloten verantwortlich sein.[487] Überhaupt findet man die meisten Melanomfälle nicht etwa bei Bauarbeitern, sondern bei Büroangestellten.[483] Daß die ihrer Haut im Urlaub zu viel zumuten oder zu oft unter der Sonnenbank liegen, mag zwar stimmen, kann aber die vielen Widersprüche nicht erklären. Vielleicht sollten wir unseren angststarren Blick noch einmal von der Sonne weg auf die Bürobeleuchtung werfen.

Hautkrebs durch Kunstlicht

Kunstlicht kann nicht nur unangenehm, ermüdend und stressig, sondern auch gefährlich sein: So lösten Halogenlampen bei Mäusen Hautkrebs aus, und zwar »unter Bedingungen, die beim Menschen häufig sind«.[493] Die Tiere hatten 12 Stunden täglich unter Halogenlampen ohne Glasabschirmung gelebt und ohne Ausnahme Tumoren entwickelt. Sowohl Mäuse unter Halogenlampen mit Glasabdeckung, die keine UV-Strahlen abbekamen, als auch Tiere, die unter UV-haltigem Tageslicht lebten, entwickelten dagegen keinen Krebs. Wie ist das möglich? Halogenlampen ohne Abschirmung geben extrem aggressive Strahlen ab, die im Tageslicht nicht enthalten sind: Die kurzwelligen UV-C-Strahlen. Auch die Sonne sendet UV-C aus, doch werden die gefährlichen Strahlen von der Atmosphäre herausgefiltert und erreichen die Erde nicht.[369, 371]

Bis Anfang 1995 war der Verkauf von Halogenlampen ohne Glasabschirmung erlaubt, erst dann wurden UV-undurchlässige Gläser vorgeschrieben.[368, 531] Aber all die alten Halogenlampen sind noch »im Dienst« und bestrahlen ahnungslose Menschen, deren Hände, Köpfe, Nacken, Hälse und Ohren tagtäglich dem schädlichen Licht ausgesetzt sind. Nicht zu vergessen die in Büros und Fabriken weit verbreiteten Neonröhren ohne Plastikabdeckung, die bis heute ungehindert UV-Strahlen aller Art aussenden.[496] Haben wir die Zunahme der Hautkrebshäufigkeit solchen Lampen zu verdanken? Dr. Valerie Beral von der Londoner Universität für Hygiene und Tropenmedizin wagte es als erste, auf diese Gefahr hinzuweisen.

Neonröhren am Arbeitsplatz verdoppeln das Hautkrebsrisiko, so das Credo ihrer Studie.[483] Je länger Büroangestellte unter den Röhren arbeiteten, desto größer das Risiko für die Haut. Beral hatte zusammen mit australischen Kollegen eigentlich nach einem Zusammenhang zwischen der Pille und Hautkrebs gesucht, als sie Anfang der achtziger Jahre mehrere hundert Fälle von bösartigem Melanom genauer unter die Lupe nahmen. Ihre überraschenden Beobachtungen, so Beral, »konnten weder durch Unterschiede in der Sonnenlichtexposition, der Haut oder der Haarfarbe noch durch irgendeinen anderen Faktor erklärt werden«.[483] Als Auslöser blieben die Neonröhren, deren weltweite Verbreitung parallel mit dem Anstieg der Hautkrebsrate zugenommen hatte. Beral vermutet als Ursache der Hautschäden die unnatürlich zusammengesetzten UV-Spektren der Röhren und ihren relativ hohen Anteil langwelliger UV-A-Strahlen, die tief in die Haut eindringen.

Konkrete Berechnungen stellten Forscher von der Universität in Philadelphia an. Sie maßen die UV-Strahlung verschiedener Lampen unter Arbeitsbedingungen und berechneten das Krebsrisiko für die Haut von »Innenraumarbeitern«: Danach gehen bei Menschen, die in ihrer Freizeit wenig in die Sonne kommen, bis zu zwei Drittel der gesamten krebsrelevanten Strahlenbelastung der Haut auf das Konto von Leuchtstoffröhren. Bei Sonnenanbetern sind es immerhin noch bis zu 15 Prozent.[496] Selbst wenn die in den USA gültigen Sicherheitsvorschriften eingehalten würden, so die Autoren, sei durch die Beleuchtung üblicher Arbeitsplätze mit einem Anstieg der Hautkrebsrate um 7 Prozent zu rechnen! Der lapidare Kommentar dazu: »Ob dieses zusätzliche Risiko akzeptiert werden sollte, ist eine politische Entscheidung.«[496]

Während alte Halogenlampen und Neonröhren millionenfach und unbehelligt den Hautkrebs fördern dürfen und womöglich für ein gerüttelt Maß der Melanome verantwortlich sind, lernen wir derweil, uns vor der Sonne zu fürchten. Das ist offensichtlich ökonomischer, da werden keine Mühen gescheut: Versuchstiere sitzen festgeschnallt und rasiert oder mit weit geöffneten, gelähmten Pupillen vor massiven UV-Strahlern.[372, 489] Sie können sich nicht wegdrehen, nicht blinzeln und ihre Pupillen verengen. Kein Wunder, wenn Augen und Haut darunter leiden. Kein Mensch würde ständig in die Sonne oder in eine grelle Lampe starren. Und außerdem ist längst bekannt, daß »Überbelichtung« den Augen schadet, zum Beispiel von Unfällen beim Schweißen oder der Schneeblindheit.[371, 372] Dennoch wird aus den abstrusen Tierversuchen auf die Schädlichkeit des Sonnenlichts geschlossen. Gleichzeitig wird tunlichst vermieden, den gesundheitlichen Wirkungen der vielfältigen Lampen in unseren Büros, Fabriken, Geschäften und Wohnungen einmal auf den Grund zu gehen.

Niemand wird ernsthaft empfehlen, weiße Haut ungeschützt der prallen Sonne auszusetzen. Oder sich seelenruhig Sonnenbrände zuzulegen. Oder bei Veränderungen an der Haut keinen Arzt aufzusuchen. Aber Panikmache, die noch dazu vom Risiko schädlicher und untauglicher Lampen ablenkt und den Nutzen der Sonne verschweigt, nützt niemandem. Sie treibt die Menschen zu Tausenden in die Hautkliniken, wo ihnen häufig harmlose Hautmale weggeschnitten werden.[402] Und sie schürt die Angst vor der Sonne, die wir so dringend brauchen.

Und so sitzen wir die meiste Zeit unseres Lebens im kunstlichtbeleuchteten Glashaus. Sicher, es gibt mittlerweile Architekten, die wissen, wie sie möglichst viel Tageslicht in die Räume bekommen, und die schon etwas von Tageslichtlampen gehört haben. In ultramodernen Hochhausbauten sind längst eifrige Lichtplaner am Werk und sorgen für Wintergärten, Sonnenschein und »Bioklima«. An den meisten Arbeitsstätten und in vielen Wohnungen herrschen dagegen noch immer trübe Aussichten: Hier brennt eine Glühbirne, deren Licht wichtige Blauanteile fehlen, dort strahlt eine Neonröhre flimmernde gelbgrüne »Farbspitzen« und krebserregende UV-C-Strahlen ab. Dafür bleibt das natürliche UV-Licht ausgesperrt: Gewöhnliches Fensterglas filtert es zu fast 100 Prozent aus dem Sonnenlicht heraus.[534] Damit kriegen wir in unseren »guten Stuben« kein UV-B mehr ab, womit uns auch dessen biologische Wirkungen verloren gehen. Wer sich viel im Freien aufhält, mag darüber nur lächeln – für ihn ist die richtige Innenraumbeleuchtung auch nicht so wichtig.

Alle anderen sind aber viele Stunden am Tag schädlichen Lampenstrahlen ausgesetzt und kommen dafür auch noch in Sachen Tageslicht zu kurz. Das Mindeste, was wir dagegen tun können, ist, die Fenster zu öffnen. Denn es ist gar nicht nötig, direkt von der Sonne beschienen zu werden, um in den Genuß der natürlichen UV-Strahlen zu kommen: Auch diffuse, vom Boden und den Wänden reflektierte Sonnenstrahlen sind wirksam – schließlich wird man auch im Schatten braun, nur eben langsamer. Außerdem sind längst »gläserne« Materialien entwickelt, die erheblich mehr vom Sonnenlicht durchlassen als herkömmliches Glas. Gleichzeitig sind sie bruchfester und wärmedämmender.[534] Mit ihnen kämen auch Menschen, die alt oder krank sind und das Haus nicht mehr verlassen können, zu ausreichenden Mengen des richtigen UV-Lichts und könnten genügend Vitamin D in ihrer Haut bilden.[395]

Bliebe immer noch offen, ob uns das wachsende Ozonloch in Kürze die prophezeite Hautkrebsepidemie bescheren wird. Ohne Frage werden Veränderungen in der Erdatmosphäre und in der Zusammensetzung der Sonnenstrahlen, die uns erreichen, Folgen für das Leben auf der Erde haben.[370, 526] Nur: Welche Veränderungen kommen auf uns zu und welche Folgen sind zu erwarten? Und wie groß sind die Risiken im Vergleich zu alltäglichen Dingen wie etwa einer Urlaubsreise? Gehen wir einfach einmal davon aus, die Computersimulationen der Ozon-Experten würden stimmen. Nach einem ihrer Modelle erwartet uns im Laufe einer Dekade eine Ozon-Abnahme um etwa fünf Prozent, wodurch zehn Prozent mehr UV-Strahlen zur Erde gelangen sollen.[489]

Der Geologe Roger Maduro und der Physiker Ralf Schauerhammer haben die verbreiteten Horrorszenarien über das Ozonloch einmal zu »natürlichen« Veränderungen der UV-Strahlung in Beziehung gesetzt. Sie kommen zu dem Ergebnis, daß ein zehnprozentiger Anstieg der UV-Strahlung genau so gefährlich wäre, wie ein Umzug von der Küste ins Mittelgebirge. Bei jeder Wandertour, die uns 500 Meter in die Höhe führt, nimmt die UV-Strahlung um zehn Prozent zu, ebenso wenn wir dem Äquator 200 Kilometer näherkommen. Wer von Oslo nach San Francisco auswandert, verdoppelt seine UV-Belastung, steigert sie also um 100 Prozent. Und hätte eine Nordpolexpedition ihr nächstes Projekt am Äquator, würde ihre UV-Belastung auf das 50fache steigen, also 5000 Prozent höher sein als am Pol.[489]

Die Ozonloch-Hautkrebs-Geschichte kann schwerlich stimmen. Zu vielfältig sind die Einflußfaktoren, von der erblichen Veranlagung über das individuelle Verhalten beim Sonnenbaden bis hin zu angemessener Kleidung.[488] Aber bleiben wir beim Beispiel Australien: Im Land der Kaninchen und Känguruhs stiegen die Hautkrebsraten nicht etwa in den achtziger, sondern bereits in den dreißiger Jahren. Seit gut zehn Jahren, also seit das Ozonloch entdeckt wurde, nimmt der bösartige Hautkrebs nicht mehr zu.[481] Dazu passend legte Geheimrat

Goethe seinem Götz von Berlichingen einen schönen Ausspruch in den Mund: »Wo viel Licht ist, ist starker Schatten.«[526] Und genau dorthin sollten empfindliche Bleichgesichter sich zurückziehen, wenn die Sonne hoch steht. Das Wetter . . .

5 Alle Wetter!

Das Wochenende naht, der Wetterbericht verspricht strahlenden Sonnenschein. Endlich ist es soweit: Sommerlich bekleidet schwingen wir uns voll Elan aufs Fahrrad – und das Resultat ist eine kalte Dusche samt einer heftigen Erkältung. Und wieder einmal sind die »Wetterfrösche« Zielscheibe gehässiger Spötteleien. Trotz des Einsatzes der teuersten und leistungsfähigsten Großcomputer durch die Wetterdienste stieg die Trefferquote ihrer Vorhersagen nicht im erhofften Umfang. Da nützte es auch nicht viel, daß mit der Zunahme der Speicher- und Rechenkapazitäten die Meßnetze immer engmaschiger geknüpft wurden. Und daß immer ausgefeiltere Programme den ständigen Datenfluß zigtausender Meßstationen rund um den Globus auswerten. Etwas enttäuscht gestehen die Meteorologen ein, »gerade die kurzfristigen, d. h. ein- bis zweitägigen Wettervorhersagen (sind) nicht selten schlechter als die langfristigen«. Und weil der teure »Blechtrottel« immer noch an gewissen Geheimnissen unserer Atmosphäre vorbeirechnet, hängt die Prognose letztlich vom Fingerspitzengefühl und der Erfahrung des Meteorologen ab, der aus den Zahlenkolonnen und Satellitenbildern »seinen« Wetterbericht herausliest.[272]

Trotz aller Unzulänglichkeiten dürfen wir mit dem bisher Erreichten zufrieden sein. Die Meteorologie hat das Reisen sicherer gemacht, Flugzeuge und Schiffe können den atmosphärischen Turbulenzen rechtzeitig ausweichen. Die moderne Landwirtschaft, wie eh und je vom Wetter abhängig, ist ohne zuverlässige Wetterprognose kaum noch vorstellbar. Und auch wir haben nach einem Blick auf die Wetterkarte das sichere Gefühl, am nächsten Morgen beim Wandern im Gebirge nicht mehr so leicht vom Gewitter überrascht zu werden wie noch unsere Vorväter. Wie unvorbereitet mag wohl die Tierwelt den Launen des Wettergottes ausgeliefert sein?

Denken Sie nur an einen wimmelnden Ameisenhaufen: Solange die Sonne scheint, organisieren die Insekten im weiten Umkreis Futter. Da sie bei ihren Wanderungen die Sonne zur Orientierung benötigen, verlassen sie bei dichter Wolkendecke erst gar nicht ihren Bau. Nun gibt es aber auch Situationen, da sind die Ameisenstraßen trotz blauen Himmels wie ausgestorben. Dieses Verhalten tritt allerdings nur dann auf, wenn ein Wetterumschlag, wenn starker Regen bevorsteht.[250] Irgendwoher »wissen« die Ameisen also, welche Wettersituation in den nächsten Stunden eintreten wird. Schließlich muß der Bau rechtzeitig vor einem Regenguß wasserdicht gemacht werden. Erwarten sie einen Kälteeinbruch, verlegen sie das Innenleben ihres Nestes weiter nach unten in die gleichmäßige Wärme. Das Interessante: Im Gegensatz zu unseren mit Elektronik hochgerüsteten »Wetterfröschen« behalten die winzigen Ameisen immer recht! Das ist so ungewöhnlich nicht. Viele Lebewesen zeigen ein Gespür für das kommende Wetter. Ohne diese »Vorfühligkeit« wären sie gar nicht überlebensfähig.

Ist der Mensch wieder einmal die krönende Ausnahme? Haben wir verlernt, das Wetter zu »spüren«, so wie wir von unseren Pheromonen nichts mehr »wissen«? Nicht unbedingt. Glaubt man den Meinungsumfragen, so klagt jeder zweite über Wetterfühligkeit: zum Beispiel Kopfschmerzen, Schlaflosigkeit und üble Laune. Allerdings sind solche Daten mit Vorsicht zu genießen. Denn etwa die Hälfte der Betroffenen reagiert auf das Wetter, das sie beim Blick aus dem Fenster sieht.[278, 280] Andererseits gibt es Tage im Jahr, an denen die Autofahrer auf unseren Straßen sich durch eine besonders aggressive und unberechenbare Fahrweise auszeichnen, ohne daß irgend etwas Auffälliges am Horizont zu sehen wäre. Meist folgt alsbald ein massiver Wetterumschwung. Sprichwörtliche Vorboten eines Wetterwechsels sind auch das »Reißen« bei Rheuma, Atemnot bei Angina Pectoris, Migräne, Narbenschmerzen und epileptische Anfälle. Zahlreiche Versuche, diese Krankheiten mit den aktuellen Daten vor Ort, d. h. mit Druck, Temperatur und relativer Luftfeuchte zu verknüpfen, erbrachten bis heute nichts Greifbares.[280, 289–291]

Aber vielleicht gibt es noch mehr Witterungseinflüsse als nur das, was Thermometer, Barometer und Hygrometer vermelden? Wie sonst wäre es zu erklären, daß Milch bei herannahendem Gewitter einen »Stich« bekommt – und das sogar im Kühlschrank mit seinem konstanten Mikroklima. Die gesamten Fermentationsgewerbe wie Bäckereien, Käsereien oder Brauereien kennen den Einfluß des Wetters, Zigarrenhersteller beklagen brüchige Deckblätter, die nicht mehr zum Einrollen des Tabaks taugen. Als Ursache gelten auch hier Witterungseinflüsse während der Fermentation der Blätter. Um mit diesen täglichen Schwankungen zurechtzukommen, braucht man das Fingerspitzengespür des erfahrenen Handwerkers.

Alle industriellen Fertigungsprozesse, in denen Naturprodukte verarbeitet werden, sind betroffen. Eine besonders bittere Erfahrung mußten die Druckereien machen. Beim Kupfertiefdruck kam es regelmäßig zu Störungen, weil die dazu erforderliche Gelatine empfindlich aufs Wetter reagierte. Aufwendige Vollklimatisierung zeigte überhaupt keine Wirkung, die Gelatine war so aufsässig wie zuvor.[250] Das gleiche Bild bei der Photogelatine. In Spinnereien reißen bei bestimmten Wetterlagen die Fäden, in Papierfabriken mißlingen Hochglanz- und Spezialfilter-Papiere, Lederhersteller wissen, daß das Wetter während der Gerbung die spätere Haltbarkeit des Leders beeinflußt.

Alle Versuche der etablierten Meteorologie, einen Zusammenhang zwischen ihren Meßparametern und den beobachteten Effekten zu finden, schlugen bisher fehl. Daraus wird messerscharf geschlossen, es gäbe keinen. Hartnäckig versuchen Fachleute, mit den immer gleichen Meßsystemen die alten Mißerfolge zu wiederholen. Angesichts der außerordentlich komplexen Vorgänge in der Atmosphäre ist es bewundernswert, mit welch einfachen Mitteln die Meteorologie dem Wetter auf die Schliche zu kommen trachtet. Da werden stets die Luftfeuchte, der Druck, die Temperatur und vielleicht noch die Windrichtung bestimmt. Aber vielleicht könnte die Erfassung weiterer Faktoren nicht nur das Verhalten von Ameisen, Autofahrern und Angina Pectoris-Patienten erklären helfen, sondern zugleich die Wettervorhersage verbessern.

Aus heiterem Himmel: Sferics

Wie entsteht Wetter? Die Antwort ist zunächst simpel, die Details aber verteufelt kompliziert: Da sich die Erde dreht, wird ihre Oberfläche im 24-Stunden-Rhythmus auf- und abschwellend vom Energiestrom der Sonne getroffen. Und das ruft die Vielfalt der Wolkenformen, die schimmernden Nordlichter, sengende Hitze, Pulverschnee, Blitzschlag und Tornados hervor. Der Energiestrom der Sonne schickt uns erheblich mehr, als nur das sichtbare Licht. Da wären nicht nur Infrarot-, Ultraviolett- und Röntgenstrahlung zu nennen, sondern auch Radiowellen und, nicht zu vergessen, die schnellen Partikelströme wie den Sonnenwind und die Coronalen Plasmaausstöße. Eigentlich braucht uns Erdlinge das herzlich wenig zu interessieren, denn die »Strahlungen« aus dem All dringen meist gar nicht bis zu uns herunter. Sie werden zum größten Teil vorher vom Erdmagnetfeld abgelenkt oder von der Atmosphäre »geschluckt«. Allerdings mit erheblichen Auswirkungen auf Klima und Wetter.[265, 268, 276, 279]

Die Aktivität der Sonne verändert das Erdmagnetfeld. In diesem Feld werden ständig elektrische Ladungen aufgebaut: In den äußeren Schichten der Atmosphäre sorgt die »harte« Höhenstrahlung aus dem Weltraum für die Bildung geladener Teilchen.[186, 266] Durch die natürliche Radioaktivität in der Erdkruste entstehen auch am Erdboden jede Menge Luft-Ionen. Der Spannungsunterschied zwischen der oberen Ionosphäre in etwa 100 km Höhe und dem Erdboden beträgt immerhin 220 000 Volt.[265] Im Falle eines Gewitters werden wir Zeugen eines Spannungsausgleiches zwischen Himmel und Erde oder zwischen den Wolken. Wetter ist also mehr als nur Sonne, Wind und Regen, mehr als nur Druck, Temperatur und Feuchte, mehr als das, was wir wissen wollen, um die richtige Garderobe für den Urlaub einzupacken.

Damit sich Spannung aufbauen kann, müssen sich zunächst die positiven und negativen Ladungen trennen. Dies geschieht durch Regen, Eiskristalle und Wind (sog. Lenard-Effekt).[184, 267] Es bilden sich Ladungswolken, die Luft wirkt dabei als Isolator. Entladungen sind nicht nur in Form von sichtbaren Blitzen möglich, sondern auch als wenig spektakuläre Dunkelblitze, Sferics genannt. Auch bei heiterem Himmel kommt es ständig zu solchen Sfercis, ohne daß wir davon etwas sehen würden. Je nachdem, was in der Atmosphäre passiert, strahlt sie andere Sferics ab.[250]

Solche Sferics dauern gerade mal einige millionstel Sekunden. Deshalb und weil sie weitab vom Spektrum des sichtbaren Lichts »leuchten«, können wir sie nicht wahrnehmen. Sferics breiten sich als Wellen aus – wie wenn wir einen Stein ins Wasser werfen – im Gegensatz zur Wasseroberfläche jedoch nicht nur ringförmig, sondern kugelförmig nach allen Seiten und das mit Lichtgeschwindigkeit. Ihre Strahlung ist durchdringend, weder eine Klimaanlage noch ein »Faradayscher Käfig« wie ein Kühlschrank schirmen sie ab. Erst nach 500 Kilometern verlieren sie ihre biologische Wirksamkeit.[250]

Parasiten im Sender

Weil sie die drahtlose Telegraphie empfindlich störten, wurde man schon früh auf die Sferics aufmerksam. Der erste Bericht stammt aus dem Jahr 1889. Damals trat in einer ringförmigen Telefonleitung des Höhenobservatoriums am Gipfel des Sonnenblicks in Österreich ein »Knistern« auf.[281] Genaueres brachte 1893 der Russe Popow in Erfahrung, als er eine langwellige elektromagnetische Impulsstrahlung atmosphärischen Ursprungs registrierte. Als der Rundfunk noch im Langwellenbereich sendete, gehörten die Sferics als Knackgeräusche vor allem im Sommer zur täglichen Erfahrung der Hörer. Deshalb hießen sie auch »atmosphärische Parasiten«.[280]

Es gibt zwei unterschiedliche Arten von Sferics. Die einen entstehen bei Gewitter. Sie werden in einer Höhe von 80 km von der Ionosphäre reflektiert und überbrücken große Distanzen von Tausenden von Kilometern. Dadurch können wir von Europa aus die Gewittertätigkeit in den Tropen messen. Ihre Hauptaktivität beobachtet man im Sommer, vor allem am frühen Nachmittag. Über eine eventuelle biologische Bedeutung ist bisher nichts bekannt.[299]

Uns soll hier nur die zweite Sorte interessieren, die »Bodenwellen-Sferics«. Entsprechend einer Definition der Weltorganisation für Meteorologie von 1955 können diese

Sferics bei ganz normalen Wettervorgängen gebildet werden. Sie breiten sich nur innerhalb der untersten Atmosphärenschicht, der sogenannten Troposphäre, aus.[255] Ihre »Impulsform« erhalten sie durch physikalische Filtervorgänge in der Atmosphäre. Einzelne Wetterlagen sind durch typische Sferics gekennzeichnet.[286, 288] So können wir erkennen, ob sich beispielsweise warme und kalte Luftmassen aneinander »reiben« oder ob eine Wetterberuhigung eintritt. Von den 47 Arten Sferics, die man in der Natur beobachtet, ist wahrscheinlich nur ein Teil biologisch wirksam.[250]

Auch Sferics haben ihren Rhythmus – vorgegeben von der Erdumdrehung und der Sonne. Bei ruhiger Wetterlage hören sie zwischen 23 und 24 Uhr Ortszeit auf, um gegen 6 Uhr in der Früh wieder aktiver zu werden. Ein erstes Maximum stellt sich gegen 8 Uhr morgens ein. Mittags ist ihre Aktivität am höchsten. Danach folgt eine Absenkung zwischen 14 und 16 Uhr, parallel zum Sinken der menschlichen Leistungskurve. Es sollte auch nicht überraschen, wenn so manch ein Biorhythmus nicht nur vom Licht, sondern auch von den Sferics gesteuert wird.[296] So entspricht die Aktivität der Honigbiene dem Aktivitätsmuster der Sferics und nicht unbedingt dem Licht. Auch bei anderen Insekten wie Termiten ist ein solcher Zusammenhang naheliegend.[250]

Sferics sind eine Art Sprache, ein elektromagnetischer Code. Seine Entzifferung erlaubt einen detaillierten Einblick in die dynamischen Prozesse der Atmosphäre.[281] Wer ihn lesen kann, erfährt vielleicht noch viel mehr als das Wetter von morgen: »Wer den Ursprung der Winde, des Donners und des Wetters kennt«, behauptete kein Geringerer als Paracelsus (1493–1541), »weiß auch, woher die Krankheiten kommen.«[264]

Atmosphärische Störungen

Es ist eine Alltagserfahrung, daß das Wetter unsere Befindlichkeit, unsere Gesundheit beeinflußt. Sie ist weder originell noch besonders neu. Sie ahnen, was jetzt kommen muß: Bereits in Altmesopotamien enthält das 5000 Jahre alte »Nisabalied« wettermedizinische Anweisungen. Aus China liegen 4500 Jahre alte Berichte über Erkrankungen der inneren Organe in Abhängigkeit von der Wetterlage vor. Und so geht es weiter in der Geschichte der Wettermedizin über die Inkas bis zu Alexander von Humboldt.[264, 280] Allerdings stürzte unser wissenschaftliches Jahrhundert die Branche in eine Sinnkrise: Der Versuch von Medizin wie Meteorologie, einen ursächlichen Zusammenhang zwischen Temperatur, Feuchte, Druck und der Gesundheit nachzuweisen, scheiterte.[289–291]

Natürlich haben aufmerksame Beobachter die tatsächlichen Zusammenhänge erahnt, auch ohne die physikalischen Wetterdaten vor Ort damit in Einklang zu bringen. Das überzeugendste System entwickelten die Meteorologen Dr. Hans Ungeheuer und Dr. Helmuth Brezowsky zusammen mit dem Arzt Dr. Hermann Kügler. Sie teilten das Wetter in sechs Phasen auf, in klar definierte Übergangsstufen von schönem zu schlechtem und wieder zu schönem Wetter. Und prompt fanden sie ausgeprägte Wettereinflüsse bei rheumatischen Beschwerden, Krämpfen, Migräne, Magenschmerzen, Herzinfarkt, Epilepsie, Asthma und Koliken, aber auch bei Verkehrsunfällen oder Narkosezwischenfällen, vorzugsweise bei beginnendem oder vollzogenem Wetterumschlag. Kügler empfahl deshalb, für schwere Operationen stabile Wetterphasen abzuwarten. Entsprechend den Wetterphasen änderten sich Puls und Blutdruck, einige Blutwerte und der Augeninnendruck.[260, 263]

Aber Vorsicht: All das sind Korrelationen und keine Beweise für einen ursächlichen Zusammenhang. Andererseits sind einige der Zusammenhänge schon lange bekannt: Hippokrates (460–375 v. Chr.), der Vater unserer Medizin, warnte ebenfalls vor chirurgischen Eingriffen bei Wetterwechseln. Auch wenn der Himmel des klassischen Hellas nicht der gleiche gewesen sein dürfte wie der heutige über Wanne-Eickel, so sind die Parallelen mit der Wetterphaseneinteilung von Ungeheuer, Brezowsky und Kügler frappierend. Auch Hippokrates beobachtete bei bestimmten Wetterlagen vermehrt Allergien und Entzündungen, bei anderen epileptische Anfälle, Krämpfe und Koliken.[264] Ebenso führen die Statistiken der Inkas im alten Peru Rheuma, Gicht und Epilepsie als wetterabhängige Krankheiten auf.

Die Wetterphasen sagen nicht nur etwas über das gegenwärtige Wetter, sie erlauben auch Rückschlüsse auf das kommende Wetter. So wie das Gliederreißen des Rheumatikers dem Wetterumschwung vorauseilt und nicht erst eintritt, wenn Regenwolken am Horizont aufziehen. Das Wetter wirft seine Schatten, d. h. Sferics, voraus, zum Beispiel wenn sich ein Tiefdruckausläufer in 300 Kilometern Entfernung unter ein Hochdruckgebiet schiebt. Das würde erklären, warum sich Wetterfühlige manchmal täuschen: Das auslösende Wetter zieht einige 100 Kilometer am Wohnort des Patienten vorbei.

Gerade bei neurologischen Erkrankungen liegt ein Zusammenhang nahe. Nicht nur, weil die Form der Sferics identisch ist mit dem Aktionsimpuls von Nerven,[277] sondern auch, weil epileptische Anfälle gewöhnlich auf 28-kHz-Sferics folgen.[259, 269] Sferics wirken auf biochemischer Ebene eindeutig in Abhängigkeit von ihrer Frequenz: Sie beeinflussen die Zellteilung, sowohl von gesunden Zellen wie auch von Krebszellen, sie verändern EEG, Gewebeatmung und Entzündungsreaktionen.[257, 258, 283–285, 550–552] Wenn sich diese Einzelbefunde auf breiterer Ebene bestätigen ließen, wäre dies für Biochemiker, Genetiker und Neurologen von fundamentaler Bedeutung. Vielleicht wird man eines Tages die Sferics bei den Versuchsprotokollen ebenso mitteilen wie heute die Temperatur oder die Reinheit der Reagenzien.

Es erübrigt sich fast zu sagen, daß eine ganze Reihe von Krankheiten auch mit bestimmten Sferics korreliert.[250, 287] Sollten sich die Sferics tatsächlich als Ursache entpuppen, dann sicherlich nur als eine von mehreren. Wetter ist mehr als nur ein paar Dunkelblitze. »Das Klima umfaßt alle Veränderungen der Atmosphäre«, gab Alexander von Humboldt (1769–1859) zu bedenken, »welche unsere Organe merklich affizieren.« Erst das Zusammenwirken aller Faktoren, von Licht und Temperatur, von Feuchte und Druck, aber auch von Sferics und anderen noch unbekannten Faktoren, ist für die Wetterwirkung verantwortlich.[187, 263, 280, 298]

Das 28-kHz-Wetterradar der Ameise

Hans Baumer, der die ersten brauchbaren Meßstationen zur Erfassung der Sferics baute,[273] die Daten mit ungeheurer Ausdauer erfaßte und die entscheidenden theoretischen Modelle zum Verständnis dieser Beobachtungen beisteuerte, nutzte Gartenameisen zur Optimierung seiner Apparaturen. Dabei zeigte sich, daß die Krabbeltiere sich in aller Regel an den 28-kHz-Sferics orientierten. Manchmal besaßen die Ameisen aber die eigentümliche Angewohnheit, zu einer anderen Vorhersage zu gelangen als ihr Beobachter. Überflüssig zu sagen, daß die Ameisen immer recht behielten. Dadurch konnte Baumer eine weitere Gruppe von Sferics isolieren, die die Messung des 28-kHz-Bandes überlagert hatten, die sogenannten EMP-Sferics. Nun gelangten Baumer und seine Ameisen endlich zu den gleichen Resultaten. Demnach dürften Ameisen über einen weiteren Sinn verfügen, der neben ihrer Fähigkeit, Ultraviolett und polarisiertes Licht zu erkennen, speziell 28-kHz-Sferics registriert.[250]

Auch andere Tiere sind ausgezeichnete »Wetterfrösche«. Baumer hatte vorher in einer Druckerei beobachtet, daß Produktionsprobleme mit der Gelatine stets auftraten, wenn sich im Herbst die Krähen vor der Fabrik versammelten. Wegen dieses auffälligen Zusammentreffens hießen sie bei den Mitarbeitern »Totenvögel der Produktion«. Die Techniker wußten so rechtzeitig, wann das Tiefdruckverfahren modifiziert werden mußte, um zufriedenstellende Druckqualitäten zu erzielen. Inzwischen liegen die ersten tierexperimentellen Befunde vor: Sferics verändern die Aktivität von Rennmäusen.[256, 257] Ein Versuch mit Grünfinken scheiterte allerdings.[271] Aller Anfang ist schwer.

Daß Infektionskrankheiten wetterabhängig sind, weiß jeder, der sich beim ersten feuchtkalten Wetter im Herbst eine Grippe aufschnappt. Temperatur und Feuchtigkeit sind jedoch nicht die einzigen Einflußfaktoren. Schon Kügler hatte beobachtet, daß bestimmte Infektionskrankheiten wie Hirnhautentzündungen oder Scharlach vorzugsweise in bestimmten Wetterphasen zum Ausbruch kommen.[260, 263] Unklar ist, ob das Wetter die Anfälligkeit des Menschen beeinflußt oder die Schädlichkeit der Bakterien und Viren. Interessanterweise war man diesem Phänomen bereits in den 50er Jahren auf der Spur, ohne daß die Forscher etwas von den Sferics wußten. Sie arbeiteten mit Bakterienkulturen, die in Reagenzgläser eingeschmolzen waren. Einflüsse wie Luftionen, Druck oder Feuchtigkeit schieden damit von vornherein aus. Da die Reaktion der Mikroben mit dem Auftreten von Hoch- und Tiefdruckgebieten in Zusammenhang stand, vermuteten die Forscher eine rätselhafte »Wetterstrahlung«.[261]

Je nach »Wetterstrahlung« änderte sich die Vermehrungsrate, der Stoffwechsel und die Gefährlichkeit der Mikroorganismen. Egal ob Diphtheriebakterien, Erreger von Pflanzenkrankheiten wie der Pilz *Phytophtora infestans*, der zum Beispiel 1845 den Iren die Kartoffelernte vernichtete (s. Seite 167), oder die gemeine Bäckerhefe: Sie alle reagierten in typischer Weise auf den Einfluß von Hochdruck- und Tiefdruckgebieten, auch dann, wenn sie durch Metall abgeschirmt und in Gläschen eingeschmolzen waren. Die Kulturen wurden sogar in einem überschweren Weltkriegspanzer hinter 25 cm Blei plus 45 cm Eisen gezüchtet. Für Sferics stellen solche »Schutzmaßnahmen« kein unüberwindliches Hindernis dar. Wir erinnern uns an die Milch, die bei Gewitterneigung im Kühlschrank säuert oder den wetterempfindlichen Sauerteig. Womöglich gibt es doch eine ursächliche Verbindung zwischen den Sferics, bestimmten Infektionskrankheiten und Fermentationsvorgängen. Und vielleicht nehmen sich eines schönen Tages auch einmal die Biotechnologen dieses nebulösen Themas an.[261]

In einem Bericht aus dem Institut für Bakteriologie und Serologie der Biologischen Bundesanstalt für Land- und Forstwirtschaft in Braunschweig heißt es, daß »der Infektionserfolg in erster Linie von der Beschaffenheit der Bakterienkultur abhängt, deren Virulenz durch diejenige ›Wetterstrahlung‹ bestimmt wurde, die während der 24stündigen Vorzüchtung der Bakterien ... herrschte ...«.[261] Dies ist der erste Hinweis auf

ein Gedächtnis für elektromagnetische Phänomene bei Lebe-
wesen, ein Befund, der in der Folgezeit immer wieder auftrat.
Effekte von Sferics können manchmal erst ein paar Tage später
zu signifikanten Veränderungen bei Versuchstieren führen.
Zudem ist ein Teil der Wirkungen vom Individuum abhängig:
Einzelne Versuchstiere reagieren auf jeweils andere Sferics,
aber immer auf die gleiche Weise. Offenbar gibt es hier eine
»Prägung«. Beim Menschen wurde eine solche zeitverzögerte
Reaktion bei Hörstürzen auf Sferics im 8- und 12-kHz-Band
festgestellt.[293]

Zwischen den Wolken

Eigentlich müßten die Sferics ein zentrales Thema der Wetterforschung sein. Sind sie aber nicht. Daran ändern auch die
Grenzen und ärgerlichen Unsicherheiten der Wettervorhersage nichts. Den Beweis ihrer praktischen Tauglichkeit hat die
Messung der Sferics längst erbracht. Als im Zweiten Weltkrieg
keine internationalen Meßnetze mehr zur Verfügung standen,
Wetterprognosen aber von außerordentlicher militärischer
Bedeutung waren, wurde das Verfahren von den kriegführen-
den Parteien systematisch genutzt.[250, 270]

Natürlich sind diese Tatbestände auch dem Deutschen Wetterdienst nicht unbekannt, schließlich ist er die gesetzlich zu-
ständige Behörde zur Erforschung derartiger atmosphärischer
Erscheinungen.[188, 297] Er veranlaßte deshalb einen hausinter-
nen Forschungsbericht, der die Bedeutung der Sferics für die
Wettervorhersage erfassen sollte. Der Bericht kommt nach der
Analyse von 56 000 Meßintervallen zu dem Ergebnis, daß
»die ermittelten Zusammenhänge hochsignifikant (sind), d.h.
die Irrtumswahrscheinlichkeit sehr viel kleiner als 0,1 %«. Da-

von können Meteorologen nur träumen. Der Bericht stellt weiter fest, daß die Ergebnisse besonders bedeutsam seien für »ein kausales Verständnis der Biotropie des Wetters«, will sagen ein Weg zum Verständnis der gesundheitlichen Effekte des Wetters.[251] Die Konsequenz? Folgerichtig versackte der Bericht in den Schubladen der Wetterbeamten.

Die Messung von Sferics kann die üblichen Verfahren sinnvoll ergänzen. Sie ist zudem ziemlich billig, da sich Wettervorgänge im Umkreis von 500 Kilometern fernerkunden lassen. Das Verfahren greift nicht in die Umwelt ein, es sendet keine wie auch immer gearteten Strahlen aus wie beim Radar, sondern mißt nur die einfallenden Impulse. Das bisherige Konzept eines möglichst dichten Netzes von Meßstationen würde einem weitmaschigen Netz weichen. Die Folgen für die Hersteller teurer Meßgeräte wären beträchtlich. An der Analytik von Sferics ist nicht mehr viel zu verdienen.

Schneeflöckchen Weißröckchen

Wie entsteht Schnee? Indem Wasser gefriert? Wär' der Flockenwirbel nur gefrorenes Wasser, würde es im Winter hageln. Schneeflocken sind wahre Wunderwerke filigraner Kristallkunst, die sogar während des Falls noch ihre Form verändern. Die ersten überlieferten bildlichen Darstellungen verfertigte René Descartes im Februar 1635 in Amsterdam. Für begabte Forscher ein faszinierender Ansatzpunkt, Einblick in die Vorgänge im Inneren der Atmosphäre zu erhalten. Kein geringerer als Johannes Kepler (1571–1630) hat die Form von Schneekristallen studiert und wohl als erster die Frage nach der Ursache ihrer meist sechseckigen Form gestellt: »Cur autem sexangula?«[262]

Die Physiker, die sich der Erforschung der Bildung von Schneeflocken widmeten, sind am Ende ihres Lateins.[282] Bis heute blieb Keplers Frage unbeantwortet. Vielleicht ein Tip: Schon bevor sich die Meteorologie als Wissenschaft verstand, mußten Menschen riskante Wetterlagen im voraus erkennen. Für Segelschiffe waren Sturmwarnungen von höchster Bedeutung. Zu diesem Zweck bediente man sich sogenannter »Sturmgläser«. Das waren Glasrohre, die eine Mixtur aus Kampfer, Alkohol, Kaliumnitrat und Ammoniumchlorid enthielten. Sie waren oben zugeschmolzen, so daß die typischen atmosphärischen Einflüsse Druck, Feuchte und Luft-Ionen keine Rolle spielen konnten. Diese Mixtur kristallisierte je nach Wetterlage anders aus. Robert Fitzroy, der Kapitän der »Beagle«, mit der Darwin seine entscheidende Forschungsreise unternahm, vertraute auf sein Sturmglas, denn es zeigte Stürme und Kälteeinbrüche aus vielen hundert Kilometern Entfernung und Stunden vorher an. Eine Überprüfung an einem historischen Instrument ergab, daß Temperatureinflüsse 16 % des Kristallwachstums erklären können, die Sferics hingegen 50 %. Über den Rest dürfen die Meteorologen weiter spekulieren.[250]

Es gibt in der Atmosphäre viel mehr seltsame Erscheinungen als nur die Sferics, zum Beispiel unverstandene Strahlungsphänomene wie »Elfen«, »Kobolde« oder »Blaue Springbrunnen«.[252–254] »Da gibt es einen ganzen Tiergarten von Dingen, die um uns herum passieren«, gestand der Meteorologe Walter Lyons von der Mission Research Corporation in Fort Collins (Colorado) etwas irritiert dem Wissenschaftsblatt *Science*.[253] Man muß aber nicht unbedingt Fachjournale lesen, um ins Staunen zu geraten. Ein Blick zum Himmel und seinen Wolken genügt. Woher kommen die Wolkenformen?

Die Gestalt der flüchtigen Gebilde hat die Menschen seit jeher fasziniert. Als Kinder versuchten wir, im Freibad auf dem Rücken liegend, Gesichter aus den Schäfchen herauszulesen, als Erwachsene werfen wir beim Fahrradausflug mit der Familie einen prüfenden Blick auf die sich türmenden Kumuli, um rechtzeitig vor dem Sommergewitter wieder daheim zu sein.

Die einschlägigen Lehrbücher werfen nicht einmal die naheliegende Frage nach der Ursache von Wolkenbildern auf. Andererseits unterscheidet die Weltorganisation für Meteorologie zehn Wolkengattungen mit bis zu fünf Arten und bis zu sechs Unterarten.[272, 274] Es gibt also eine sehr diffizile Hierarchie. Wetterkundigen verraten diese typischen Wolkenformen auch ohne weitere Meßgeräte zuverlässig das kommende Wetter. Nach ihnen haben sich die Menschen jahrtausendelang gerichtet. Ihr Geheimnis haben sie noch nicht preisgegeben.

Fragen wir etwas einfacher: Was bitte sind Wolken? Feinverteilte Wassertröpfchen oder in großer Höhe gefrorene Eiskristalle, heißt es. Also einfach nur Nebel am falschen Ort? Ja. »Nebel unterscheidet sich von Wolken«, so eine Definition, »durch seine Untergrenze in Bodennähe«.[275] Wir wollen die Experten nicht in Verlegenheit bringen und nach dem Wesen des Hochnebels fragen. Wenn es sich bei Wolken lediglich um konturlosen »Nebel« handeln würde, müßten dann nicht zerfranste Schwaden am Himmel wabern? Aber wir sehen Schäfchenwolken, Haufenwolken und Regenwolken. Sie zeigen sich jahraus, jahrein in fest umrissenen und stets typischen Formen.

Vielleicht hat es ja mit der »Luftelektrizität«, mit den eingangs erwähnten Ladungstrennungen an den Wassertröpfchen zu tun, die für die nötige Spannung sorgen, die wir anhand der

Sferics messen können.[267] So wie die Wetterfühligkeit auch. Bereits Friedrich Nietzsche (1844–1900) machte dafür die Luftelektrizität verantwortlich.[280] Allerdings war ihm ein Kollege um fast zweieinhalbtausend Jahre zuvorgekommen: Aristophanes, ein griechischer Dichter (450–385 v. Chr.), versuchte in seiner Komödie »Die Wolken«, den Aberglauben an den blitzeschleudernden Göttervater Zeus durch ein modernes wissenschaftliches Weltbild zu ersetzen: Nicht etwa der Herrgott persönlich würde den Regen machen, sondern Wind und Elektrizität: »Wenn eine regengeschwängerte Wolke an die andere prallt, dann tosen sie wegen der Spannung.«[272]

6 Zwischen Himmel und Erde

Es gibt viele Dinge zwischen Himmel und Erde, von denen wir nichts wissen. Unsere Sinne zeigen uns nur einen kleinen Ausschnitt der Wirklichkeit. Für die meisten physikalischen und chemischen Ereignisse in unserer Umwelt haben wir keine Sensoren. Denken Sie nur an den »Wellensalat«: Umgeben von Ultraviolett, Sferics, Mikrowellen, Gammastrahlen, Infrarot, Höhenstrahlung, Kurzwellen und Thetawellen sind unsere Augen nur für einen winzigen Ausschnitt, für das »sichtbare Licht« empfänglich. Der Rest liegt nicht nur im dunkeln, wir vermissen dieses Nichtwissen nicht einmal. Dennoch genügen uns diese begrenzten Sinne, um uns in unserer Umwelt zurechtzufinden und uns eine Vorstellung von der Welt zu verschaffen. Unser Denken ist an die Empfindungen unserer Sinne gebunden. Wir »begreifen« nur, was wir sehen, berühren, hören, und wir können nur über das kommunizieren, wofür wir »Begriffe« haben. Darauf ist unsere Vorstellungswelt beschränkt.

Auch unsere Phantasien bestehen daraus – und diese wiederum beeinflussen unsere Wahrnehmung. Ist die Liebe nicht manchmal am ungetrübtesten, wenn der Angebetete nichts davon weiß? Wir können ihn auf ein Podest heben und alles nach unseren Wünschen gestalten, seine positiven und angenehmen Seiten ins Unermeßliche wachsen lassen. Genauso pflegen wir manchmal auch unsere Angst. Sie verselbständigt sich, wird übermächtig und lähmt uns, wo sie doch nur warnen sollte. Wie das Kaninchen starren wir auf die Schlange, jede Regung als Zeichen des nahen Untergangs deutend. Die Fähigkeit, mit Risiken umgehen zu können, ist lebenswichtig. Wer nur noch Gefahren sieht, für den wird das Leben – einem bissigen Bonmot zufolge – zu einer sexuell übertragbaren Krankheit, die stets tödlich endet.

Wir müssen unser Leben notgedrungen immer wieder an der Realität ausrichten. Dazu brauchen wir unsere Sinne. Doch verraten sie uns wenigstens die Wirklichkeit? Spätestens seit der Erfindung von künstlichen Aromen und deutschem Kaviar wissen wir, daß Sinnestäuschungen alltäglich sind. Viel enttäuschender aber ist, daß ein erklecklicher Teil der Sinneseindrücke nur ins Unterbewußtsein gelangt. Und das wählt unbemerkt die Informationen für unser Bewußtsein heraus. So wird uns der ständige Nachrichtenfluß aus dem VNO vorenthalten. Unser Körper erfährt davon, nicht aber unser Verstand. Und es gibt Hinweise auf weitere Sinnesorgane neben dem VNO und der Zirbeldrüse, die unseren Körper mit Nachrichten aus der Umwelt versorgen, unserer »Wahrnehmung« aber verborgen bleiben.

Beispiele wie Sferics oder VNO zeigen, daß uns wesentliche Aspekte der sinnlichen Naturerfahrung und damit das Wissen darüber verwehrt sind; und das in viel höherem Maße, als anderen Lebewesen. Hunde nehmen Pheromone bewußt wahr, aber wir Menschen »müssen draußen bleiben«. Während sich ein Psychologe gehörig anstrengen muß, um ein gewisses Verständnis für zwischenmenschliche Beziehungen zu gewinnen, braucht ein Dackel nur mal kurz zu schnuppern. Er »liest« aus den Pheromonen all die Informationen heraus, die der Leser eines Psychologiebuches gerne erführe. Aber: Die Überlegenheit des Menschen resultiert gerade aus seiner kanalisierten Wahrnehmungsfähigkeit. Vor allem, weil uns die Botschaften nicht zu Bewußtsein kommen, die der steten Trieberfüllung dienen. So bleibt unser Kopf frei zum Nachdenken, Lernen, Urteilen, frei für schöpferische Tätigkeiten, frei für die Wissenschaft.

Dabei haben wir uns doch mit modernen, hochempfindlichen Meßgeräten von der Beschränktheit unserer Sinne befreit. Sind dadurch nicht Fenster zu neuen Erkenntnissen geöffnet worden? Denkbar. Andererseits: Die Vorstellung vom Wesen dieser Welt erschaffen unsere Sinne, aus unseren alltäglichen Sinneseindrücken entstehen die Sinn-Bilder. Das Weltbild, das wir daraus schaffen, die Erfahrung, die wir »machen«, hat Grenzen, gesetzt von den Methoden unseres Verstandes. Insofern sind die Weltsicht, die die Werbung in unseren Köpfen schafft, und das »wissenschaftliche« Weltbild nur zwei Seiten einer Medaille.

Auch die besten und allgemein anerkannten Theorien können nur einen Teilbereich der Wirklichkeit beschreiben, sie sind immer unvollständig. Andere Theorien sind genauso leistungsfähig. Die Sinn-Bilder prägen unsere Vorstellungswelt. Sie prägen notwendigerweise auch Forscher nicht nur bei der Interpretation ihrer Daten, sondern schon bei der Fragestellung und dem Versuchsdesign.[191] Das mag eine simple Frage verdeutlichen, eine, auf die wir glauben, aus der täglichen Erfahrung heraus eine Antwort zu haben: Wie intelligent sind unsere Mitmenschen? Auch die Hirnforschung wandte sich dieser Frage zu. Nur, wie mißt man Intelligenz?

Die ersten Versuche, mit präzisen Messungen den Verstand zu quantifizieren, liegen über 150 Jahre zurück. Der bedeutendste damalige Intelligenzforscher war der französische Arzt Paul Broca. Er vermaß mit Vorliebe Gehirne und schlußfolgerte nach einer einfachen Gleichung: je schwerer, desto klüger. Zu jener Zeit waren die Wissenschaftler von der Richtigkeit ihres Vorgehens so überzeugt, daß man bei allen Gegnern kleine Gehirne vermutete, und kaum jemand wagte es, dieses abstruse Gedankengebäude in Frage zu stellen. Die wenigen, die es getan haben, mußten entweder widerrufen oder fanden sich im Abseits wieder.[292]

Brocas Hirn-Messungen dienten auch dem Ziel zu beweisen, daß weißhäutige Menschen intelligenter sind als dunkelhäutige. Solche Erkenntnisse wurden schon allein deshalb anerkannt, weil sie der Sklaverei eine »wissenschaftliche« Grundlage lieferten. Brocas Ergebnisse sorgten schließlich dafür, daß Schwarze von den Anthropologen auf einer Entwicklungsstufe zwischen Affe und Mensch angesiedelt wurden. Die Wissenschaft hatte es ja bewiesen. Kein ernsthafter und glaubwürdiger Gelehrter wagte, daran zu zweifeln.[292]

Noch mehr als für Neger interessierte sich Broca für Frauen, vor allem tote. Bekanntlich haben Frauen der Spezies *Homo sapiens* ein kleineres Gehirn, weil sie etwas zierlicher als Männer sind. Ersparen Sie es uns bitte, die einschlägigen »wissenschaftlichen« Schlußfolgerungen und Bemerkungen hier wiedergeben zu müssen. Eine lange intellektuelle Tradition stand dahinter: Der gute alte Aristoteles hatte sich zu der Behauptung verstiegen, daß die Frau ein unfertiger Mensch, ein unvollkommener Organismus sei. Da das aristotelische Weltbild bis in die Neuzeit galt, war es für Europa und Thomas von Aquin wissenschaftlich bewiesen, daß Frauen mißglückte Männer seien und nur widrige Umstände wie ein kranker Samen in Verbindung mit feuchten Südwinden zu der Fehlentwicklung Mädchen führen.[189]

Broca war da schon liberaler und tröstete die Damenwelt damit, daß ihre Gehirne infolge einer gesellschaftlich erzwungenen mangelnden Nutzung degeneriert seien. Das war »gesichertes Wissen« der Anthropologie vor gut 150 Jahren. Hat Broca vielleicht vorsätzlich gemogelt oder gefälscht? Der amerikanische Biologe Stephen Jay Gould, der diese Vorgänge nachzeichnete, bezweifelt es. Er attestiert Broca einen bewundernswerten Fleiß, alles zu messen, was er messen konnte. Nur: Er benutzte Meßmethoden und Interpretationen, die seine Überzeugung stützten. »Unpassende« Zahlen fanden ungewöhnliche Erklärungen, um seine beliebten Theorien zu stützen. Das ist nur menschlich.[292]

Und so verfingen sich die unumschränkten Herren von Wissenschaft und Wahrheit in ihrem eigenen Schulgarn. Damals war es *en vogue*, sein Gehirn der Wissenschaft zu vermachen: Speziell fünf Göttinger Professoren erhofften sich wohl, posthum in das Pantheon der größten Hirne aller Zeiten zu gelangen. Die Enttäuschung war groß, als sich der Schädelinhalt der Gelehrten als eher klein erwies. Vor allem der Philosoph Hermann fiel durch. Broca kommentierte das magere Ergebnis mit den Worten: »Nicht viel für einen Linguistik-Professor – aber immerhin.« Und fährt fort: »Es ist nicht sehr wahrscheinlich, daß fünf Genies im Zeitraum von 5 Jahren an der Universität Göttingen gestorben sind. . . . Ein Professorentalar ist nicht unbedingt Beweis für Genie; und sogar in Göttingen sind vielleicht manche Lehrstühle mit nicht gerade bemerkenswerten Männern besetzt.«[190] Lassen wir es mit einem Bonmot bewenden, das dem Dichter Heinrich Heine zugeschrieben wird, einem unverdächtigen Zeitgenossen Brocas: »Göttingen ist berühmt für seine Würste. Es hat auch eine Universität.«

Brocas Logik hat etwas Bestechendes: Größe und Gewicht eines Gehirns als Maßstab für die Leistungsfähigkeit einer der komplexesten Formen von Materie, die im buchstäblichen Sinne *denkbar* ist. Auch wenn wir heute darüber lachen, müssen wir nicht lange suchen, um in unserer modernen Wissenschaft finstere, mittelalterliche Vorstellungen zu entdecken. Da versucht die Ernährungsmedizin glatt, den Menschen ihre gesundheitliche Zukunft aus Gewicht und Größe zu prophezeien! Bedenken Sie bitte: Die Gesundheit unseres Körpers, sein kompliziertes Stoffwechselsystem mit all seinen fein abgestimmten Regelmechanismen, soll von so wenigen Parametern abhängen. Diese Idee ist genauso absurd, wie die, Frauen seien aufgrund ihres etwas kleineren Kopfes dümmer. Die wenigsten wissen, daß beide Ideen auf die Arbeiten Brocas zurückgehen. Seine Daten sind die Grundlage für den seit langen Jahren in Fachjournalen wie Frauenzeitschriften verwendeten »wissenschaftlichen« Broca-Index zur Feststellung von »Übergewicht« und »Lebenserwartung«.[294, 295]

Warum fällt das niemandem auf? Weil es normal ist, weil alle so denken. Und deshalb darf man Verständnis haben für Broca und seine Zeitgenossen. Sie brachten das Meßbare und die Vorstellungen ihrer Zeit in Einklang. Sie sorgten dafür, daß die Menschen in einem stabilen Gedankengebäude leben konnten, damit ihnen die »Realität« nicht zwischen den Fingern zerrann. Antworten sind wandelbar, sie hängen von der Ära, von der Zeit ab. Gehörten in der Renaissance noch Hexen auf Besenstielen zum Weltbild eines gebildeten und aufgeklärten Menschen, so gilt auch heute nur das, was die Mehrheit einer Fachdisziplin glaubt, glauben zu müssen. Das Ergebnis ist dasselbe.

Doch wie wirklich ist die Realität? Können wir das Wesen der Dinge mit unseren Sinnen erkennen? Unsere Wahrnehmungen sind nur das Ergebnis von Wechselwirkungen zwischen einem Sinnesorgan und der Umwelt und deren Interpretation durch unser Gehirn. Wenn wir sehen, so »werfen« wir nicht aktiv einen Blick auf das Objekt, sondern wir erwarten passiv Lichtreflexionen auf unserer Netzhaut. Gegenstände nennen wir dunkel, wenn sie Licht absorbieren, hell, wenn sie es reflektieren. Unterschiedliche Absorptionseigenschaften empfinden wir als »Farben«. Wir sehen immer nur den reflektierten Anteil des Lichtes, der nicht absorbiert wurde. Das heißt: Wir sehen nur die Farbe, die ein Gegenstand gerade nicht hat! Das heißt auch: Unsere Realität, unser Weltbild sind keinesfalls objektiv, sondern schlicht das Ergebnis von Konventionen.

Unsere fünf bewußten Sinne geben uns also nur ein beschränktes Abbild der Wirklichkeit. Das Bewußtsein, unser Verstand, ordnet die Informationen weiter, die unsere Sinnesorgane aus dem Reizchaos der Außenwelt »ausgesucht« und aufgefangen haben. Alles, was wir jemals lernen können, muß durch diesen Bezugsrahmen. Nur die fünf Sinne versorgen unser waches Bewußtsein und seinen rationalen Verstand mit Daten. Deshalb leugnet er alles, was nicht mit seinen Regeln übereinstimmt.

Unsere Wahrnehmung ist von Spiegeln gesäumt. Darum reflektiert die Wissenschaft oft ihre eigenen Vorurteile, darum ist ohne Überwindung des wissenschaftlichen Vorurteils kein Fortschritt möglich. Der Wissenschaftler gehorcht dem Gesetz seiner Trägheit. Das Auffinden wirklich neuer Erkenntnisse ist dagegen ein Kinderspiel – im wahrsten Sinne des Wortes. Aber mit etwas geistiger Freiheit und wissenschaftlicher Unvoreingenommenheit gelingt jedem der Blick zwischen den Spiegeln hindurch.

7 Literatur

1 Hamilton, WD, Oikos 1980/35/S. 282

2 Damasio, AR: Descartes' Error. Emotion, Reason, and the Human Brain. New York 1994

3 Euripides: Hippolytos. Werke in drei Bänden, Bd 1, Berlin 1966/ S. 115

4 Lively, CM, Nature 1987/328/S. 519

5 Murray, DW, The Sciences 1995/Jul-Aug/S. 44

6 Hurst, LD, Peck, JR, Trends Ecol Evol 1996/11/S. 46

7 Thornhill, R, Gangestad, SW, Trends Ecol Evol 1996/11/S. 98

8 Ebert, D, Hamilton, WD, Trends Ecol Evol 1996/11/S. 79

9 Ladle, RJ, Trends Ecol Evol 1992/7/S. 405

10 Sacks, O: Der Mann, der seine Frau mit einem Hut verwechselte. Hamburg 1996

11 Süskind, P: Das Parfum – die Geschichte eines Mörders. Zürich 1994

12 Remane, A et al: Kurzes Lehrbuch der Zoologie. Stuttgart 1981

13 Baumann, P, Kaiser, D: Die Sprache der Tiere. Stuttgart 1992

14 Ziswiler, V: Spezielle Zoologie. Wirbeltiere. Band I: Anamnia. Stuttgart 1976

15 Schuster, M, Beisl, H: Kunst-Psychologie. Köln 1978

16 van Toller, S, in: 471/S. 121

17 Gower, DB et al, in: 471/S. 47

18 Chapman, T, Partrigde, L, Nature 1996/381/S. 189

19 Eberhard, WG, Cordero, C, Trends Ecol Evol 1995/10/S. 493

20 Morell, V, Science 1996/272/S. 953

21 Rice, WR, Nature 1996/381/S. 232

22 Holden, C, Science 1996/273/S. 313

23 Dunbrack, R et al, Proc Royal Soc B 1995/262/S. 45

24 van Toller, S et al, in: 548/S. 195

25 Sterba, G: Süßwasserfische aus aller Welt. Melsungen 1970

26 Janeway, CA, Travers, P: Immunologie. Heidelberg 1995

27 Andersson, M: Sexual Selection. Princeton 1994

28 Warren, C, Warrenburg, S, Perfumer & Flavorist 1993/18/Jan.-Feb./S. 9

29 Kölliker, A, in: v. Ebner, V (Hrsg): A. Koelliker's Handbuch der Gewebelehre des Menschen. Dritter Band. Leipzig 1902/S. 1

30 Trotier, D et al, Tidsskr Nor Laegeforen 1996/116/S. 47

31 Ruysch, F, Thesaurus Anatomicus, Vol III, Amsterdam 1703/S. 49

32 Monti-Bloch, L et al, Psychoneuroendrocinology 1994/19/ S. 673

33 Monti-Bloch, L, Grosser, BI, J Steroid Biochem Molec Biol 1991/ 39/No.4B/S. 573

34 Wright, K, Discover, 1994/April/S. 61

35 Morgan, DT et al, in: Doty, RL (Hrsg): Handbook of Olfaction and Gustation. New York 1995

36 Wedekind, C et al, Proc R Soc Lond B 1995/269/S. 245

37 Powis, SH, Geraghty, DE, Immunology Today 1995/16/S. 466

38 Potts, WK, Wakeland, EK, Trends Gen 1993/9/S. 408

39 Vollrath, F, Millinski, M, Trends Ecol Evol 1995/10/S. 307

40 Porter, RH, Infant Behav Develop 1992/15/S. 85

41 Porter, RH, in: Getchell, TV (Hrsg): Smell and Taste in Health and Disease. New York 1991/S. 429

42 Clark, GS, Perfumer & Flavorist 1995/20/Mar-Apr/S. 21

43 Teuscher, E, Z Phytother 1990/11/S. 87

44 Hänsel, R, Z Phytother 1990/11/S. 14

45 Buchbauer, G, Jirovetz, L, Flavour Fragrance J 1994/9/S. 217

46 Warm, JS, Dember, WN, Perfumer & Flavorist 1990/15/Jan-Feb/ S. 15

47 Buchbauer, G, Perfumer & Flavorist 1990/15/May-Jun/S. 47

48 Jellinek, JS, dragoco report, 1995/42/S. 5

49 Jellinek, JS, dragoco report, 1995/42/S. 83

50 Deininger, R, Z Phytother 1993/14/S. 193

51 Buchbauer, G, Perfumer & Flavorist 1993/18/Jan-Feb/S. 19

52 Buchbauer, G, Hafner, M, Pharmazie in unserer Zeit 1985/14/ S. 8

53 Hänsel, R, in: Carle, R (Hrsg): Ätherische Öle: Anspruch und Wirklichkeit. Stuttgart 1993/S. 203

54 Hastings, L, Neurotoxicol Teratol 1990/12/S. 455

55 Jennings-White, C, Perfumer & Flavorist 1995/20/Jul-Aug/S. 1

56 Stoddart, DM: The scented ape. New York 1991

57 Jellinek, P, Jellinek, JS (Hrsg): Die psychologischen Grundlagen der Parfümerie. Heidelberg 1994

58 Johnstone, RA, Nature 1994/372/S. 172

59 Springer, M, Spektrum Wissensch 1995/März/S. 24

60 Zakharov, VM, Yablokov, AV, Ambio 1990/5/S. 266

61 Kirkpatrick, M, Rosenthal, GG, Nature 1994/372/S. 134

62 Etcoff, NL, Nature 1994/368/S. 186

63 Perrett, DI et al, Nature 1994/368/S.239

64 Sitte, P, Biologie in unserer Zeit 1984/14/S.161

65 Forsyth, A: Die Sexualität in der Natur. München 1991

66 Fisher, H: Anatomie der Liebe. München 1993

67 Müller, A: Die physiologischen und pharmakologischen Wirkungen der ätherischen Öle, Riechstoffe und verwandten Produkte. Heidelberg 1963

68 Hauschild, F, in: Treibs, W (Hrsg): Gildemeister-Hoffmann: Die
ätherischen Öle. Bd I, Berlin 1956/S.110

69 Hamilton, WD, Zuk, M, Science 1982/218/S.384

70 Butenandt, A et al, Z Naturforsch 1959/14b/S.283

71 Ohloff, G: Riechstoffe und Geruchssinn. Berlin 1990

72 Agosta, WC: Dialog der Düfte. Heidelberg 1994

73 Birbaumer, N, Schmidt, RF: Biologische Psychologie. Heidelberg 1996

74 Witkowski, R et al: Wörterbuch für die genetische Familienbe-
ratung. Berlin 1991

75 Hold, B, Schleidt, M, Z Tierpsych 1977/43/S.225

76 Short, RV, Balaban, E (Hrsg): The Differences Between the Sexes.
Cambridge 1994

77 Tudge, C: Wir Herren der Schöpfung. Heidelberg 1994

78 van Gent, DC et al, Science 1996/271/S.1592

79 Comfort, A, Nature 1971/230/S.432

80 Brody, B, Psychiatry 1975/38/S.278

81 Baker, RR, Bellis, MA, Animal Behav 1989/37/S.867

82 Becker, S, Ökotest 1995/H.10/S.40

83 Springer, SP, Deutsch, G: Linkes Rechtes Gehirn. Heidelberg
1995

84 Cuellar, O, Science 1977/197/S.837

85 Kayser, FH et al: Medizinische Mikrobiologie. Stuttgart 1993

86 Kallmann, FJ, Am J Ment Def 1944/48/S.203

87 Pearlman, SJ, Ann Otol Rhinol Laryngol 1934/43/S.739

88 Karlson, P, Lüscher, M, Nature 1959/183/S.55

89 Jacobson, L, Ann Mus Hist Natn Paris 1811/18/S.412

90 McClintock, M, Nature 1971/229/S.244

91 Stensaas, L et al, J Steroid Biochem Mol Biol 1991/39/S.553

92 Wysocki, CJ, Neurosci Biobehav Rev 1979/3/S.301

93 Wysocki, CJ, in: Liss, AR (Hrsg): Neural Control of Reproductive
Function. New York 1989/S.545

94 Joyce, C, New Scientist 5.1.1991/S.17

95   Zimbardo, PG: Psychologie. Berlin 1992
96   Adelman, G (Hrsg): Encyclopedia of Neuroscience. Boston
     1987
97   Preti, G, et al, J Chem Ecol 1987/13/S.717
98   Preti, G et al, Hormones Behav 1986/20/S.474
99   Preti, G, Huggins, GR, J Chem Ecol 1975/1/S.362
100 Burger, J, Gochfeld, M, Medical Hypotheses 1985/17/
     S.39
101 Claus, R et al, Experientia 1981/37/S.1178
102 Glathe, H: Virusimpfstoffe. Stand und Entwicklungstendenzen.
     Berlin 1991
103 Filsinger, EE et al, J Comp Psych 1984/98/S.219
104 Gilbert, AN et al, J Comp Psych 1986/100/S.262
105 Goldstein, NI, Cagan, RH, in: Cagan, RH, Kare, MR (Hrsg):
     Biochemistry of taste and olfaction. New York 1981/S.93
106 Graham, CA, McGrew, WC, Psychoneuroendocrinology
     1980/2/S.245
107 Futuyama, DJ: Evolutionsbiologie. Basel 1990
108 Kirk-Smith, MD et al, Biol Psychol 1983/17/S.221
109 Michael, RP, Keverne, EB, Nature 1968/218/S.746
110 Laitinen, T, Am J Reproductive Imm 1993/29/S.148
111 Veith, JL et al, Physiol Behav 1983/31/S.313
112 Horn, E: Vergleichende Sinnesphysiologie. Stuttgart 1982
113 Treibs, W (Hrsg): Gildemeister-Hoffmann: Die ätherischen
     Öle. Bd IV–VII, Berlin 1956–1961
114 Remy, W et al, Sexualmedizin 1984/13/S.331
115 Steinegger, E, Hänsel, R: Lehrbuch der Pharmakognosie und
     Phytopharmazie. Berlin 1988
116 Braun, H, Frohne, D: Heilpflanzenlexikon für Ärzte und Apo-
     theker. Stuttgart 1987
117 Motokizawa, F, Brain Res 1974/67/S.334
118 Drolshagen, ED, Psychologie heute 1990/17/S.32
119 King, JR, in: 471/S.148
120 Tisserand, R, in: 471/S.168
121 Andersson, M, Iwasa, Y, Trends Ecol Evol 1996/11/S.53
122 Bodem, SH, Pharmazeut Ztg 1994/139/S.4439
123 Luckner, M: Secondary metabolism in microorganisms, plants,
     and animals. Jena 1990
124 Hänsel, R et al (Hrsg): Hager's Handbuch der Pharmazeuti-
     schen Praxis. Berlin 1994/S.966

125 Bruce, HM, Nature 1959/184/S. 105

126 Hejj, A: Traumpartner. Evolutionspsychologische Aspekte der Partnerwahl. Berlin 1996

127 Dodd, GH, in: 471/S. 19

128 Dodd, GH, Skinner, M, in: 548/S. 113

129 Ehrlichmann, H, Bastone, L, in: 548/S. 144

130 Albone, ES, Natynczuk, SE, in: 548/S. 63

131 Labows, JN, Preti, G, in: 548/S. 69

132 Waser, NM, Price, MV, Nature 1983/285/S. 225

133 Crummenerl, R, Persch, F: Rund um die Kartoffel. Leipzig 1985

134 Stryer, L: Biochemie. Braunschweig 1987

135 Nesse, RM, Williams, GC: Why we get sick. New York 1996

136 v. Sengbusch, P: Botanik. Hamburg 1988

137 Zeyl, C, Bell, G, Trends Ecol Evol 1996/11/S. 10

138 Möller, H, in: Siedler Deutsche Geschichte. Berlin 1994/S. 235

139 Hill, VS et al, Nature 1991/352/S. 595

140 Grzimek, B (Hrsg): Grzimeks Tierleben, Bd 1: Niedere Tiere. München 1993

141 Freud, S: Über Träume und Traumdeutungen. Frankfurt/M 1971

142 Stringer, C, Gamble, C: In Search of the Neanderthals. London 1994

143 Oeser, E, Seitelberger, F: Gehirn, Bewußtsein und Erkenntnis. Darmstadt 1995

144 Martinetz, D et al: Weihrauch und Myrrhe. Stuttgart 1988

145 Adler, A, Mackwitz, H: Ökotricks und Bioschwindel. Wien 1990

146 Cerutti, H, Neue Züricher Ztg, Folio 1995/H.5/S. 72

147 Andrade, MCB, Science 1996/271/S. 70

148 Des-Cartes, R, in: Descartes Philosophische Schriften. Hamburg 1996

149 Erox Corporation, EP-Patentanmeldung 562.843 v. 24. 3. 1993

150 Coon, CS: Die Geschichte des Menschen. Köln 1970

151 Frazer, JG: Myths of the origin of fire. o. O. 1930

152 Simons, SS, Science 1996/272/S. 1451

153 Safe, SH, Environ Sci & Pollut Res 1994/1/S. 29

154 Tezak, Z et al, Food Chem Toxicol 1992/30/S. 879

155 Copestake, P et al, Food Chem Toxicol 1996/34/S. 229

156 Lutz, D, The Sciences 1996/H.1/S. 12

157 Sharpe, RM, Nature 1995/375/S. 538
158 Kelce, WR et al, Nature 1995/375/S. 581
159 Würgler, FE, Naturwiss Rundschau 1994/47/S. 18
160 Komarova, LJ, Pediat Akus Ginek 1970/H.1/S. 19
161 Bauman, N, New Scientist 11. 5. 1996/S. 10
162 Abell, A et al, Lancet 1995/343/S. 1499
163 Ginsburg, J et al, Lancet 1994/343/S. 230
164 Stoloff, L, Chemical & Engineering News 6. 3. 1995/S. 5
165 Luckenbaugh, RW, Chemical & Engineering News 20. 12. 1993/S. 2
166 Würgler, FE, Naturwiss Rundschau 1988/41/S. 407
167 Randall, W, Int J Biometeorol 1990/34/S. 42
168 Copestake, P et al, Food Chem Toxicol 1996/34/S. 229
169 Brotons, JA et al, Environ Health Perspect 1995/103/S. 608
170 Anderson, C, Science 1993/259/S. 1119
171 Hatch, EE, Bracken MB, Am J Epidemiol 1993/138/S. 1082
172 Rivard, C et al, JAMA 1993/270/S. 2940
173 Wilcox, AJ, Weinberg, CR, Lancet 1991/337/S. 1159
174 Umpierre, SA et al, New Engl J Med 1985/313/S. 1351
175 Carlsen, E et al, Brit Med J 1992/305/S. 609
176 Keiding, N, Skakkebaek, NE, Brit Med J 1995/311/S. 570
177 Irvine, S et al, Brit Med J 1996/312/S. 467
178 de Kretser, DM, Brit Med J 1996/312/S. 457
179 Willfort, R: Gesundheit durch Heilkräuter. Linz 1959
180 Rosenblum, ER et al, Alcoholism: Clin Exp Res 1992/16/S. 843
181 Geyer, HJ et al, Z Umweltchem Ökotox 1994/6/S. 9
182 Hahn, J, Lebensmittelchemie 1996/50/S. 77
183 Hahn, J, Dt Lebensm Rundschau 1993/89/S. 175
184 Saunders, CRP, in: Volland, H (Hrsg): Handbook of Atmospheric Electrodynamics. Boca Raton 1995/S. 61
185 Foley, RA, in: Ulijaszek, SJ (Hrsg): Seasonality and human ecology. Cambridge 1993/S. 17
186 Viggiano, AA, Arnold, F, in: Volland, H (Hrsg): Handbook of Atmospheric Electrodynamics. Boca Raton 1995/S. 1
187 Sönning, W, Z Phys Med Baln Med Klim 1983/12/S. 2
188 Sönning, W et al, Arch Met Geoph Biokl 1981/B29/S. 299
189 Krämer-Badoni, R: Leben, lieben, sterben ohne Gott. Frankfurt/M 1993
190 Broca, P, Bulletin Société d'Anthropologie Paris 2, S. 139–207, 301–321, 441–446, zit. nach 292

191 Fleck, L: Entstehung und Entwicklung einer wissenschaftlichen Tatsache. Frankfurt/M 1993

192 Opaschowski, HW: Konsum in der Freizeit. Schriftenreihe zur Freizeitforschung 1987/H.7

193 GfK-Marktforschung & Nestlé-Gruppe Deutschland: 42 Thesen: Mensch und Ernährung 2000. o. O. & J.

194 Deutsche Lesegesellschaft eV (Hrsg): Lesebuch zum Supermarkt. Mainz 1987/S. 60

195 Lakaschus, C, Marketing ZFP 1985/H.3/S. 183

196 Anon, Absatzwirtschaft 1987/H.7/S. 62

197 Anon, Absatzwirtschaft 1987/H.3/S. 38

198 Sack, R, Archiv für Presserecht 1991/22/S. 704

199 Jakubowski, G, persönliche Mitteilung 11. 10. 1995

200 Carlberg, P, in: Tremel, H (Hrsg): Das Paradies im Angebot. Frankfurt/M 1986/S. 21

201 Nickel, V: Thema Werbung. Edition ZAW 1988

202 Kroeber-Riel, W, Meyer-Hentschel, G: Werbung: Steuerung des Konsumentenverhaltens. Würzburg 1982

203 Kroeber-Riel, W: Bild Kommunikation. München 1993

204 Auer, M, Frank, AD: Werbung below the line. Landsberg/Lech 1993

205 dpa-Meldung 0260: Für jedes dritte Kind sind Kühe lila. 20. 4. 1995

206 Opaschowski, HW: Schöne, neue Freizeitwelt? Hamburg 1994

207 Sichau, I, Lebensmittel-Ztg 1988/Nr. 44/S. F24

208 AID Verbraucher-Aufklärung 1988/Nr. 87/S. 4

209 Anon, Lebensmittel-Ztg 1984/Nr. 38/S. F39

210 Kropp, F, Lebensmittel-Ztg 1987/Nr. 46/S. F12

211 Sieber, G, Lebensmittel-Ztg v. 27. 11. 1987/Nr. 48

212 AID Verbraucher-Aufklärung 1987/Nr. 53/S. 4

213 Bücken, R, dfz Wirtschaftsmagazin 1988/Nr. 3/S. 22

214 Bücken, R, dfz Wirtschaftsmagazin 1990/Nr. 2/S. 30

215 Anon, Lebensmittel-Praxis 1985/Nr. 7/S. 16

216 Schöller-Anzeige, Lebensmittel-Ztg v. 3. 2. 1989/Nr. 5

217 Heiner, V, Ernährungsindustrie 1987/Nr. 12/S. 54

218 Anon, Absatzwirtschaft 1995/Nr. 2/S. 58

219 Heller, E: Wie Werbung wirkt: Theorien und Tatsachen. Frankfurt/M 1984

220 Packard, V: Die große Versuchung: Der Eingriff in Leib und Seele. Frankfurt/M 1980

221 Nickel, V, Markenartikel 1987/Nr. 7/S. 342

222 Underwood, G, Nature 1994/370/S. 103

223 Kroeber-Riel, W: Strategie und Technik der Werbung. Stuttgart 1988

224 Franke, D, Absatzwirtschaft 1987/Nr. 10/S. 8

225 Pendergrast, M: For God, Country and Coca-Cola. London 1993

226 Anon, Lebensmittel-Ztg 1983/Nr. 47/S. F20

227 Beyering, L, Marketing J 1987/H.3/S. 218

228 Körke, H, Absatzwirtschaft 1989/Nr. 10/S. 140

229 Höfner, K, Bauer, E, Marktforschung 1987/H.2/S. 52

230 Opaschowski, HW, Managermagazin 1995/Okt/S. 273

231 Lakaschus, C, Lebensmittel Ztg 1987/Nr. 47/S. F8

232 Szallies, R, Marketing J 1987/Nr. 4/S. 318

233 Körke, H, Absatzwirtschaft 1989/Nr. 4/S. 140

234 Kroeber-Riel, W: Konsumentenverhalten. München 1984

235 Dichter, E: Das große Buch der Kaufmotive. München 1983

236 Kaufmann, P: Der Schlüssel zum Verbraucher. Wien 1969

237 Hedinger, B, in: Tremel, H (Hrsg): Das Paradies im Angebot. Frankfurt/M 1986/S. 35

238 Fritz, H, in: Tremel, H (Hrsg): Das Paradies im Angebot. Frankfurt/M 1986/S. 80

239 Anon, Wirtschaftsbild 1996/46/Nr. 22/S. 5

240 Schröter, H: Praxisgerechte Plazierungsplanung 1 & 2. Hamburg o. J.

241 Anon, Lebensmittel Praxis 1990/H.10/S. 32

242 Max, B, Trends Pharmacol Sci 1988/9/S. 199

243 Rehorn, J, Markenartikel 1987/H.4/S. 138

244 Höller, W, Lebensmittel Ztg 1988/Nr. 35/S. F20

245 Burda GmbH, Anzeigenkontakte: Drei Jahre Blickaufzeichnungsforschung. Mai 1989, o. O.

246 Auer, M et al: Product Placement. Düsseldorf 1988

247 Randerath, K et al, Biochem Biophys Res Comunic 1993/192/S. 61

248 Mayer, A, Mayer, RU: Imagetransfer. Spiegel Verlagsreihe 7, Hamburg 1987

249 Tödtmann, C, Wirtschaftswoche 1995/Nr. 51/S. 87

250 Baumer, H: Sferics. Reinbek 1987

251 Deutscher Wetterdienst, Forschungsprojekt ZMMF/6, Bericht v. 10. 1. 1986

252 Kerr, RA, Science 1994/264/S. 1250
253 Kerr, RA, Science 1994/265/S. 740
254 Kerr, RA, Science 1994/270/S. 235
255 World Meteorological Organization, Techincal Note No.12 Atmospheric Techniques. Genf 1955, zit. nach 256
256 Lintzen, T et al, Int J Biometeorol 1995/39/S. 13
257 Hottmann, G et al, Int J Biometeorol 1991/34/S. 247
258 Ruhenstroth-Bauer, G et al, Int J Biometeorol 1988/32/S. 201
259 Ruhenstroth-Bauer, G et al, Int J Biometeorol 1984/28/S. 333
260 Ungeheuer, H, Kügler, H, Arzneimittelforsch 1957/7/S. 370
261 Bortels, H, Naturwiss 1951/38/S. 165
262 Schneider-Carius, K: Wetterkunde, Wetterforschung. Freiburg 1955
263 Kügler, H: Medizin-Meteorologie nach den Wetterphasen. München 1972
264 Körber, H-G: Vom Wetteraberglauben zur Wetterforschung. Leipzig 1987
265 König, HL, in: Popp, FA et al (Hrsg): Electromagnetic Bio-Information. München 1989/S. 42
266 Roedel, W, Naturwiss 1972/59/S. 456
267 Hess, VF, Sensel, GV: Beiträge zur Kenntnis der atmosphärischen Elektrizität XLV. Wien 1911
268 Eugster, J, Hess, VF: Die Weltraumstrahlung. Zürich 1940
269 Ruhenstroth-Bauer, G et al, Seizure 1995/4/S. 303
270 Schindelhauer, F, Israel, H, Forsch Erfahrungsber Reichswetterdienst, Reihe B 1944/35/S. 3
271 Lintzen, T et al, in: Moore-Ede, MC et al (Hrsg): Electromagnetic Fields in Circadian Rhythmicity. Boston 1992/S. 141
272 Sönning, W, Keidel, CG: Wolkenbilder, Wettervorhersage. München 1993
273 Baumer, H, US-Patente 4.631.957 u. 4.684.951
274 de Bont, G: Wolkenatlas. Stuttgart 1987
275 dtv-Lexikon, Band 12, München 1995
276 Glaßmeier, KH, Scholer, M: Plasmaphysik im Sonnensystem. Mannheim 1991
277 Meyer-Waarden, K: Bioelektrische Signale und ihre Ableitverfahren. Stuttgart 1985
278 König, HL: Unsichtbare Umwelt. München 1981
279 Friedman, H: Die Sonne. Heidelberg 1987
280 Faust, V: Biometeorologie. Stuttgart 1978

281   Eichmeier, J, Baumer, H, Naturwiss 1990/77/S. 164

282   Maddox, J, Nature 1985/313/S. 93

283   Hoffmann, G et al, Naturwiss 1988/75/S. 459

284   Lotmar, R et al, Naturwiss 1969/56/S. 91

285   Vogl, S et al, FEBS letters 1991/288/S. 244

286   Sönning, W, in: Münchner Universitäts-Schriften, Fakultät für Physik, Mitt. Nr. 58. München 1987/S. 97

287   Ruhenstroth-Bauer, G et al, Z Naturforsch 1987/42c/S. 999

288   Eichmeier, J, Baumer, H, Naturwiss 1993/80/S. 165

289   Choisnel, E et al, Experientia 1987/43/S. 27

290   Latman, NS, Experientia 1987/43/S. 32

291   Persinger, MA, Experientia 1987/43/S. 39

292   Gould, SJ: Der falsch vermessene Mensch. Basel 1983

293   Sandhagen, R: Zur Meteorotropie des Hörsturzes. Dissertation München 1990

294   Deutsche Gesellschaft für Ernährung (Hrsg): Ernährungsberichte 1976–1992, Frankfurt/M

295   Pudel, V, Westenhöfer, J: Ernährungspsychologie. Göttingen 1991

296   Sönning, W, Arch Met Geoph Biocl 1984/A33/S. 69

297   Sönning, W, Arch Met Geoph Biocl 1984/A33/S. 77

298   Sönning, W, Wetter Boden Mensch 1981/H.9/S. 603

299   Fraser-Smith, AC, in: Volland, H (Hrsg): Handbook of Atmospheric Electrodynamics. Boca Raton 1995/S. 297

300   Schleidt, M, Dragoco Report 1987/34/S. 135

301   Halder, G, Science 1995/267/S. 1788

302   Winnacker, EL, FAZ 11. 6. 1995

303   Becktepe, C, Jacob, S: Genüsse aus dem Genlabor. Bonn 1991

304   Wong-Staal, F, in: Fields, BN, Knipe, DM (Hrsg): Fundamental Virology. New York 1991/S. 709

305   Lewin, B: Genes V. Oxford 1994

306   Cohen, P, New Scientist 9. 3. 1996/S. 16

307   Lehninger, AL et al: Prinzipien der Biochemie. Heidelberg 1994

308   Fischer, EP, Weltwoche Nr. 14 v. 16. 4. 1995

309   Hüsing, JO, Nitschmann, J (Hrsg): Lexikon der Bienenkunde. Augsburg 1995

310   Pimentel, D et al, Oikos 1984/42/S. 283

311   Hedgepeth, JW, Science 1993/261/S. 34

312   Anon, Naturwiss Rundschau 1994/47/S. 368

313 Morell, V, Science 1993/261/S. 683

314 Anderson, I, New Scientist 9.12.1995/S. 4

315 Vogt, HH, Naturwiss Rundschau 1991/44/S. 71

316 Villwock, W, Naturwiss 1993/80/S. 1

317 Culotta, E, Science 1991/254/S. 1444

318 Ruffié, J, Sournia, J-C: Die Seuchen in der Geschichte der Menschheit. München 1993

319 Ziegler, P: The Black Death. Phoenix Mill 1991

320 Crosby, AW: Germs, Seeds & Animals: studies in ecological history. New York 1993

321 Iden, B, Tierärztl Umschau 1995/50/S. 683

322 Harris, M: Wohlgeschmack und Widerwillen. Stuttgart 1988

323 Simoons, FJ: Eat not this flesh. Madison 1994

324 Reinhardt, L: Kulturgeschichte der Nutztiere. München 1912

325 Friedman, MJ, Trager, W, Spektrum Wissensch 1981/H.5/S. 87

326 Lubin, B, Vichinsky, E, in: Hoffman, R et al (Hrsg): Hematology: basic principles and practice. New York 1991/S. 450

327 Krauth-Siegel, RL, Schirmer, RH, Nachr Chem Tech Lab 1989/37/S. 1026

328 Ruwende, C et al, Nature 1995/376/S. 246

329 Kamalu, BP, Int J Food Sci Nutr 1995/46/S. 65

330 Kamalu, BP, Nutr Res Rev 1993/6/S. 121

331 Hendrickse, R, Ztg Umweltmedizin 1994/H.4/S. 9

332 Ziegler, H, Naturwiss Rundschau 1992/45/S. 463

333 Robinson, S, Johnston, DG, Nature 1995/375/S. 640

334 Brinkmann, U, Ann NY Acad Sci 1994/740/S. 303

335 Kommission der Europäischen Gemeinschaften, Klage gegen die Bundesrepublik Deutschland wegen Anwendung des Reinheitsgebotes für Bier auf Einfuhren aus den anderen Mitgliedsstaaten. EuGH, Luxemburg 9.7.1984

336 Kammergericht Berlin, Urteil v. 23.4.1985, LRE 1986/18/Nr. 40

337 Leitsätze für Fische, Krebs- und Weichtiere und Erzeugnisse daraus. BAnz Nr. 9 v. 17.5.1995

338 Carlton, JT, Geller, JB, Science 1993/261/S. 78

339 Chen, LC, Ann NY Acad Sci 1994/740/S. 319

340 Garrett, L, Ann NY Acad Sci 1994/740/S. 312

341 Eisenbrand, G: N-Nitrosaminverbindungen in Nahrung und Umwelt. Stuttgart 1981

342 Power, L, Voigt, MN, in: Voigt, MN, Botta, JR (Hrsg): Advances

in Fisheries Technology and Biotechnology for Increased Profitability. Lancaster 1990/S.111

343 Patel, T, New Scientist 10.2.1996/S.6

344 Alleweldt, G, Geilweilerhof aktuell 1995/23/H.3

345 Vogt, HH, Naturwiss Rundschau 1994/47/S.407

346 Biersteuergesetz, BGBl I/S.527, geändert durch BierVO v.7.2. 1990, BGBl I/S.1332

347 Vorläufiges Biergesetz v. 29.8.1993, BGBl I/S.1399

348 Forster, A, Doemensianer 1989/H.1/S.16

349 Hopfen-Extraktion HVG Bart, Raiser & Co, Wolnzach, US-Patent 4.842.878 v. 27.6.1989

350 Manz, U, Isler, O, in: Aebi, H et al (Hrsg): Kosmetika, Riechstoffe und Lebensmittelzusatzstoffe. Stuttgart 1978/S.170

351 Bayer. Verwaltungsgericht München, Urteil v. 20.12.1989, ZLR 1990/17/S.442

352 Zusatzstoff-Zulassungsverordnung v. 22.12.1981, BGBl I/ S.1633, zuletzt geändert am 8.3.1996 BGBl I/S.460

353 Schreuder, BEC, Vet Quaterly 1994/16/S.174

354 Brugere-Picoux, J et al, Tierärztl Umschau 1992/47/S.330

355 Sarradet, M, Rev Vet 1883/7/S.310

356 Pearce, F, New Scientist 4.2.1995/S.26

357 Vines, G, New Scientist 3.6.1995/S.15

358 Durham, WH: Coevolution: Genes, culture, and human diversity. Stanford 1991

359 Haefs, H: Handbuch des nutzlosen Wissens. Bd 1, München 1989

360 Hegsted, DM, Am Scientist 1978/66/S.61

361 v Denffer et al: Lehrbuch der Botanik. Stuttgart 1978

362 Ehrendorfer, F, in: 361/S.941 u. 964

363 Blücher, K: Naturwunder Deutschland. Mönchengladbach 1979

364 Ehrendorfer, F, in: 361/S.478

365 Grzimek, B (Hrsg): Grzimeks Tierleben, Bd 2: Insekten. München 1993

366 Frohne, D, Pfänder, HJ: Giftpflanzen. Stuttgart 1987

367 Weymar, H: Das Buch der Doldengewächse. Melsungen 1966

368 Europäische Norm EN 60598 v. März 1995 (nach IEC-Norm 598)

369 Feister, U, Dehne, U, Bundesgesundhbl, Sonderheft 1994/Okt/ S.4

370 Tevini, M, Bundesgesundhbl, Sonderheft 1994/Okt/S.41

371 Piazena, H, Meffert, H, Bundesgesundhbl, Sonderheft 1994/
     Okt/S. 11

372 Matthes, R, Bundesgesundhbl, Sonderheft 1994/Okt/S. 27

373 Philips Licht, Firmenprospekt: Bräunungslampen Gesamt-
     programm. 1995

374 Zunin, P et al, J Food Sci 1995/60/S. 913

375 Scrimshaw, NS, Murray, EB, Am J Clin Nutr (Suppl) 1988/48/
     S. 1086

376 Hayes, WJ, Laws, ER: Handbook of Pesticide Toxicology. San
     Diego 1991

377 Worthing, CR: The Pesticide Manual – A World Compendium.
     Farnham 1991

378 Hatch, RC et al, Vet Hum Toxicol 1989/31/S. 105

379 Cochet, B, Gastroenterol 1983/84/S. 935

380 Anon, EU.L.E.N.-Spiegel 1996/Nr. 4/S. 2

381 Hildebrandt, G, in: Gutenbrunner, C et al (Hrsg): Chronobio-
     logy & Chronomedicine. Frankfurt/M 1993/S. 194

382 Braem, H: Die Macht der Farben. München 1991

383 Siegel, RM: Die Farbe der Liebe. Concert Hall Schlagerserie
     o. J.

384 Philips Licht, Firmenprospekt: Künstliche Beleuchtung im Gar-
     tenbau. o. J.

385 Wurtman, RJ, Ann NY Acad Sci 1987/499/S. 179

386 Wurtman, RJ, J Appl Nutr 1987/39/S. 7

387 Arendt, J, in: 419/S. 203

388 Rosenthal, NE, in: 445/S. 260

389 Eckhardt, N, Odenwald, M, Chancen 1988/H.2/S. 7

390 Anon, Spiegel 1996/Nr. 31/S. 84

391 Nelemans, PJ, J Clin Epidemiol 1995/48/S. 1331

392 Rosenthal, NE et al, in: 96/S. 586

393 Aschoff, J, in: 96/S. 249

394 Page, TL, in: 96/S. 246

395 Holick, MF, J Nutr 1996/126/S. 1159S

396 Mehlhorn, G, in: Mehlhorn, G (Hrsg): Lehrbuch der Tier-
     hygiene. Jena 1979/S. 199

397 Rivers, JK, Lancet 1996/347/S. 803

398 Frain-Bell, W: Cutaneous Photobiology. New York 1985

399 Kinadeter, H et al: Bausteine für ein positives Mikroklima.
     München 1988

400 Zölzer, F, Kiefer J, Naturwiss 1989/76/S. 489

401 Bernhard, O, in: Hausmann, W, Volk, R (Hrsg): Handbuch der Lichttherapie. Wien 1927/S. 3

402 Shuster, S, Whiteman, DC, Lancet 1995/346/S. 1224

403 Tevini, M, Häder, D-P: Allgemeine Photobiologie. Stuttgart 1985

404 Czeisler, CA et al, N Engl J Med 1995/332/S. 6

405 Nir, I, Biomed Environ Sci 1995/8/S. 90

406 Myers, BL, Badia, P, Neurosci Biobehav Rev 1995/19/S. 553

407 Ingram, DL, Dauncey, MJ, in: Ulijaszek, SJ (Hrsg): Seasonality and human ecology. Cambridge 1993/S. 54

408 Goto, M et al, Mol Brain Res 1994/21/S. 349

409 Pierpaoli, W, Regelson, W, Proc Natl Acad Sci 1994/91/S. 787

410 Zulley, J, Wirtz-Justice, A (Hrsg): Lichttherapie. Regensburg 1995

411 Collins, ED, Norman, AW, in: Machlin, LJ (Hrsg): Handbook of Vitamins. New York 1991/S. 59

412 Davies, DM, Morris, JEW, Undersea Biomed Res Sub Suppl 1979/S. S71

413 Hastings, M, Nature 1995/376/S. 296

414 Crosthwaite, SK et al, Cell 1995/81/S. 1003

415 McDonagh, AF, in: 445/S. 65

416 Pöppel, E: Lust und Schmerz. Berlin 1993

417 Maelicke, A (Hrsg): Vom Reiz der Sinne. Weinheim 1990

418 Fuchs, WR: Knaurs Buch der modernen Physik. München 1969

419 Wetterberg, L (Hrsg): Light and biological rhythms in man. Oxford 1993

420 Hollwich, F: The influence of ocular light perception on metabolism in man and animal. New York 1979

421 BgVV-Pressedienst Nr. 22/95 v. 30. 10. 1995

422 Schneider Lefkowitz, E, Garland, CF, Int J Epidem 1994/23/S. 1133

423 Kripke, DF, in: 419/S. 305

424 Loudon, A, New Scientist 3. 2.1996/S. 42

425 Bock, SJ, Boyette, M: Wunderhormon Melatonin. München 1995

426 Turek, FW, Nature 1996/379/S. 295

427 Reppert, S, Weaver D, Cell 1996/83/S. 1059

428 Rosenthal, NE et al, Ann NY Acad Sci 1987/499/S. 216

429 Pollmer, U et al: Prost Mahlzeit! Krank durch gesunde Ernäh-
     rung. Köln 1994
430 Kasper, S, Nervenarzt 1994/65/S. 69
431 Fendrich, R et al, Science 1992/258/S. 1489
432 Weiskrantz, L, The Sciences 1992/Sept-Oct/S. 23
433 Barinaga, M, Science 1992/258/S. 1438
434 Kaas, JI I, Nature 1995/373/S. 195
435 Cowey, A, Stoerig, P, Nature 1995/373/S. 247
436 Kolb, FC, Braun, J, Nature 1995/377/S. 336
437 Humphreys, GW, Nature 1995/374/S. 763
438 Castiello, U et al, Nature 1995/374/S. 805
439 Lerner, A, in: 419/S. 437
440 Arendt, J: Melatonin and the Mammalian Pineal Gland. Lon-
     don 1995
441 Stumpf, WE, Naturwiss 1988/75/S. 247
442 Touitou, Y, Haus, E, in: 419/S. 313
443 Komarov, FI et al, in: 419/S. 329
444 Jakobus, CH et al, N Engl J Med 1992/326/S. 1173
445 Wurtman, RJ et al (Hrsg): Ann NY Acad Sci 1985/453
446 Wever, RA, in: 445/S. 282
447 Hastings, MH et al, in: 445/S. 182
448 Kohen, E et al: Photobiology. San Diego 1995
449 Wurtman, RJ, Wurtman, JJ, Scientific American 1989/Jan/
     S. 50
450 Kripke, DF, in: 445/S. 270
451 Stickl, H, in: Forum ökologisch Bauen (Hrsg): Arbeiten, Woh-
     nen, Bauen. Einflüsse des Lichtes auf Leistungsfähigkeit und
     Wohlbefinden. Tagung in Walsrode am 25./26. 11. 1982/S. 6
452 Ippen, H, Bundesgesundhbl 1994/37/S. 419
453 Hany, J, Nagel, R, Dt Lebensm Rundsch 1995/91/S. 341
454 Brand, G, Prüf mit 1995/H.5/S. 8
455 Holick, MF, in: 445/S. 1
456 Neer, RM, in: 445/S. 14
457 Marks, R, Whiteman, D, Brit Med J 1994/308/S. 75
458 Waldhauser, F, Dietzel M, in: 445/S. 205
459 Humbert, W, Pevet, P, in: Pierpaoli, W et al (Hrsg): Ann NY
     Acad Sci 1994/719/S. 43
460 Reiter, R, in: Pierpaoli, W et al (Hrsg): Ann NY Acad Sci 1994/
     719/S. 1
461 Reiter, R, in: Shafii, M, Shafii, SL (Hrsg): Biological rhythms,

mood disorders, light therapy, and the pineal gland. Washington 1990/S. 39

462 Holick, MF et al, N Engl J Med 1992/326/S.1178

463 Wibom, R, in: 419/S.23

464 Foster, RG, Menaker, M, in: 419/S.73

465 Parry, BL, in: 419/S.401

466 Moore, RY, in: Chadwick, DJ, Ackrill, K (Hrsg): Ciba Foundation Symposium 183, Chichester 1995/S.88

467 Kime, ZR: Sonnenlicht und Gesundheit. Ritterhude 1992

468 Dahlquist, G, Mustonen, L, Int J Epidemiol 1994/23/S.1234

469 Becker, JB et al (Hrsg): Behavioral endocrinology. Cambridge 1992

470 Bhatnagar, KP, in: Shafii, M, Shafii, SL (Hrsg): Biological rhythms, mood disorders, light therapy, and the pineal gland. Washington 1990/S. 5

471 van Toller, S, Dodd, G (Hrsg): Perfumery. London 1994

472 Fischlein, S: Ist die in Deutschland übliche Rachitisprophylaxe mit Vitamin D noch zeitgemäß? Diplomarbeit, Fachhochschule Fulda, März 1996

473 Harris, M: Menschen. Wie wir wurden, was wir sind. Stuttgart 1994

474 Vogl, G, Pharmazie in unserer Zeit 1989/18/S.169

475 Kudicke, S et al, Bundesgesundhbl 1996/39/S.170

476 BgVV-Pressedienst Nr. 13/96 v. 14. 6. 1996

477 Arznei-Telegramm 1995/H.12/S.114

478 Reiter, R, Trends Endocrin Metabol 1996/7/S.22

479 Davies, DM, in: 445/S.21

480 Lindner, E: Toxikologie der Nahrungsmittel. Stuttgart 1990

481 Giles, GG et al, Brit Med J 1996/312/S.1121

482 Diffey, BL et al, Lancet 1995/346/S.1713

483 Beral, V et al, Lancet 1982/II/S.290

484 Fa. Body Drench Systems, Alexandria, TN 37012, USA, Produktinformation zu Bräunungsbeschleunigern

485 Meffert, H, persönliche Mitteilung

486 Toda, T et al, Food Chem Toxicol 1985/23/S.585

487 Krain, LS, Health Physics 1991/60/S.457

488 Armstrong, BK, Int J Epidemiol 1994/23/S.873

489 Maduro, RA, Schauerhammer, R: Ozonloch, das mißbrauchte Naturwunder. Wiesbaden 1992

490 Morell, V, Science 1996/272/S.349

491 Tosini, G, Menaker, M, Science 1996/272/S. 419
492 Klein, DC, in: 419/S. 55
493 D'Agostini, F, De Flora, S, Cancer Res 1994/54/S. 5081
494 Dietzel, M: Die Lichttherapie der endogenen Depression. Berlin 1990
495 Schievelbusch, W: Lichtblicke. Zur Geschichte der künstlichen Helligkeit im 19. Jahrhundert. München 1983
496 Cole, C et al, in: 445/S. 305
497 Dubocovich, ML, Trends Pharmacol Sci 1995/16/S. 50
498 Stark, H, Methling, D, Z Ges Hyg 1979/25/S. 7
499 Boivin, DB et al, Nature 1996/379/S. 540
500 Amir, S, Stewart, J, Nature 1996/379/S. 542
501 Arendt, J, Brit Med J 1996/312/S. 1242
502 Hileman, B, Chemical & Engineering News 18. 7. 1994/S. 27
503 Jones, M, New Scientist 16. 3. 1996 Inside Science Nr. 89/S. 1
504 Specker, BL et al, J Pediat 1985/107/S. 372
505 Deutsche Gesellschaft für Kinderheilkunde, Kinderarzt 1993/24/S. 1190
506 Hesse, V, Jahreis, G, Pädiatr Grenzgebiete 1990/29/S. 213
507 Garland, CF, Garland, FC, Int J Epidemiol 1980/9/S. 227
508 Garland, C et al, Lancet 1985/I/S. 307
509 Garland, C et al, Lancet 1989/II/S. 1176
510 Wurtman, J, in: 96/S. 1083
511 Garland, F et al, Prev Med 1990/19/S. 614
512 Gorham, E et al, Int J Epidemiol 1990/19/S. 820
513 Fa. Beiersdorf, Hamburg, persönliche Mitteilung
514 Cremer-Bartels, G et al, Naturwiss 1984/71/S. 567
515 Attenburrow, MEJ et al, Brit Med J 1996/312/S. 1263
516 Philips, Firmenprospekt: Sun and Solarium, 1995
517 Watermann, G: Farbberatung für die Wohnung: Farben, Formen, Licht , Strukturen. Niedernhausen 1993
518 Elbert, T, Rockstroh, B: Psychopharmakologie. Göttingen 1993
519 Hargreaves, J, Thompson, GW, Caries Res 1989/23/S. 389
520 Arkanum, Firmenprospekt: Informationen zu Sonnenlicht und Gesundheit, Frankfurt/M 1995
521 Hoffmann, SO, Hochapfel, G: Neurosenlehre, Psychotherapeutische und Psychosomatische Medizin. Stuttgart 1995
522 Eckardt, N, Chancen, 1987/H.4/S. 6

523 Avery, D, Dahl, K, in: Schulkin, J (Hrsg): Hormonally induced changes in mind and brain. San Diego 1993/S. 357

524 Aghajanian, GK, in: 96/S. 1082

525 Heller, E: Wie Farben wirken. Reinbek 1989

526 Longstreth, JD et al, Ambio 1995/24/S. 153

527 Dobel, R (Hrsg): Lexikon der Goethe-Zitate. München 1995

528 Clancy, J, McVicar, AJ: Physiology & Anatomy, a homeostatic approach. London 1995

529 Scheppach, J: Sex um 8 – und was sie sonst noch über innere Uhren wissen sollten. München 1996

530 Middleton, BA et al, Lancet 1996/348/S. 551

531 Osram, Firmen-Prospekt zu Halogenlampen, 1996

532 Anon: Fd Chem News 1991/33/(19)/S. 28, zit. n. BIBRA Bulletin 1991/30/S. 200

533 Anon: Nobelpreis für Medizin, I, 1901–1910. o. O. & J./S. 173

534 Greubel, G, Industrievertretungen GmbH, Firmenprospekt zu Geo-Sonnenglas, Altshausen o. J.

535 Reichel, G et al (Hrsg): Grundlagen der Arbeitsmedizin. Stuttgart 1985

536 Osorio, D, Vorobyev, M, Proc Royal Soc B 1996/263/S. 593

537 Foret, J, in: Hildebrandt, G et al (Hrsg): Chronobiology & Chronomedicine. Frankfurt 1987/S. 423

538 Lemmer, B, in: Chadwick, DJ, Ackrill, K (Hrsg): Ciba Foundation Symposium 183, Chichester 1995/S. 235

539 Riexinger, S, Naturwiss Rundschau 1996/49/S. 230

540 Gies, HP et al, Health Physics 1986/50/S. 691

541 Bestak, R, Halliday, GM, Photochem Photobiol 1996/64/S. 188

542 McGregor, JM, Young, AR, Brit Med J 1996/312/S. 1621

543 Bleuler, E: Lehrbuch der Psychiatrie. Berlin 1983

544 Buff, W, v der Dunk, K: Giftpflanzen in Natur und Garten. Berlin 1988

545 Wichmann, W, persönliche Mitteilung

546 Martinetz, D, Lohs, K: Gift. München 1986

547 Anderson, I, New Scientist 15. 6. 1996/S. 12

548 van Toller, S, Dodd, GH (Hrsg): Fragrance. London 1992

549 Jellinek, JS, Dragoco Report 1996/43/S. 205

550 Zenner, G et al, Z EEG-EMG 1994/25/S. 214

551 Ruhenstroth-Bauer, G, Offenlegungsschrift DE 4329 884 v. 16. 3. 1995

552 Ruhenstroth-Bauer, G et al, Electro Magnetobiol 1994/13/S. 85

553 Sharpe, RM, Skakkebaek, NE, Lancet 1993/341/S.1392

554 Dahlquist, G, in: Leslie, RDG (Hrsg): Causes of Diabetes, Chichester 1993/S.125

555 Spelsberg, A, Manson, JE, in: Leslie RDG (Hrsg): Causes of Diabetes, Chichester 1993/S.319

556 Höfling, G, in: Forum ökologisches Bauen (Hrsg): Arbeiten, Wohnen, Bauen. Einflüsse des Lichtes auf Leistungsfähigkeit und Wohlbefinden. Tagung in Walsrode am 25./26.11. 1982/ S. 44

557 Hollwich, F et al, Klin Mbl Augenheilk 1977/171/S. 98

558 Hollwich, F, Dickhues, B, Fortschr Med 1972/90/S. 25

559 Hollwich, F, v. Graefes Archiv für Ophthalmologie 1950/150/ S. 529

560 Hollwich, F, v. Graefes Archiv für Ophthalmologie 1949/149/ S. 592

561 Hollwich, F, Dickhues, B, Dtsch med Wschr 1967/92/S. 2335

562 Balzer, M, Natur 1996/H. 11/S. 97

8 Sachverzeichnis